W0078751

Armin Töpfer

Die A-Klasse
Elchtest • Krisenmanagement • Kommunikationsstrategie

Armin Töpfer

Die A-Klasse

Elchtest • Krisenmanagement • Kommunikationsstrategie

Luchterhand

Die Deutsche Bibliothek - CIP Einheitsaufnahme

Die A-Klasse : Elchtest, Krisenmanagement, Kommunikationsstrategie / Armin Töpfer. -
Neuwied : Kriftel : Luchterhand, 1999
ISBN 3-472-03799-7

Titelbildgestaltung: Beate Fritsch, San Francisco
Druck, Bindung: Wilhelm & Adam, Heusenstamm
Printed in Germany, Juni 1999

Gedruckt auf säurefreiem, alterungsbeständigem und chlorfreiem Papier

Vorwort

Eine plötzliche Unternehmenskrise kann schneller entstehen, als man sich häufig vorstellen kann. So ist es auch dem Daimler-Benz-Konzern mit dem im Vorfeld hochgelobten und bereits beworbenen Produkt A-Klasse passiert. Das Fahrzeug ist am 21. Oktober 1997 bei einem „Elch-Ausweichtest" in Schweden umgekippt. Das Unternehmen geriet dadurch in Gefahr, in seinen Kernkompetenzen und Grundwerten erschüttert zu werden, da an der Qualität und Fahrsicherheit des neuen Fahrzeuges gezweifelt wurde.

Die Krise hat das Unternehmen völlig unvorbereitet getroffen, und erst nach einer Vorbereitungszeit setzte mit persönlichem Einsatz des Vorstandsvorsitzenden ein wirkungsvolles Krisenmanagement mit entsprechender Kommunikation während der Krise ein.

Das AutoJournal hat am 1. Januar 1998 im Editorial geschrieben: „Der ganze Trouble um die Mercedes A-Klasse würde ein Buch füllen, wenn nicht gar einen Fortsetzungs-Roman." Hier ist das Buch.

In der vorliegenden Untersuchung wird der Verlauf der Ereignisse dargestellt und die Presseresonanz vor allem im Hinblick auf die Auswirkungen auf das Image bewertet. Anschließend wird das Krisenmanagement – auf der Grundlage genereller Erkenntnisse zur Krisenbewältigung – im Hinblick auf seine Wirksamkeit analysiert. Dabei zeigt sich, daß eine Verzahnung von Krisenmanagement und Krisenkommunikation eine wesentliche Voraussetzung für ein erfolgreiches Meistern einer Krise ist.

Das Buch richtet sich an Unternehmensführer und alle in verantwortlicher Position tätigen Führungskräfte, die ihr Unternehmen vor einer plötzlichen Krise schützen wollen. Wie das analysierte Praxisbeispiel zeigt, haben viele verschiedene Bereiche eines Unternehmens einen aktiven Beitrag zur Krisenbewältigung zu leisten.

Zugleich richtet sich dieses Buch auch an den wissenschaftlichen Bereich. Denn eine weltweite Literaturrecherche hat gezeigt, daß im Vergleich zur angloamerikanischen Literatur zu Katastrophenkrisen im deutschsprachigen Raum kaum neuere Werke vorliegen. Dies gilt speziell auch für Fallstudien einzelner Unternehmen.

Das vorliegende Buch will dazu einen Beitrag leisten: Hierfür wurde ein spektakulärer Praxisfall herangezogen, analysiert und bewertet, theoretisch reflektiert und im Hinblick auf den Krisenverlauf gebenchmarkt. Das Unternehmen Daimler-Benz hat für diese Analyse umfangreiches, auch vertrauliches Material zur A-Klasse-Krise zur Verfügung gestellt. Zusätzlich wurde eine Reihe von Interviews zu diesem Thema mit Vorstandsmitgliedern und Führungskräften verschiedener Bereiche und Ebenen durchgeführt. Hierdurch wurde zeitnah eine tiefgehende Analyse ermöglicht.

Bei der Anfertigung dieses Buches haben mich meine Mitarbeiterinnen und Mitarbeiter in Dresden intensiv unterstützt, und zwar Frau Anja Heymann, Herr Stefan Smalla, die überwiegende Zeit auch als Projektkoordinator, sowie die Herren Christian Wala und Thomas Kubsch und nicht zuletzt Frau Martina Voß durch die Aufnahme aller Texte. Ihnen allen möchte ich an dieser Stelle herzlich danken.

Dresden/Kassel, im April 1999
Armin Töpfer

Inhaltsübersicht

Inhaltsverzeichnis

Abkürzungsverzeichnis

ADAC	Allgemeiner Deutscher Automobil-Club
AG	Aktiengesellschaft
Aufl.	Auflage
Bd.	Band
BDW	Berufsverband der Wirtschafts- und Gesellschaftskommunikation
BMW	Bayerische Motorenwerke
bzw.	beziehungsweise
ca.	circa
cm	Zentimeter
D	Deutschland
DK	Dänemark
DM	Deutsche Mark
E	Spanien
ESP	Elektronisches Stabilitätsprogramm
et al.	et alii
EU	Europäische Union
F	Frankreich
f.	folgende
Fam.	Familie
ff.	fortfolgende
GFP	Geschäftsfeld Personenkraftwagen
ggf.	gegebenenfalls
H.	Heft
Hrsg.	Herausgeber

I	Italien
IAA	Internationale Automobil-Ausstellung
ISO	International Organization for Standardization
Jg.	Jahrgang
Kap.	Kapitel
km	Kilometer
km/h	Kilometer pro Stunde
KonTraG	Gesetz zur Kontrolle und Transparenz im Unternehmensbereich
KVP	Kontinuierlicher Verbesserungsprozeß
m	Meter
MCC	Micro Compact Car
Mio.	Millionen
mm	Millimeter
Mrd.	Milliarden
NAFA	Nahverkehrsfahrzeug
NFZ	Nutzfahrzeuge
NL	Niederlande
o.H.	ohne Heftangabe
o.J.	ohne Jahresangabe
o.S.	ohne Seitenangabe
o.V.	ohne Verfasserangabe
P1	Phase der Prävention
P2	Phase der Früherkennung
P3	Phase der Kriseneindämmung
P4	Phase des Recovery als Neustart
P5	Phase des Lernen aus der Krise
Pers.	Person
PKW	Personenkraftwagen
PR	Public Relations

S	Schweden
S.	Seite(n)
TÜV	Technischer Überwachungsverein
USA	United States of America
VDA	Verband der Automobilindustrie e.V.
vgl.	vergleiche
VW	Volkswagen
z.B.	zum Beispiel

Abbildungsverzeichnis

1. Der Ablauf der Krise um die A-Klasse

Auf der Tokio Motor Show stellte der Vorstand der Daimler-Benz AG im Oktober 1997 den Prototyp für das über der S-Klasse positionierte Luxusauto „Mercedes-Benz Maybach" der Öffentlichkeit vor. Am 21. Oktober 1997 erhielt der Vorstand in Tokio die Information aus der Konzernzentrale in Stuttgart, daß ein Fahrzeug der A-Klasse, das vielgelobte neueste Produkt des Konzerns (siehe Abbildung 1.-1), bei einem Fahrtest in Schweden umgekippt war. Dieser spezielle Test, der bisher ausschließlich in Schweden durchgeführt wurde, simuliert das Ausweichen vor plötzlich auf der Straße befindlichen Gegenständen. Das Fahrzeug wird dabei bei einer Geschwindigkeit von ca. 65 km/h auf einer Strecke von 50 m in vier Kurvenfahrten mit einem jeweils rechtwinkligen Einschlag des Lenkrades gesteuert – es wird also ein doppelter Fahrspurwechsel ohne Bremsmanöver durchgeführt. Der Test ist aber in seinen Einzelheiten nicht genormt.

Dieses „Car avoidance test" genannte Fahrmanöver, für das sich bereits kurze Zeit später der Name „Elchtest" durchsetzte, war den Ingenieuren des Daimler-Benz-Konzerns nicht bekannt gewesen und deshalb während der Erprobung des Fahrzeuges nicht angewandt worden. Es handelte sich bis dato um keinen Standardtest in Deutschland oder woanders auf der Welt.

Das Ereignis traf das Unternehmen unvermittelt und hart, auch wenn bereits vier Wochen früher, am 23. September 1997, bei einem ähnlichen Test in Dänemark vergleichbare Stabilitätsprobleme aufgetreten waren, da die inneren Räder bei einer Kurvenfahrt abhoben. Über den nicht bestandenen Elchtest in Schweden wurde danach weltweit in der Presse berichtet. Dabei waren neben der sachlichen Information eine negative Tendenz und eine gewisse Schadenfreude nicht zu verkennen, weil es in diesem Falle ein so renommiertes und auf Technik, Qualität und Sicherheit bedachtes Unternehmen wie Daimler-Benz getroffen hatte.

Am 23. Oktober 1997 gab der Konzern in Stuttgart ein Statement heraus. „Wir gehen bei dem Zwischenfall in Schweden davon aus, daß eine extreme Fahrsituation provoziert wurde, bei der die Grenzen der Fahrphysik überschritten wurden. Experten der Entwicklungsabteilung sind deshalb sofort nach Schweden gereist, um eine präzise Analyse des Unfallhergangs erstellen zu können"[1], betonte das Unternehmen zu den Unfallberichten aus Schweden.

Abbildung 1.-1: Die A-Klasse

Erste Reaktionen des Vorstandes

Um sich ein Bild von der Situation und dem Ausmaß des Ereignisses machen zu können, ließ der Vorstand sich aus Deutschland und Schweden alle verfügbaren Detailinformationen übermitteln.

Das Unternehmen war auf eine derartige Krise nicht vorbereitet. Das im Bereich Konzernstrategie eingerichtete Lagezentrum, das die Aufgabe hat, für die Konzernspitze wichtige Informationen weltweit kurzfristig zu beschaffen, ist in dieser Weise von der Presseabteilung beauftragt worden: Alle Fernsehberichte wurden kurz darauf, d.h. noch in der Nacht vom 22. zum 23. Oktober 1997, nach Tokio überspielt. Auf der Grundlage dieser Informationen kam es durch die Unternehmensleitung und die Presseabteilung zu folgender Bewertung: Bei dem nicht bestandenen Elchtest handelt es sich um ein sehr ernst zu nehmendes Problem. Es ist erkannt worden, daß das Ausmaß dieses Vorfalls über alle bisherigen Produktkrisen im Konzern hinausgeht. Die Einschätzung war also zutreffend. Trotzdem sind anschließend Fehler im Prozeß der Krisenbewältigung gemacht worden. Insbesondere ist die Medienwelle, die auf das Unternehmen zurollte, am Anfang unterschätzt worden, zumal das Medienecho auf die A-Klasse bis dahin sehr positiv war.

Der Pressesprecher PKW, Wolfgang Inhester, sagte eine halbe Stunde nach Erhalt der ersten Informationen zu den nach einem Gespräch mit den Vorstandsmitgliedern fragenden Journalisten in Tokio: „Wir wissen leider noch keine Einzelheiten. Ein Vorstand kann nicht ein Statement geben, nur weil irgendwo auf der Welt ein Auto umgefallen ist. Dann müßten wir täglich zig Kommentare dazu abgeben. Sobald wir mehr wissen, werden wir den Vorfall gerne kommentieren." Diese Aussage wurde in der Presse später folgendermaßen wiedergegeben: „Der Vorstand hält es nicht für nötig, ein offizielles Statement abzugeben, nur weil irgendwo ein Auto umgekippt ist."[2]

Jürgen E. Schrempp, der Vorstandsvorsitzende des Daimler-Benz-Konzerns, sagte bei der ersten internen Krisensitzung in Tokio, als die anwesenden Vorstandsmitglieder und Mitarbeiter der Konzernkommunikation auf das Ereignis betroffen reagierten: „Wir dürfen jetzt den Kopf nicht hängen lassen. Ich weiß, keiner unterschätzt diese Krise. Aber in jeder Krise steckt auch eine Chance. Wir müssen jetzt alle Kraft darauf verwenden, die Chance in dieser Krise zu finden. Ich weiß nicht welche, aber ich weiß, es gibt sie."

Daß ein Mercedes ausgerechnet wegen möglicher Sicherheitsprobleme kritisiert wurde, traf Jürgen Hubbert, das für das Geschäftsfeld PKW zuständige Vorstandsmitglied von Daimler-Benz, hart. Von einem Journalisten wurde er in Tokio gefragt, ob nach dem Umfallen einer A-Klasse nicht sofort die Produktion im Werk Rastatt gestoppt werden müßte. J. Hubbert antwortete: „Aufgrund der Daten, die ich im Moment zur Verfügung habe, eine so weitreichende Entscheidung zu treffen, die Produktion in Rastatt stillzulegen, wäre hirnrissig." In der Presse war kurz darauf zu lesen: „Zu denken, wir würden unseren Kunden ein unsicheres Fahrzeug anbieten – das ist hirnrissig."[3]

Das Unternehmen bestritt zunächst in der Öffentlichkeit, daß ein Fehler bei der Konstruktion und der technischen Ausgestaltung des Fahrzeuges vorliege. Die Schuld für das Scheitern bei dem Elchtest sah man nach ersten intensiven Tests insbesondere in einer falschen Bereifung und der provozierten extremen Fahrsituation. Da die ersten Reaktionen und Aktionen sich auf Analysen und Verbesserungen im Unternehmen bezogen, stellte sich die Situation für die Presse und die Öffentlichkeit so dar, daß aus Sicht der Unternehmensleitung und der verantwortlichen Führungskräfte kein Grund zu einer nachhaltigen Reaktion bestand.

Bereits einige Wochen früher, nämlich am 23. September 1997, hätte das Problem schon erkannt werden können: Zwölf Mitglieder der Jury für den Wettbewerb „Car of the year" hatten bei einem ähnlichen Ausweichtest in Dänemark das Auto gefahren. Bei Tempo 55 km/h hoben bei dem mit fünf Insassen besetzten Wagen die inneren Räder in der Kurve ab; auch das zweite Testauto stellte sich bei der gleichen Kurvenfahrt auf zwei Räder. Der Mercedes-Benz-Pressesprecher PKW reiste mit Fahrzeugexperten sofort an, um den Vorfall zu untersuchen. Bei erneuten mit der Jury durchgeführten Tests gab es jedoch keine weiteren Probleme.

In der Presse wurden die Ereignisse teilweise anders dargestellt: Nachdem sich beide Testfahrzeuge besorgniserregend zur Seite geneigt und die kurveninneren Räder den Bodenkontakt verloren hatten, waren Experten aus Stuttgart angereist. Zwei Augenzeugen – ein Kellner und ein Mechaniker – haben nach eigener Aussage gesehen, daß die beiden Autos über Nacht vom Parkplatz verschwunden waren. Zwei Tage später ließen sich die Autos problemlos durch die Pylonen-Schikane dirigieren. Zwei weitere bereitstehende A-Klasse-Fahrzeuge wiesen die gleichen Mängel auf wie die anderen Autos am Anfang.[4]

Weitergehende Konsequenzen im Unternehmen wurden in der Weise gezogen, daß intensive Untersuchungen möglicher technischer Ursachen vorgenommen wurden. Verwertbare Erkenntnisse und direkt umsetzbare Ergebnisse lagen innerhalb von vier Wochen nicht vor. Da ein erkennbares Risiko sich nach Ansicht der Ingenieure nicht abzeichnete, wurde die bevorstehende Markteinführung wie geplant durchgeführt.

Kurz nach dem nicht bestandenen Elchtest erhielt das neue Fahrzeugkonzept eine positive Bestätigung: Am 27. Oktober 1997 wurde bekannt, daß der A-Klasse der „Große Österreichische Automobilpreis in Gold" verliehen wird. Dabei waren von einer Experten-Jury die Ausführung und die Technik des Fahrzeugs in dem ursprünglichen Zustand getestet und für gut befunden worden.

Die bisherige Werbe- und Kommunikationskampagne wurde nicht sofort beendet, da dies aufgrund von vertraglichen und technischen Restriktionen insbesondere bei der Kinowerbung nicht ohne weiteres möglich war. Das Ziel der Kampagne bestand vor allem darin, mit der Botschaft „Wir glauben an die nächste Generation" die Zukunftsorientierung des Konzepts der A-Klasse zu unterstreichen (siehe Abbildung 4.2.-7). Dabei sind allerdings das Ausmaß der Reaktionen in den Medien und die von der Presse unternommenen Aktivitäten nicht erwartet worden.

Reaktionen in der Öffentlichkeit

Nach dem ersten Elchtest und den gezeigten Bildern der umgekippten A-Klasse führte eine Reihe von Zeitungen und Zeitschriften weitere derartige Tests durch, um mit dem Ziel „Bad news are good news" das Fahrzeug ebenfalls zum Kippen zu bringen. Von insgesamt 19 durch Journalisten oder Experten durchgeführten Tests – in der Form von Elchtests oder ähnlichen Ausweichtests – sind 13 ohne Probleme bestanden worden (siehe Abbildung 5.2.-4). Aus Sicht des Nachrichtenmagazins „Der Spiegel" entstand ein „verheerendes Kesseltreiben"[5] . Durch die anhaltend negative Berichterstattung in den Medien ist während dieser Zeit das „Problem A-Klasse" einer breiten Öffentlichkeit präsent geblieben, was die Kunden weiterhin verunsicherte. Dadurch kam es zu Stornierungen von Aufträgen, wenn auch der Auftragsbestand – nach Aussage des Unternehmens – im Saldo nur um 4% abnahm.

Die Kritik in der Öffentlichkeit ging jedoch über die eigentlichen Probleme der A-Klasse hinaus. Bei der Vermutung der Ursachen wurde öffentlich überdies diskutiert, ob der Umbau des gesamten Daimler-Benz-Konzerns zu schnell erfolgt war, ob das Unternehmen überhaupt kleine Autos bauen könne und ob generell die Entwicklungszeiten im Automobilbau aus Wettbewerbsgründen zu kurz geworden seien, so daß hierdurch Qualität und Sicherheit der Fahrzeuge beeinträchtigt würden. Dies traf den Kern der Markenkompetenz von Mercedes-Benz. In den Kinos führten die Werbespots der A-Klasse „Wir glauben an die nächste Generation" zu Gelächter. Sie wurden mehr im Sinne einer neuen und dabei fehlerfreien Generation von A-Klasse-Autos verstanden. „Wir haben ja keine Chance, eine Sachdiskussion zu führen. Es ist eine hochpolitische Situation"[6], konstatierte J. Hubbert.

Das Ereignis und die Berichterstattung wirkten zugleich aber auch auf die Mitarbeiter und die Führungskräfte des Daimler-Benz-Konzerns, denn sie identifizierten sich in hohem Maße mit dem Unternehmen und den Grundwerten höchster Qualität und Sicherheit. Dies führte zu einer zunehmenden Verunsicherung. Die intern unternommenen Maßnahmen des Krisenmanagement wurden gegenüber den Medien und der Öffentlichkeit nicht genügend kommuniziert und deshalb durch die allgemeine negative Medienberichterstattung überlagert. Auch für die Mitarbeiter entstand hierdurch eher der Eindruck, daß das Unternehmen „gelähmt" ist, als daß schnelle und gezielte Reaktionen unternommen wurden.

Bereits kurze Zeit nach dem nicht bestandenen Elchtest führten die Krise und nicht zuletzt auch die damit verbundene Schadenfreude in der Öffentlichkeit dazu, daß die ersten Witze und Cartoons zur A-Klasse-Krise aufkamen. Hierin drückte sich die hohe Aufmerksamkeit und das Interesse der Öffentlichkeit an diesem Krisenfall aus. In Abbildung 1.-2 sind exemplarisch zwei Cartoons der damaligen Zeit wiedergegeben.

Die veränderte Strategie des Vorstandes

Nicht nur die nachhaltig negative Presseresonanz, sondern vor allem auch die Erkenntnis, daß es sich um ein ernst zu nehmendes Produktproblem handelte, erforderte eine veränderte Strategie des Vorstandes. J.E. Schrempp

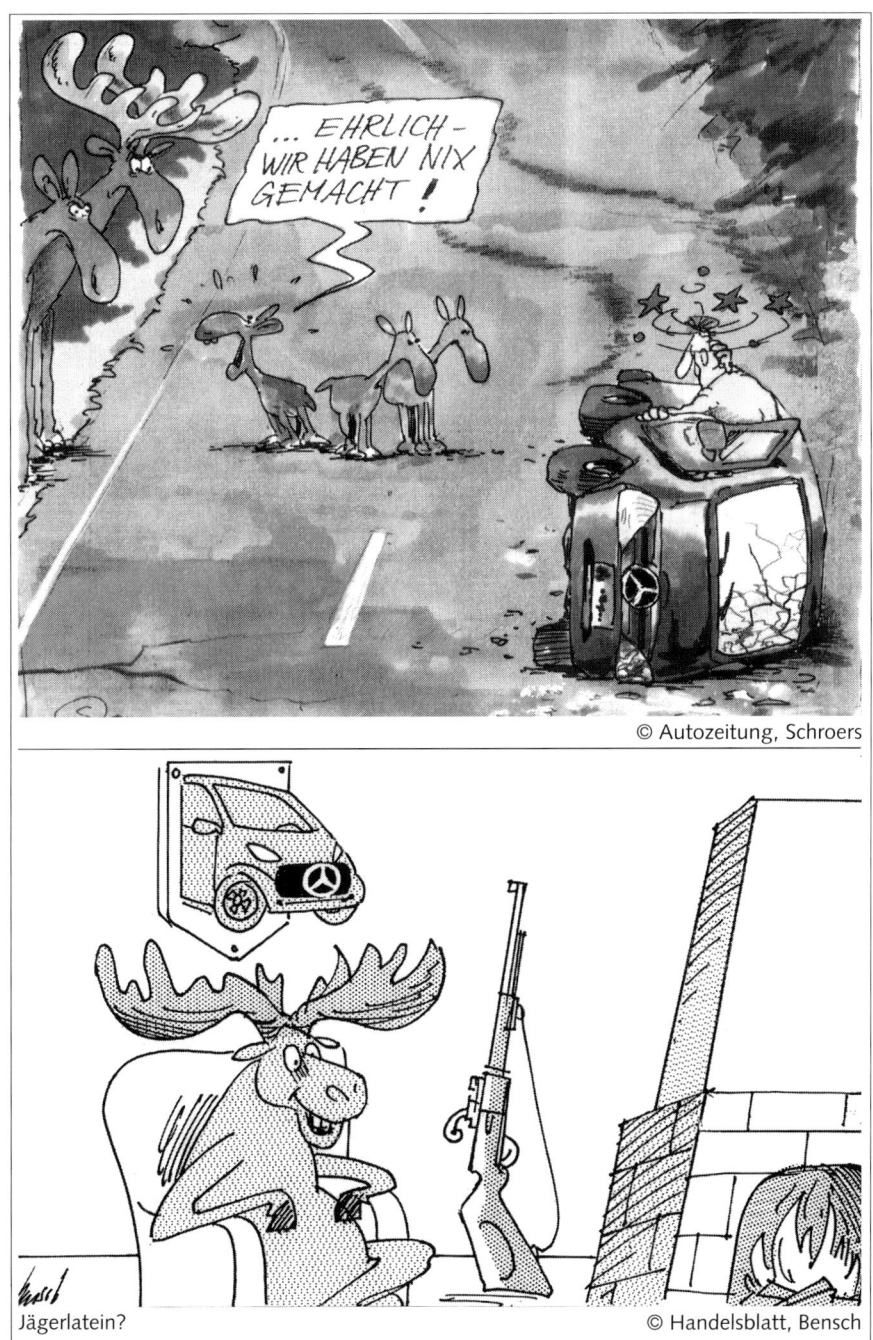

Abbildung 1.-2: Zwei Cartoons zur A-Klasse-Krise

bewertete die Situation folgendermaßen: „In der ersten Woche hatten wir einen Hänger. Wir wußten nicht genau, was eigentlich passiert war. Dann haben wir klassisches Krisenmanagement eingesetzt. Zuerst kamen mal alle Fakten auf den Tisch. Als der oberste Chef muß ich motivieren, aber auch beruhigen."[7]

Um die Krisenursachen zu analysieren und zu beseitigen, wurde bereits am Sonntag, dem 26. Oktober 1997, im Geschäftsfeld Personenkraftwagen eine Task Force offiziell eingesetzt, die schon am nächsten Tag ihre Arbeit aufnahm: Zehn Manager aus verschiedenen Bereichen und Ebenen arbeiteten an insgesamt 50 Tagen und Nächten Maßnahmen zur Bewältigung der Krise in den Bereichen Entwicklung, Materialeinkauf, Vertrieb, Produktion, Controlling und Kommunikation aus und waren auch für die Umsetzung der getroffenen Entscheidungen zuständig. Die Task Force war direkt dem PKW-Vorstandsmitglied J. Hubbert zugeordnet und arbeitete in seinem Besprechungszimmer. Der Task Force arbeiteten insgesamt mehrere hundert interne Experten zur Untersuchung und Lösung der Probleme zu.

Am 29. Oktober 1997 fand in Stuttgart eine Pressekonferenz mit 300 Journalisten aus dem In- und Ausland statt. Dabei erklärte die Konzernspitze, vertreten durch Jürgen Hubbert, Dieter Zetsche, Helmut Petri und Manfred Remmel, daß die Ergebnisse aus dem sogenannten „Elch-Ausweichtest" ernst genommen werden. Um auch in solchen Testsituationen künftig bestmögliche Resultate zu erreichen, wird Daimler-Benz die Fahrdynamik der A-Klasse modifizieren. Dies geschieht zunächst durch den Austausch des Reifen-Fabrikats, das nach neuesten Erkenntnissen einen wesentlichen Einfluß auf die Fahrstabilität beim Elchtest hatte. J. Hubbert räumte inzwischen ein: „Es hat uns kalt erwischt."[8]

Nachdem in den vergangenen Tagen das Gerücht aufkam, der schwedische Journalist Robert Collin, der den ersten Elchtest durchgeführt hatte, sei möglicherweise von der Konkurrenz „gekauft", betonte J. Hubbert in Richtung R. Collin: „Keiner von uns hatte den Eindruck, Sie haben das Auto absichtlich umgekippt. Sollte so etwas in der ersten Erregung gesagt worden sein, entschuldige ich mich dafür."[9]

Zugleich teilte die Unternehmensleitung mit, daß ab Ende Februar 1998 die Serienausstattung der A-Klasse durch das elektronische Fahrsicherheitssystem „Electronic Stability Program" (ESP) ergänzt wird: Dadurch wird das neue Mercedes-Benz-Modell künftig auch unter extremen Testbedingungen wie dem Elchtest oder ähnlichen Ausweichtests bestmögliche Fahrsicherheit beweisen. ESP korrigiert Schleuderbewegungen in Bruchteilen von Sekunden und stabilisiert das Fahrzeug. Kunden, die ihre A-Klasse noch vor dem ESP-Serieneinsatz erhalten sollten bzw. bereits erhalten hatten, bot Daimler-Benz die kostenlose Nachrüstung an.

Auf dieser Pressekonferenz betonte J. Hubbert: „Drei Punkte möchte ich deutlich machen: Die A-Klasse ist auch ohne ESP sicher, das haben 8 Mio. Testkilometer und der TÜV bestätigt. ... ESP ist entwickelt und wird kurzfristig für den Serieneinsatz bei der A-Klasse freigegeben. Wir wollen schnellstmöglich den Serieneinsatz ESP realisieren."[10] Das durch den TÜV auf der Pressekonferenz gezeigte Video, bei dem die A-Klasse ohne ESP mit 78 km/h den Elchtest bestand, ist von der Presse zur Kenntnis genommen worden. Es fand jedoch keinen Niederschlag in der Berichterstattung. Fast zeitgleich wurden Fotos von „Auto Bild" und „Stern" über weitere nicht bestandene Elch- oder ähnliche Ausweichtests der A-Klasse vorgelegt.

Die Diskussion um die A-Klasse riß in der Presse dadurch weiterhin nicht ab. Fachleute bezweifelten, daß die Verbesserungen durch einen anderen Reifentyp und den Einbau des ESP das grundsätzliche Problem einer zu geringen Fahrstabilität beheben könnten. Zusätzlich zu diesen Maßnahmen wurden Veränderungen am Fahrwerk und an den Stoßdämpfern erwartet.

Immer stärker wurde der Unternehmensleitung bewußt, daß es inzwischen nicht nur um die Technik und die technische Ausstattung der A-Klasse ging, sondern daß sich ein nicht zu unterschätzendes Vertrauensproblem bei den Kunden und ein Imageschaden abzeichneten. Das breite Bewußtsein in der Öffentlichkeit um das Problem der A-Klasse belegte eine aktuelle forsa-Umfrage: 86% der Deutschen waren darüber informiert. Zwei Drittel glaubten, daß sich dies negativ auf das Image von Mercedes-Benz insgesamt auswirkt.[11]

Das Problem wird zur „Chefsache"

Bis dahin hatte sich J.E. Schrempp weitgehend aus dem gesamten Geschehen herausgehalten, zumindest in der öffentlichen Wahrnehmung. In Wirklichkeit war er intern aber bereits involviert. Er stärkte seinen für den PKW-Bereich zuständigen Vorstandskollegen J. Hubbert und D. Zetsche (Vertrieb) den Rücken. Sie setzten sich eine Frist von 14 Tagen, um das A-Klasse-Problem technisch zu lösen.

Diese Vorgehensweise ist zu diesem Zeitpunkt nicht nach außen kommuniziert worden, es setzten in der Öffentlichkeit aber schon Spekulationen um einen Lieferstopp ein. So wurde im „Stern" berichtet, daß die A-Klasse am 31. Oktober 1997 von J.E. Schrempp zur „Chefsache" gemacht worden war. Er wurde folgendermaßen zitiert: „Wir können uns keine Fehler mehr erlauben. Was wir anbieten, muß das Beste seiner Klasse sein – es gibt keine Kompromisse mehr."[12]

Am Sonntag, dem 9. November 1997, hatte J.E. Schrempp einen kleinen Kreis von Vertrauten zu sich nach Hause eingeladen. Das Ziel dieser Besprechung war, die „Krisenlawine" schnellstmöglich aufzufangen und eine grundsätzliche Lösung zu erreichen, um in der Kommunikation nach außen wieder die Initiative zu übernehmen. Dabei ist auch diskutiert worden, ob ein Auslieferungsstopp zweckmäßig ist.

Es war allen Beteiligten klar, daß in der gegenwärtig schwierigen Situation und bei der negativen Presseresonanz jetzt nur wenig Handlungsspielraum besteht und jede ergriffene Maßnahme nachhaltig dazu beitragen muß, die Krise zu bewältigen. Jochen Pläcking, Leiter Marketing-Kommunikation, formulierte es so: „Wir haben nur noch einen Schuß, und der muß hundertprozentig sitzen."

Die Task Force hatte an diesem Sonntag drei Szenarien erarbeitet und im Detail auf ihre Anforderungen und ihre Umsetzungsmöglichkeiten hin analysiert. Die Szenarien waren:

1. Produktion und Auslieferung stoppen und nach einem definierten Zeitraum mit ESP und modifiziertem Fahrwerk neu aufsetzen.

2. Produktion weiterfahren und Modifikationen in den laufenden Prozeß einbringen.

3. Kompromiß aus 1. und 2. durch Auslieferungsstopp, Rückrufaktion ausgelieferter Fahrzeuge und Nachrüsten produzierter Fahrzeuge, Fortsetzung der Produktion mit geringer Stückzahl.

Die in der Automobilbranche als Best Practice bisher allgemein übliche Vorgehensweise war das 2. Szenario. Die weitestgehende Entscheidung wäre das 1. Szenario gewesen. Die höchsten Anforderungen an die Logistik und Abwicklung würde das 3. Szenario stellen. In der besagten Sonntagssitzung ist nach Abwägen aller Vor- und Nachteile die Vorentscheidung für das 3. Szenario bei Daimler-Benz gefallen.

Zur Ablösung der bisherigen Aussagen und Motive in der Werbekampagne wurden an dem gleichen Sonntag von J. Pläcking den verantwortlichen PKW-Vorstandsmitgliedern mehrere Anzeigenmotive vorgestellt. Sie mußten die Anforderung erfüllen, der inhaltlichen Situation der Krise und der neuen Zielsetzung gerecht zu werden.

Alle Entscheidungen und deren Umsetzung mußten unter hohem Zeitdruck geschehen. Bereits am nächsten Tag sollten die vorgesehenen Maßnahmen des Auslieferungsstopps und die dazu passende Ausrichtung der Werbekampagne einem sogenannten „Sounding Board" vorgestellt werden. Hierbei handelte es sich um Vertreter von verschiedenen Stakeholder-Gruppen. In der Diskussion mit ihnen wurde überprüft, ob es bisher nicht erkannte Probleme und Einwände gegen die vorgesehenen Maßnahmen gab.

Mit dieser Vorgehensweise bildete sich der Vorstand vor dem Hintergrund unterschiedlicher Meinungen auf unkonventionelle Art und Weise sein eigenes Urteil. J.E. Schrempp: „Hier hilft das sogenannte Matrix-Net-Working. Ich rede also mit verschiedensten Menschen, die nicht nah am Problem sind. ... Ich frage sie, wie sie das Problem sehen, und wie sie handeln würden. Aus der Summe der Erkenntnisse läßt sich dann viel leichter die richtige Entscheidung treffen."[13]

Am Montag, dem 10. November 1997, sind deshalb von J.E. Schrempp für die Diskussion mit dem Vorstand folgende Personen eingeladen worden: ein Journalist, ein Werbefachmann, ein Unternehmensberater, ein Investment-Banker, ein Kommunikationsexperte und ein Mercedes-Benz-Niederlassungsleiter. Die dabei vertretenen Positionen waren teilweise vollkommen konträr: Der Journalist war beispielsweise sehr für einen Auslieferungsstopp, der Niederlassungsleiter war völlig dagegen. Insgesamt wurden jedoch die Entscheidungen des Vortags bestätigt und in der anschließenden, zum Thema A-Klasse einberufenen außerordentlichen Vorstandssitzung verabschiedet.

Verbesserungsmaßnahmen und Auslieferungsstopp

In der Folge durchgeführte intensive Daimler-interne Fahrtests zeigten, daß die mit einer neuen Fahrwerksabstimmung versehene A-Klasse auch extreme Fahrmanöver problemlos meisterte, und zwar auch ohne ESP. Die dafür notwendigen Veränderungen bestanden in der Modifikation des Fahrwerks unter anderem durch neue Stabilisatoren und eine neue Feder- und Dämpferabstimmung an den Achsen. Außerdem wurde die Karosserie tiefer gelegt, und die Reifen wurden neu dimensioniert. In dieser verbesserten Form bestand die A-Klasse auch den Elchtest.

J.E. Schrempp sagte am Dienstag, dem 11. November 1997, gegenüber der Presse zu der für die A-Klasse von Daimler-Benz gefundenen Lösung: „Wir nehmen die öffentlich geäußerte Kritik und vor allem die Sorgen unserer Kunden sehr ernst. Daß bei Extremtests die A-Klasse eine Schwäche gezeigt hat, bedauert niemand mehr als wir. Unsere Ingenieure haben Tag und Nacht mit aller Energie nach einer optimalen Lösung gesucht. Wir haben sie gefunden."[14] J. Hubbert verstärkte: „In neuerlichen Tests haben wir weitere Erkenntnisse gewonnen, wie wir das Fahrverhalten in Extremsituationen noch weiter verbessern können. Diese Erkenntnisse wollen wir schnell in der Produktion der A-Klasse umsetzen. ... Für Mercedes-Benz genügt es nicht, auf das Niveau der anderen zu kommen."[15] Die weitreichende Konsequenz hieraus war, die Auslieferung der A-Klasse ab sofort zu stoppen. J.E. Schrempp dazu: „Wir wollen kein Fahrzeug ausliefern, von dem wir heute wissen, daß wir es noch besser bauen können."[16]

Bei der Information über den Auslieferungsstopp war besonders wichtig, zugleich den Termin für die Wiederaufnahme der Auslieferung zu nennen. Als erforderlicher Zeitraum hierfür wurde eine Dauer von mindestens 12 Wochen angesetzt. Von der Task Force mußten deshalb vorab alle Verbesserungsmaßnahmen daraufhin geprüft werden, ob sie innerhalb dieser 12 Wochen umgesetzt werden konnten. Die Information über den Auslieferungsstopp konnte so mit dem Commitment über den Termin der Wiederauslieferung an die Medien gegeben werden.

Durch den sofortigen Lieferstopp bis Februar 1998 konnte die erforderliche Nachrüstung auf eine möglichst geringe Zahl bereits ausgelieferter Fahrzeuge begrenzt werden. Die Zeitspanne von drei Monaten wurde benötigt, um die Lieferfähigkeit aller Komponenten für die Modifikation und insbesondere die Lieferfähigkeit von ESP bis zur Serieneinführung in einer ausreichenden Stückzahl sicherzustellen. Zusätzlich sollten die notwendigen Veränderungen im Produktionsprozeß des Werkes Rastatt, der Produktionsstätte der A-Klasse, vorgenommen werden. Trotz Lieferstopp lief das Werk mit der Grundauslastung weiter, um das schnelle Hochfahren der Produktion wieder sicherzustellen. Zugleich wurden dadurch Entlassungen verhindert.

Ergänzend gab die Unternehmensleitung den Kunden die Zusage, daß die bereits ca. 2.600 ausgelieferten A-Klasse-Fahrzeuge auf Wunsch nachgerüstet werden. Als Ersatzwagen wird in dieser Zeit ein C-Klasse-Modell kostenlos zur Verfügung gestellt.

Die Mehrkosten, die durch diese Goodwill-Maßnahmen für den Konzern entstanden, waren beträchtlich: Für das Jahr 1997 reduzierte sich der Operating Profit um ca. 100 Mio. DM. Die Mehrkosten für 1998 wurden einschließlich des kostenlosen serienmäßigen Einbaus von ESP mit ca. 200 Mio. DM veranschlagt. Die Abwendung eines weiteren Imageschadens hat das Unternehmen also insgesamt einen Betrag von mindestens 300 Mio. DM gekostet.[17]

Der vom Vorstand beschlossene Auslieferungsstopp für die A-Klasse ist auch von den Mitarbeitern positiv aufgenommen worden. Alfons Görgemanns, stellvertretender Vorsitzender des Gesamtbetriebsrats, sagte, die Entscheidung sei mutig, richtig und notwendig. Man müsse das Vertrauen der Kunden zurückgewinnen.[18]

Die neue Kommunikationsstrategie

Die Verbesserungsmaßnahmen und der Auslieferungsstopp waren die zentralen Botschaften, die mit der gesamten professionellen Presse- und Öffentlichkeitsarbeit als „Medienpower" des Konzerns am Dienstag, dem 11. November 1997, verbreitet wurden. Hierzu wurden eingesetzt: Presseerklärungen; vorbereitete Interviews, die per Satellit von allen TV-Stationen weltweit abgerufen werden konnten; Interviews mit J.E. Schrempp in den deutschen Nachrichtensendungen von ARD und ZDF; Telefoninterviews der Medien mit J.E. Schrempp; Telefonkontakte mit den wichtigsten Kapitaleignern im Rahmen der Investor Relations; Briefe an die wichtigen Auslandsmärkte.

Am Mittwoch, dem 12. November 1997, wurde eine neue Serie von Anzeigen in 180 Tageszeitungen gestartet. Sie hatte das Ziel, die Diskussion um die Probleme der A-Klasse „endgültig" zu beenden. Dies ist als Statement mit Erläuterungen in einer ganzseitigen Textanzeige formuliert worden. Ein anderes Motiv dieser vier, jeweils nur einmal bis Mitte Dezember 1997 geschalteten Anzeigen bezog sich danach mit Bild- und Textaussagen auf die positive Wirkung des ESP. In allen Motiven der Serie wurde der Elchtest positiv, offensiv und locker thematisiert.

Im Unternehmen und mit der verantwortlichen Werbeagentur Springer & Jacoby war eine intensive Diskussion geführt worden, wie offensiv oder defensiv die „neue Kommunikation" gestaltet werden sollte. Die Entscheidung fiel für die offensive Variante.

Parallel zu dem öffentlichen Fehlereingeständnis in der Werbung begann das Unternehmen eine Informationskampagne mit seiner Zielgruppe per Internet und Telefon. Zusätzlich sind persönlich adressierte Briefe an die erfaßten Interessenten und die Käufer der A-Klasse versandt worden.

Gleichzeitig wurde auch die intensive Kommunikation nach innen verstärkt: An 140.000 Mitarbeiter wurden E-Mails versandt. J.E. Schrempp und J. Hubbert schickten einen Brief an alle Mitarbeiter, in welchem sie die gesamte Situation und die gefundene Lösung darstellten.

Der A-Klasse wurde am 12. November 1997 von „Bild am Sonntag" das „Goldene Lenkrad" verliehen. Die Entscheidung war bereits vor dem Krisenfall getroffen und jetzt, nachdem ein Jury-Mitglied den Elchtest mit der verbesserten A-Klasse erfolgreich gefahren war, umgesetzt worden. Mit dieser Auszeichnung prämiert die Zeitung jährlich die besten neuen Autos in vier Kategorien. J. Hubbert bekam die Auszeichnung in Berlin stellvertretend für das Unternehmen überreicht: „Ich nehme das ‚Goldene Lenkrad' mit Freude für meine Mannschaft entgegen. Stolz darauf werden wir allerdings erst dann sein, wenn auch der letzte Zweifel an der A-Klasse ausgeräumt ist."[19] Diese Auszeichnung wurde in selbstironischer Form ebenfalls als Motiv der neuen Werbekampagne verwendet.

Zur selben Zeit schrieb J.E. Schrempp in der Mitarbeiterzeitschrift „Headline" vom 14. November 1997: „Sicherlich hätten wir uns einen anderen Start der A-Klasse gewünscht. Aber wichtig ist, wie wir mit diesem Thema umgegangen sind. Wir haben gesagt, wir haben hier eine Schwäche, und die bedauern wir sehr. Wir haben aber auch eine Lösung, und die setzen wir konsequent um. Und ich denke, wir werden in der Lage sein, aus dieser temporären Schwäche eine Stärke zu machen."[20]

Die interne Diskussion um die Art und Weise, Fehler einzugestehen, Ursachen zu beseitigen und die Kunden sowie die Öffentlichkeit zu informieren, ist vor dem Hintergrund erreichter Wirkungen zu beurteilen: Die Ergebnisse einer Umfrage des forsa-Instituts am 26. November 1997 belegten, daß 50% der Befragten die A-Klasse – trotz ihrer Schwächen beim Elchtest – alles in allem für ein sicheres Auto halten. 63% waren der Meinung, daß Daimler-Benz mit der A-Klasse auf lange Sicht Erfolg haben wird.[21] Bereits ab Mitte Dezember 1997 wurden täglich wieder 250 Bestellungen verzeichnet, und das mit steigender Tendenz.[22] Zu Beginn der Markteinführung betrug der Auftragseingang allerdings 600 Autos pro Tag.[23] Unverkennbar war dennoch, daß das Eingeständnis der Fehler, die Beseitigung der Ursachen für das Kippen der A-Klasse und die schließlich offene Kommunikation bei den Interessenten und Kunden positive Wirkung zeigten.

In dem Maße, in dem das Unternehmen die Krise bewältigte und die eingeleiteten Verbesserungsmaßnahmen griffen, konnte das Unternehmen besser mit den Witzen und Cartoons zur A-Klasse-Krise umgehen. Zum ersten Mal für die Öffentlichkeit nachvollziehbar war diese positiv distanzierte Haltung in der Anzeige, die nach dem Gewinn des „Goldenen Lenkrads" geschaltet wurde (siehe Abschnitt 7.3.2. und Abbildung 7.2.-5).

Der neue Elchtest und die Auswirkungen auf die Wettbewerber

Am 8. Dezember 1997 ist von der Presseabteilung PKW ein Team von unabhängigen, bekannten Autotestern als Experten beauftragt worden, die neue A-Klasse – aus Wettergründen in Idiada/Spanien – auf ihre Fahrstabilität hin zu testen. Als Tester waren die Journalisten ausgewählt worden, die beim Elchtest oder vergleichbaren Fahrtests mit der A-Klasse Probleme gehabt hatten. Unter ihnen befand sich auch der schwedische Autotester R. Collin, der den ersten Elchtest durchgeführt hatte. Der ehemalige Formel-1-Weltmeister Niki Lauda war als anerkannter Automobilexperte auch eingeladen, um eine breite Medienresonanz sicherzustellen. Das Ziel war, auch die letzten Zweifel auszuräumen und das Vertrauen in das Produkt wiederzugewinnen.

Das Ergebnis der Tests war eindeutig positiv. Die verbesserte A-Klasse bestand den Elchtest. N. Lauda: „Mit der neuen Fahrwerksabstimmung ist die A-Klasse ein absolut narrensicheres Auto. ... Dieses System macht die A-Klasse für mich jetzt zum sichersten Auto ihrer Klasse."[24]

Obwohl die A-Klasse schließlich völlig „elchsicher" geworden war, konnte nicht davon ausgegangen werden, daß die Presse in größerem Umfang auf den redaktionellen Seiten berichten würde. Deshalb wurden die Ergebnisse der Tests aus Spanien am 10. Dezember 1997 nicht nur als Anzeigen in der Presse geschaltet, sondern auch als ausführliche Spots unmittelbar vor den Hauptnachrichtensendungen in mehreren deutschen Fernsehkanälen gezeigt. In 180 Tageszeitungen war in Anzeigen auf diese Spots hingewiesen worden.

Bereits Anfang Dezember 1997 bestätigte der ADAC, daß die verbesserte A-Klasse das sicherste Auto ihrer Klasse sei. Auch der TÜV bescheinigte die Fahrsicherheit der A-Klasse.

In der Zeit vom 19. bis 30. Januar 1998 ist in Montpellier/Südfrankreich ein Fahrworkshop durchgeführt worden, zu dem insgesamt 450 Journalisten eingeladen wurden. Sie sollten die verbesserte Fahrsicherheit der A-Klasse testen. Unter dem Motto „Real Life Safety" wurden elf verschiedene Fahr-tests durchgeführt und über die häufigsten Unfallursachen und -arten infor-miert. Es war im Hinblick auf die beabsichtigte Berichterstattung die kom-munikative Vorbereitung der Wiederauslieferung der A-Klasse.

Anfang Februar 1998 veröffentlichte die Zeitschrift „auto motor und sport" die Ergebnisse einer Leserbefragung. Der Gegenstand der Befragung waren u.a. Markensympathie und eingeschätzter Sicherheitsstandard. Danach ist im Jahr 1997 das Sicherheitsimage von Mercedes-Benz nach dem A-Klas-se-Problem nur um 1%-Punkt gesunken. Die Markensympathie ist um 6%-Punkte gestiegen (siehe Abbildung 1.-3).[25]

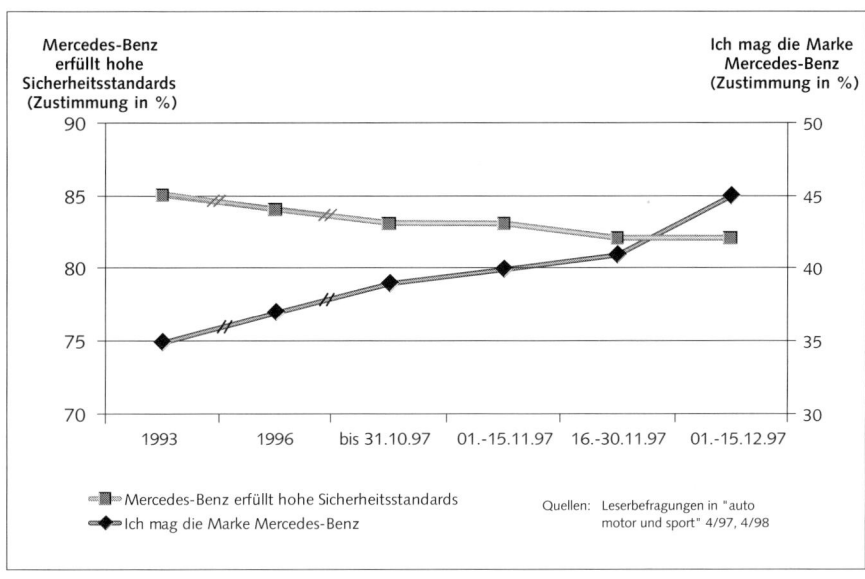

Abbildung 1.-3: Entwicklung des Image der Marke Mercedes-Benz
(Trendlinien)

Am 26. Februar 1998 ist der Auslieferungsstopp der A-Klasse aufgehoben worden. Im Mercedes-Benz-Werk in Rastatt holten 29 Käufer ihr mit ESP ausgestattetes und verbessertes Fahrzeug persönlich ab. Die Zahl der Vorbe-stellungen war inzwischen auf 120.000 gestiegen. Ab 24. Februar 1998 wurden zwei Anzeigenmotive mit Boris Becker geschaltet (siehe Abbildung 7.2-7), welche auf die Aussagen fokussierten, daß Lernen aus begangenen Fehlern die Kompetenz und die Erfolge verstärkt.

Im weiteren Zeitablauf sind folgende Ereignisse und Entwicklungen noch wichtig:

- Nach Kritik am Federungskomfort der verbesserten A-Klasse[26] veränderte Daimler-Benz noch einmal die Fahrwerksabstimmung, so daß das Fahrzeug wieder „weicher" fährt.[27]

- Im Juni 1998 kamen die ersten Diesel-Modelle der A-Klasse auf den Markt, und zwar mit einer neuen Common-Rail-Direkteinspritzung, die sparsameres und leiseres Fahren ermöglicht.[28]

- Die Zulassungszahlen für das ganze Jahr 1998 in Deutschland sind in Abbildung 1.-4 wiedergegeben.[29] Dabei ist die A-Klasse das einzige neue Fahrzeug unter den Top 20. Und wenn man den Auslieferungsstopp im Januar/Februar 1998 nicht mit berücksichtigen würde, wäre sie wahrscheinlich sogar unter den Top 10.

- Im Januar 1999 war die A-Klasse mit 8.240 Zulassungen das meistverkaufte Mercedes-Benz-Modell in Deutschland und stand auf Platz 5 der Neuzulassungs-Tabelle.[30] Im August 1998 war bereits ein vergleichbares Ergebnis erzielt worden.[31]

Mehr als ein Jahr nach der Krise ist die A-Klasse inzwischen ein – auch von der Sicherheit her – anerkanntes Automobil in der Öffentlichkeit. Das beweisen die weltweiten, zu diesem Zeitpunkt aber nur europaweiten Verkaufszahlen von ca. 136.000 Fahrzeugen in 1998 sowie viele positive Tests in den Medien. Beispielhaft dafür sei ein Test der „F.A.Z." unter dem Titel „Nach all der Aufregung ein wirklich gutes Auto" angeführt, dessen Zusammenfassung in Abbildung 1.-5 dargestellt ist.[32]

Durch die Fusion mit Chrysler im Jahre 1998 ergaben sich aus Sicht der Unternehmensleitung mehr Chancen als Risiken. Gefahren für die Marke Mercedes-Benz sah J.E. Schrempp nicht. Das Gegenteil war der Fall: Trading-down-Strategien wie bei der A-Klasse, die primär dazu dienen, Volumenwachstum zu erreichen, sind dadurch vermeidbar, daß in Zukunft für diese Segmente Marken und Produkte von Chrysler positioniert werden können. J.E. Schrempp hierzu: „Wir sind mit Mercedes nach unten gegangen, weil wir Wachstum brauchen. In Zukunft kann ich es mir wieder leisten, mit dem Stern restriktiv zu sein: wir können dann mit anderen Marken in die vollen gehen."[33]

	Hersteller	Zulassungszahlen 1998
1	VW Golf / Vento	347.151
2	Opel Astra	220.095
3	VW Passat	160.127
4	Opel Corsa	128.141
5	Opel Vectra	126.645
6	BMW 3er-Reihe	123.937
7	Mercedes-Benz C-Klasse	112.513
8	VW Polo	106.341
9	Audi A4	101.935
10	Mercedes-Benz E-Klasse	93.449
11	Renault Mégane	88.417
12	Ford Mondeo	84.781
13	BMW 5er-Reihe	81.904
14	Ford Fiesta	78.660
15	Ford Escort	77.292
16	**Mercedes-Benz A-Klasse**	**76.443**
17	Audi A6	70.428
18	Audi A3	59.923
19	Renault Twingo	58.495
20	Ford Ka	56.141

Abbildung 1.-4: PKW-Neuzulassungen in Deutschland im Jahr 1998

In Abbildung 1.-6 sind alle Meilensteine der A-Klasse-Krise noch einmal chronologisch aufgelistet.

⊕ Sichere und agile Fahreigenschaften

⊖ jedoch seitenwindempfindlich

⊕ Variabler Innenraum

⊖ aber Sitze zu schwer

⊕ Viel Raum auf kleiner Fläche

⊖ Federung unkomfortabel

⊕ Automatische Kupplung als Alternative zur Automatik

⊕ Motor kräftig und sehr sparsam

Mercedes-Benz A170 CDI

Quelle: FAZ, 12.01.99, S. T3

Abbildung 1.-5: Zusammenfassung eines Tests der A-Klasse

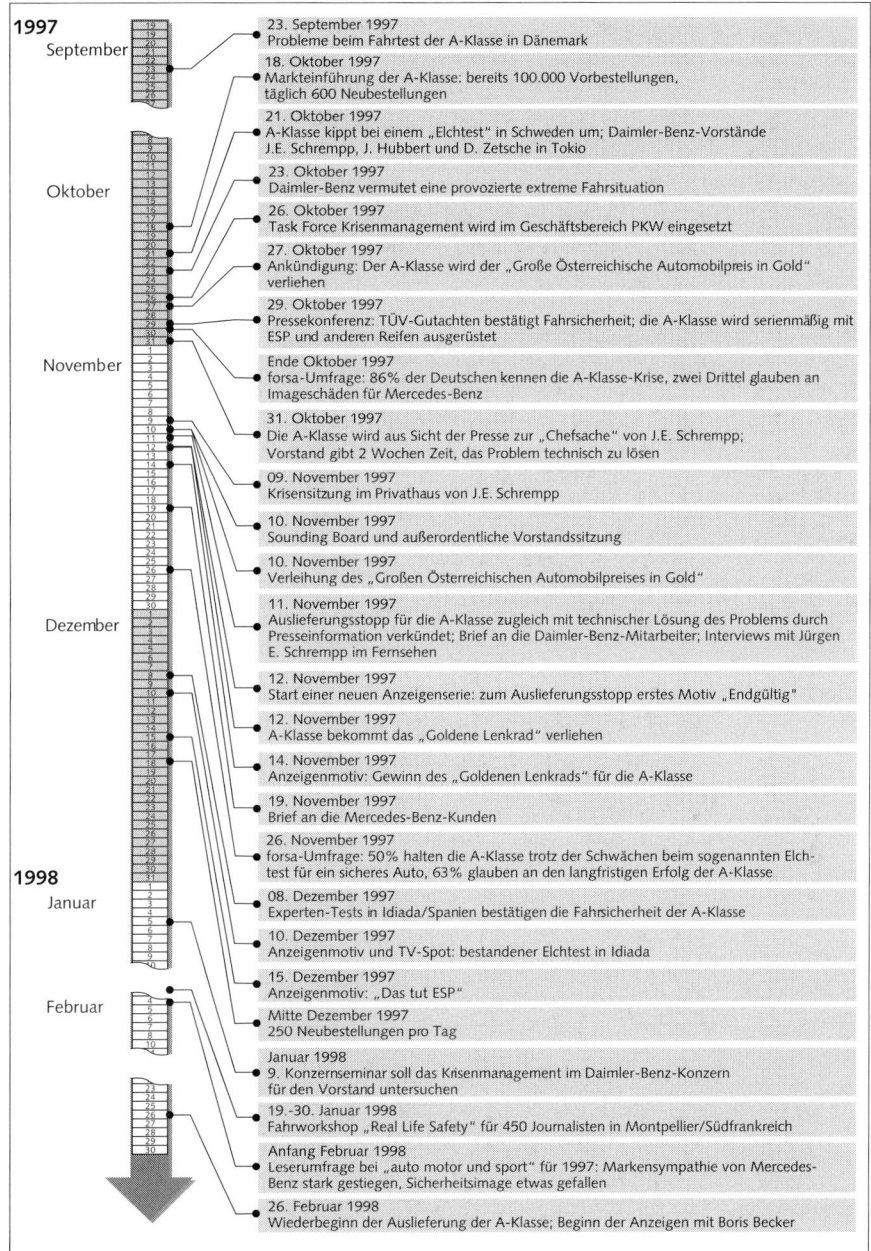

1997

September

23. September 1997
Probleme beim Fahrtest der A-Klasse in Dänemark

18. Oktober 1997
Markteinführung der A-Klasse: bereits 100.000 Vorbestellungen, täglich 600 Neubestellungen

21. Oktober 1997
A-Klasse kippt bei einem „Elchtest" in Schweden um; Daimler-Benz-Vorstände J.E. Schrempp, J. Hubbert und D. Zetsche in Tokio

Oktober

23. Oktober 1997
Daimler-Benz vermutet eine provozierte extreme Fahrsituation

26. Oktober 1997
Task Force Krisenmanagement wird im Geschäftsbereich PKW eingesetzt

27. Oktober 1997
Ankündigung: Der A-Klasse wird der „Große Österreichische Automobilpreis in Gold" verliehen

29. Oktober 1997
Pressekonferenz: TÜV-Gutachten bestätigt Fahrsicherheit; die A-Klasse wird serienmäßig mit ESP und anderen Reifen ausgerüstet

November

Ende Oktober 1997
forsa-Umfrage: 86% der Deutschen kennen die A-Klasse-Krise, zwei Drittel glauben an Imageschäden für Mercedes-Benz

31. Oktober 1997
Die A-Klasse wird aus Sicht der Presse zur „Chefsache" von J.E. Schrempp; Vorstand gibt 2 Wochen Zeit, das Problem technisch zu lösen

09. November 1997
Krisensitzung im Privathaus von J.E. Schrempp

10. November 1997
Sounding Board und außerordentliche Vorstandssitzung

10. November 1997
Verleihung des „Großen Österreichischen Automobilpreises in Gold"

Dezember

11. November 1997
Auslieferungsstopp für die A-Klasse zugleich mit technischer Lösung des Problems durch Presseinformation verkündet; Brief an die Daimler-Benz-Mitarbeiter; Interviews mit Jürgen E. Schrempp im Fernsehen

12. November 1997
Start einer neuen Anzeigenserie: zum Auslieferungsstopp erstes Motiv „Endgültig"

12. November 1997
A-Klasse bekommt das „Goldene Lenkrad" verliehen

14. November 1997
Anzeigenmotiv: Gewinn des „Goldenen Lenkrads" für die A-Klasse

19. November 1997
Brief an die Mercedes-Benz-Kunden

26. November 1997
forsa-Umfrage: 50% halten die A-Klasse trotz der Schwächen beim sogenannten Elchtest für ein sicheres Auto, 63% glauben an den langfristigen Erfolg der A-Klasse

1998

Januar

08. Dezember 1997
Experten-Tests in Idiada/Spanien bestätigen die Fahrsicherheit der A-Klasse

10. Dezember 1997
Anzeigenmotiv und TV-Spot: bestandener Elchtest in Idiada

15. Dezember 1997
Anzeigenmotiv: „Das tut ESP"

Februar

Mitte Dezember 1997
250 Neubestellungen pro Tag

Januar 1998
9. Konzernseminar soll das Krisenmanagement im Daimler-Benz-Konzern für den Vorstand untersuchen

19.-30. Januar 1998
Fahrworkshop „Real Life Safety" für 450 Journalisten in Montpellier/Südfrankreich

Anfang Februar 1998
Leserumfrage bei „auto motor und sport" für 1997: Markensympathie von Mercedes-Benz stark gestiegen, Sicherheitsimage etwas gefallen

26. Februar 1998
Wiederbeginn der Auslieferung der A-Klasse; Beginn der Anzeigen mit Boris Becker

Abbildung 1.-6: Der Ablauf der Krise in der Übersicht

Anmerkungen

[1] Daimler-Benz, 23.10.1997.
[2] Die Welt, 30.10.1997, S. 3.
[3] Der Spiegel, 1997a, S. 121.
[4] Vgl. Der Spiegel, 1997b, S. 250.
[5] Der Spiegel, 1997b, S. 250.
[6] Die Welt, 30.10.1997, S. 3.
[7] SonntagsBlick, 1998, S. A30.
[8] Die Welt, 30.10.1997, S. 3.
[9] Die Welt, 30.10.1997, S. 3.
[10] Pressekonferenz des Daimler-Benz-Konzerns in Stuttgart am 29.10.1997.
[11] Vgl. Stern, 1997, S. 246.
[12] Stern, 1997a, S. 246.
[13] SonntagsBlick, 1998, S. A30.
[14] Daimler-Benz, 11.11.1997.
[15] Daimler-Benz, 11.11.1997.
[16] dpa, 11.11.1997, S. 1.
[17] Vgl. Börsen-Zeitung, 12.11.1997, S. 5.
[18] Stuttgarter Zeitung, 13.11.1997, S. 10.
[19] Daimler-Benz, 12.11.1997.
[20] Headline – Newsletter im Daimler-Benz-Konzern, 1997, S. 2.
[21] Vgl. nach Daimler-Benz, 26.11.1997.
[22] Vgl. Focus, 1997a, S. 14.
[23] Vgl. auto motor und sport, 1997a, S. 12.
[24] Daimler-Benz, 09.12.1997, S. 2.
[25] Vgl. auto motor und sport, 1997b, S. 3; auto motor und sport, 1998a, S. 3.
[26] Vgl. Der Fächer – Beilage zu Badische Neueste Nachrichten, 30.05.1998, S. 4.
[27] Vgl. Auto Zeitung, 1998, o.S.
[28] Vgl. Bild, 16.06.1998, o.S.
[29] Vgl. FAZ, 30.01.1999, S. 60.
[30] Vgl. FAZ, 27.02.1999, S. 62.
[31] Vgl. auto motor und sport, 1998b, S 14f.
[32] Vgl. FAZ, 18.01.1999, S. T3.
[33] manager magazin, 1998, S. 76.

2. Die Presseresonanz und die Imageprofile

Alle wesentlichen Ereignisse sowie die getroffenen Maßnahmen zur Krisenbewältigung wurden laufend in den Medien berichtet und kommentiert. Nach dem bereits zitierten Motto „Bad news are good news" ist der nicht bestandene Elchtest der A-Klasse für eine breite Öffentlichkeit nicht nur nachvollziehbar, sondern durch intensive Presseberichterstattung erst wirklich zum Krisenfall geworden. In diesem Kapitel wird die gesamte Krise der A-Klasse gleichsam spiegelbildlich aus Sicht der Presse abgebildet und anhand von Imageprofilen der Hauptakteure, der A-Klasse und des Unternehmens reflektiert.

2.1. Presseberichterstattung

Die in diesem Unterkapitel wiedergegebenen Presseberichte kennzeichnen die Situation, in der sich die Unternehmensleitung respektive die verantwortlichen Führungskräfte während einer Krise befinden: An manchen Tagen werden sie von der Medienberichterstattung überrascht, zum Teil hart getroffen und an anderen Tagen durch im Tenor veröffentlichte eigene Presseerklärungen bestätigt. Da Presseberichte meinungsbildend wirken, finden sie ihren Niederschlag in der Regel auch im Image eines Unternehmens, seiner Produkte oder Führungskräfte.

Diese Sachverhalte und Zusammenhänge machen bereits an dieser Stelle die große Bedeutung der Medien – also nicht nur der hier ausgewerteten Presse, sondern auch von Fernsehen und Rundfunk – in Krisenfällen deutlich. Dies impliziert aus Unternehmenssicht, daß die Medien zur Meinungsbildung in der Öffentlichkeit aktiv genutzt werden können und müssen.

Die Inhalte der Presseberichterstattung basieren auf der Kommunikation durch das Unternehmen, werden aber entscheidend durch die Wahrnehmung und Bewertung durch die Journalisten geprägt. Wie die ausführliche Analyse zeigt, sind nur wenige Details unzutreffend berichtet worden.

Im folgenden werden wesentliche Artikel aus der Berichterstattung der Printmedien im Verlauf der Krise der A-Klasse innerhalb eines Dreivierteljahres und schwerpunktmäßig von Oktober bis Dezember 1997 wiedergegeben. Abbildung 2.1.-1 zeigt den Zusammenhang der ersten beiden Kapitel in der Form eines Untersuchungsdesigns. Die Ereignisse des Krisenfalls und der Krisenbewältigung im ersten Kapitel werden hier, in Unterkapitel 2.1., an der Presseberichterstattung gespiegelt. Hierzu werden chronologisch und unter Kennzeichnung des Printmediums die zentrale Botschaft und wesentliche inhaltliche Aussagen referiert.

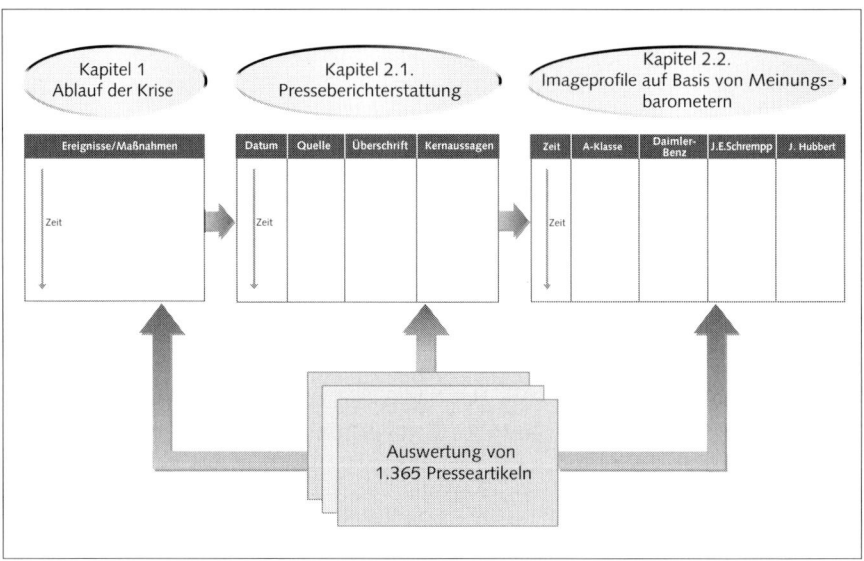

Abbildung 2.1.-1: Untersuchungsdesign des 1. und 2. Kapitels

Eine Differenzierung zwischen Ereignissen und Maßnahmen ist in Abbildung 1.-6 nachvollziehbar. Bei der Analyse der A-Klasse-Krise war vor allem in den ersten Reaktionen eine Unterscheidung zwischen schadensbegrenzenden Maßnahmen mit operativer und strategischer Ausrichtung nicht immer möglich. Hinzu kommt, daß die Differenzierung zwischen konkretem Krisenmanagement und gezielter Krisenkommunikation ebenfalls nicht immer eindeutig zu treffen war. Diese Verzahnung von Krisenmanagement und Krisenkommunikation wird im sechsten Kapitel noch ausgeführt.

Wie sehr die A-Klasse-Krise die Presseberichterstattung beherrschte, wird daran deutlich, daß „Der Spiegel" in seiner Ausgabe vom 3. November 1997 dem Thema seine Titelseite und Titelgeschichte widmete (siehe Abbildung 2.1.-2).

Quelle: „Der Spiegel" 45/1997

Abbildung 2.1.-2: Titelseite „Der Spiegel" vom 3. November 1997

Bevor exemplarisch die Presseberichterstattung wiedergegeben wird, soll anhand einer Collage in Abbildung 2.1.-3[1] ein Eindruck von der vielfältigen und lebendigen Berichterstattung in der deutschen und internationalen Presse in diesem Zeitraum vermittelt werden. Wie ersichtlich ist, wurden die Ereignisse plastisch und manchmal auch drastisch beschrieben.

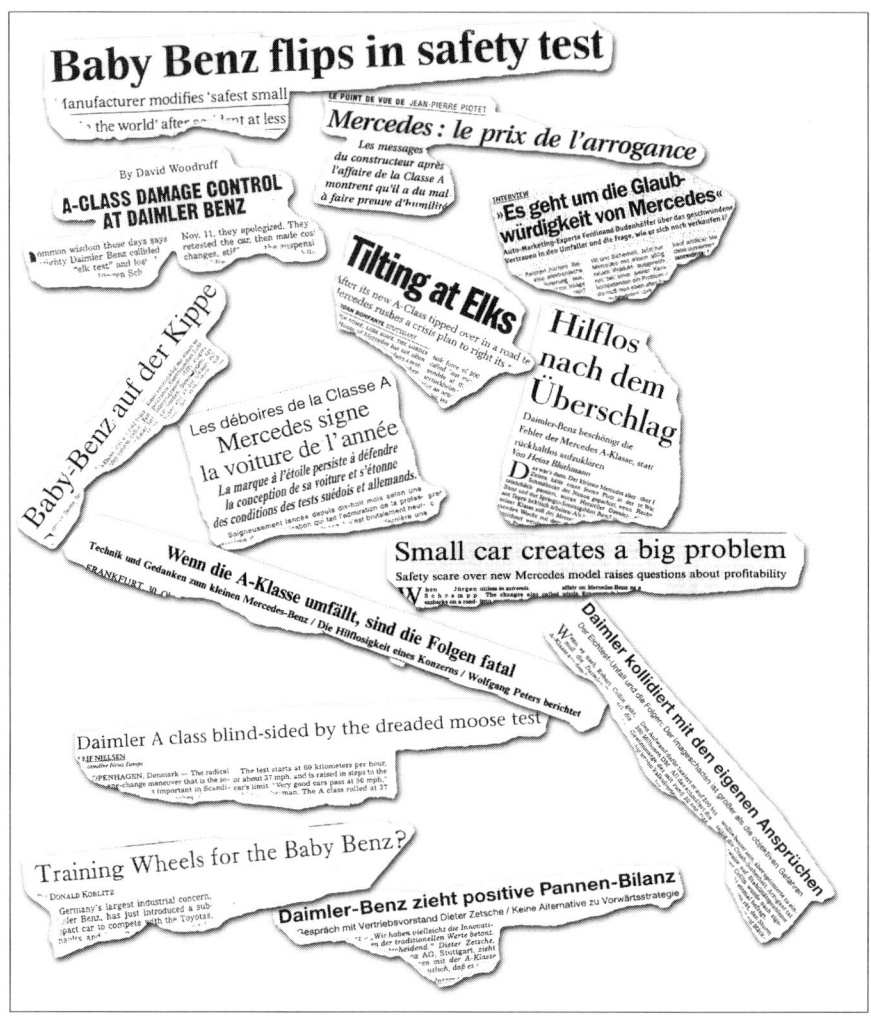

Abbildung 2.1.-3: Collage der Presseberichterstattung

Insgesamt wurden 1.365 Presseartikel gelesen und ausgewertet. Die Darstellung erstreckt sich über den Zeitraum vom 1. August 1997 bis zum 31. März 1998 auf ausgewählte Presseorgane lokaler, nationaler und internationaler Herkunft, wobei der Schwerpunkt aufgrund der Fülle der vorliegenden Presseberichte auf den zentralen Monaten der Krise im Oktober, November und Dezember 1997 liegt. Ab April 1998 ist die A-Klasse-Krise kein die Presse beherrschendes Thema mehr. Die wenigen dann noch publizierten Artikel können deshalb in diesem Buch vernachlässigt werden.

Presseberichterstattung A-Klasse-Krise

Datum	Quelle	Überschrift	Kernaussagen
01.08.97	Automotive Industry	Simply amAzing	„No automobile in the world combines the interior space, parking ease, crashworthiness, fuel economy and generally brilliant engineering of the Mercedes-Benz A-Class. The most space-efficient passenger car since the revolutionary 1959 Morris Mini, the new A-Class – the first front-wheel-drive Mercedes – redefines automotive design for the 21st Century. (...) From this point on, small cars will never be the same."
01.10.97	AutoForum	Raus aus dem Teufelskreis	Mit der A-Klasse will sich Mercedes-Benz neue Kundengruppen erschließen, um nicht mehr ausschließlich von den teuren Modellen abhängig zu sein. Robert Eaton, der Chef von Chrysler, dazu: „Wenn Mercedes beginnt, mit Kompaktautos anzutreten, wird der Stern beschädigt. Kein anderer Hersteller hat je seine Marke so sehr gedehnt. Das geht nicht gut."
01.10.97	Capone	Ganz schön oho: Die A-Klasse feiert Premiere	Die A-Klasse vereint ein innovatives Konzept mit den typischen Mercedes-Werten Sicherheit, Zuverlässigkeit, Komfort und Fahrspaß.
16.10.97	Esslinger Zeitung	A-Klasse vorerst ausverkauft	Der „Baby-Benz" ist mit rund 100.000 Vorbestellungen in Europa zum heutigen Produktionsstart bis Mitte 1998 ausverkauft. 80% der Kunden mit Vorbestellung haben vorher keinen Mercedes gefahren, 50% sind Frauen.

Presseberichterstattung A-Klasse-Krise

Datum	Quelle	Überschrift	Kernaussagen
18.10.97	Frankfurter Neue Presse	A-Klasse – das konkurrenzlose „Nutzfahrzeug"	Zum Auslieferungsstart des neuen Mercedes: „Ja, wir geben es zu. Die A-Klasse ist konkurrenzlos. (...) Gewöhnungsbedürftig ist die stärkere Seitenneigung in Kurven, die jedoch kein Sicherheitsmanko darstellt."
22.10.97	Münstersche Zeitung	Der kleinste Mercedes ist ein überwiegend gelungener Wurf	Die A-Klasse ist „ein überwiegend perfektes Auto".
22.10.97	Handelsblatt	Sicherheitsmängel beim neuen Kleinwagen	Bei einem Test in Schweden ist die neue A-Klasse umgekippt, drei Testfahrer wurden verletzt. Bilder im schwedischen Fernsehen zeigen die A-Klasse bei einem früheren Test, bei dem sich die Räder während schärferer Kurvenfahrt vom Boden abhoben.
23.10.97	International Herald Tribune	Mercedes´ A-Model Rolls Over in Test	Nach dem Umkippen bei dem schwedischen Autotest spricht Mercedes davon, daß der Unfall bewußt herbeigeführt worden wäre und unter normalen Bedingungen nicht hätte passieren können.
23.10.97	tz-München	Pleiten, Pech und Pannen	Die A-Klasse kippte kurz vor Verkaufsstart bei einer Testfahrt um. Mercedes spricht davon, daß der Unfall provoziert worden ist.

Presseberichterstattung A-Klasse-Krise

Datum	Quelle	Überschrift	Kernaussagen
24.10.97	Süddeutsche Zeitung	„Verkauf der A-Klasse muß sofort gestoppt werden"	Schwedisches Automagazin hält die A-Klasse nach dem Umkippen beim „Elchtest" nicht für sicher. Daimler-Benz schickt eine Unfallforscherin nach Schweden.
24.10.97	Stuttgarter Nachrichten	Test-Unfall mit der A-Klasse „nicht nachvollziehbar"	Daimler-Benz kann den Test-Unfall der A-Klasse nicht nachvollziehen. Alle anspruchsvollen Daimler-Tests hat das Fahrzeug bestanden.
25.10.97	Stuttgarter Zeitung	Ein Elch war nicht im Test	Schwedische Zeitungen kritisieren in scharfer Weise die A-Klasse als „Katastrophenauto". Daimler-Benz bestreitet Fehler und vermutet Mutwilligkeit bei einem Extremtest. Fachleute von Daimler-Benz wollen der Ursache auf den Grund gehen.
27.10.97	Der Spiegel	„Angst vorm Kentern"	Der Unfall beim Elch-Ausweichmanöver trifft Daimler-Benz in seiner Kernkompetenz Sicherheit. Schuld am Kippen ist die besondere Konstruktion, die zwar eine in der Klasse einmalige passive Sicherheit ermöglicht, aber durch den hohen Schwerpunkt die aktive Fahrstabilität beeinträchtigt. Dennoch sind früher auch andere Fahrzeuge bei ähnlichen Tests umgekippt. Daimler-Benz streitet alles ab. J. Hubbert: „Zu denken, wir würden unseren Kunden ein unsicheres Fahrzeug anbieten – das ist hirnrissig."

Presseberichterstattung A-Klasse-Krise

Datum	Quelle	Überschrift	Kernaussagen
28.10.97	Schwarzwälder Bote	Daimler-Benz nimmt Stellung	Daimler-Benz führt den Unfall mit der A-Klasse auf einen Extremtest zurück und will in einer Pressekonferenz Stellung nehmen. Außerdem werden drei eigene Testunfälle zugegeben, die aber auf überhöhte Geschwindigkeit und riskante Manöver zurückzuführen gewesen sind.
29.10.97	Der Platow Brief	A-Klasse sorgt für Kopfschmerzen	Nach dem Test-Unfall fordern schwedische Journalisten den Auslieferungsstopp der A-Klasse. Daimler zeigt aber bisher keine Zweifel an deren Sicherheit.
29.10.97	dpa	Mercedes bessert A-Klasse serienmäßig nach	Daimler-Benz wird die A-Klasse serienmäßig mit ESP nachrüsten sowie die Reifen umrüsten. Es wird aber keine Rückrufaktion geben.
30.10.97	Schwäbische Zeitung	Der Überschlag vor dem Elch schreckt die Manager auf	Mercedes hatte bereits Ende September Probleme mit der Fahrstabilität der A-Klasse. Bei einem damaligen unabhängigen Test für den Preis „Car of the Year" in Dänemark hoben bei einer Kurvenfahrt die inneren Räder vom Boden ab. Mercedes-Fachleute konnten aber keinen Fehler finden.
30.10.97	The Times	Baby Benz flips in safety test	Daimler glaubt immer noch an die Sicherheit der A-Klasse. Um der Unsicherheit vieler Kunden zu begegnen, wird die A-Klasse aber ab Februar serienmäßig mit neuen Reifen und dem elektronischen Stabilitätsprogramm (ESP) ausgeliefert.

Presseberichterstattung A-Klasse-Krise

Datum	Quelle	Überschrift	Kernaussagen
30.10.97	Auto Bild	A-Klasse auf der Kippe ...	Fotos auf der Titelseite und im Artikel: Kippende A-Klasse bei eigenen Tests der Zeitschrift. Die A-Klasse ist nicht sicher, was auch auf die zu kurze Entwicklungszeit und die am Simulationscomputer gemachten Tests zurückzuführen ist. „Die bittere Wahrheit: Mercedes hat ein Riesen-Problem. So ein Unfall darf keinem Kunden passieren. Sonst holt der kleine Vorzeige-Benz womöglich noch den ganzen Stern vom Himmel."
30.10.97	Die Welt	„Es hat uns kalt erwischt"	„Das ganze Dilemma kumuliert am Mittwoch vormittag in einer Pressekonferenz in Stuttgart. (...) Collin gehört zunächst die ungeteilte Aufmerksamkeit der Fotografen und Reporter. (...) Daimler-Vorstandschef Jürgen Schrempp glänzt übrigens durch Abwesenheit ..."
31.10.97	auto motor und sport	Kippgefahr bei der A-Klasse	Ein eigener Test der Zeitschrift bestätigt die Kippgefahr der A-Klasse beim „Elchtest", den der VW Golf bestanden hat.
31.10.97	Badische Neueste Nachrichten	Autotester sind noch nicht zufrieden	Fachleute sind sich einig, daß ESP und neue Reifen allein nicht ausreichen, die Fahrsicherheit der A-Klasse wiederherzustellen. Vielmehr werden die generelle Konstruktionsfehler beim Chassis oder den Stoßdämpfern vermutet. Die Mehrkosten belaufen sich auf 100 Mio. DM pro Jahr. Daimler will dennoch Geld mit der A-Klasse verdienen.

Presseberichterstattung A-Klasse-Krise

Datum	Quelle	Überschrift	Kernaussagen
31.10.97	Die Welt	A-Klasse-Kampagne läuft weiter	Daimler will seine A-Klasse-Werbung nicht grundsätzlich verändern. Dennoch ist eine gesonderte Bewerbung von ESP geplant. Außerdem soll ein Brief an 200.000 registrierte Kunden versandt werden.
31.10.97	Ludwigsburger Kreiszeitung	Mercedes: Keine Stornierungswelle	Daimler verzeichnet nach eigenen Aussagen keine Stornierungswelle für die A-Klasse und will mit dem Auto weiterhin Geld verdienen. Vertragshändler entlassen die Kunden aber auf Wunsch aus deren Verträgen. Die Beschäftigten von Mercedes-Benz sind ob der Situation verunsichert.
31.10.97	Stuttgarter Zeitung	A-Klasse verunsichert Reifenkunden	Goodyear berichtet von einem Imageschaden durch die A-Klasse-Krise und will die Reifen nachbessern. Bis dahin will Daimler Reifen von Continental und Pirelli verwenden.
31.10.97	Stuttgarter Nachrichten	Tester von Fahrdynamikregelung begeistert	Erfahrene Autotester sind von ESP begeistert, dennoch geben Fachleute noch andere Tips zum Nachbessern der A-Klasse.
31.10.97	dpa	Werbefachleute raten Mercedes zu „Wahrheitsoffensive" bei A-Klasse	Mercedes soll nach Meinung von Werbefachleuten die aktuelle A-Klasse-Kampagne stoppen und eine offensive Kampagne nach dem Motto „Wir haben aus dem Fehler gelernt" starten.

Presseberichterstattung A-Klasse-Krise

Datum	Quelle	Überschrift	Kernaussagen
31.10.97	Hannoversche Allgemeine Zeitung	Den Mercedes-Managern ist nicht zum Scherzen zumute	Der Konzern hat den „medialen Flächenbrand" durch sein falsches Abstreiten und In-Frage-stellen selbst verursacht. J. Hubbert gesteht ein: „Es hat uns kalt erwischt."
31.10.97	Frankfurter Allgemeine Zeitung	Wenn die A-Klasse umfällt, sind die Folgen fatal	Das Umkippen der A-Klasse ist provoziert und Daimler-Benz damit unlauter in die Enge getrieben worden. Der schlechte Eindruck besteht dennoch, auch durch die hilflose Reaktion des Konzerns.
01.11.97	Die Welt	„Auf uns macht man eine Hetzjagd"	Daimler-Mitarbeiter sind verunsichert, stehen aber voll zum Management. Die Kipp-Fotos der A-Klasse in der „Auto Bild" sind durch falsche Reifen verursacht worden. Die Nachrüstung der A-Klasse mit ESP setzt alle anderen Autohersteller unter Druck.
01.11.97	Financial Times	A brand facing a bumpy ride	Durch das A-Klasse-Debakel ist die Trading-down-Strategie von Mercedes-Benz in Gefahr.
02.11.97	Bild am Sonntag	A-Klasse: Warum der Elch-Test so wichtig ist	Elche sind ein reales Problem im schwedischen Verkehr. Daimler hat die Möglichkeit des Umkippens zugegeben und Nachbesserungen versprochen. Branchenkenner glauben an die Sicherheit und den Erfolg der A-Klasse. Erste Witze über die A-Klasse tauchen auf.

Presseberichterstattung A-Klasse-Krise

Datum	Quelle	Überschrift	Kernaussagen
02.11.97	Welt am Sonntag	Baby-Benz auf der Kippe	Schwedischer Tester Robert Collin hält die Nachbesserungen mit neuen Reifen und dem ESP nicht für ausreichend.
02.11.97	Der Tagesspiegel	A-Klasse-Mercedes: Durch Resonanzen umgekippt?	Vermutungen werden angestellt, daß die A-Klasse eine (im Vergleich zu anderen PKW) besonders niedrige „charakteristische Geschwindigkeit" besitzt, also die Geschwindigkeit, bei der alle Autos durch Resonanzen generell instabiler werden. Dadurch könnte ihr extremes Verhalten beim Elchtest erklärt werden.
03.11.97	Der Spiegel	Mercedes A-Klasse. Stern mit Schrammen. Anatomie eines Debakels	Titelseiten-Überschrift und zehnseitiger Artikel „Tanz um die Gummihütchen": Geschichte der Krise, Entwicklungsprozeß bei der A-Klasse, mögliche Folgen des Elchtests und andere Themen. Es wird gemutmaßt, daß Daimler den dänischen Test Ende September, bei dem die Räder der A-Klasse bei einem Ausweichmanöver bereits vom Boden abhoben, im zweiten Anlauf nur durch eine nicht offengelegte Nachbesserung bestanden hat.
03.11.97	Focus	„Die A-Klasse ist sicher" (Interview mit J. Hubbert)	In einem Interview bekräftigt J. Hubbert den Glauben von Daimler-Benz an die hohe Sicherheit der A-Klasse.

Presseberichterstattung A-Klasse-Krise

Datum	Quelle	Überschrift	Kernaussagen
03.11.97	Focus	Ganz schön schräg	Daimler-Benz übernimmt die volle Verantwortung für alle Fehler der A-Klasse und wird nach den Nachbesserungen durch neue Reifen und ESP, falls nötig, auch die Fahrwerksabstimmung verbessern. Das Chassis soll aber nicht verändert werden. Der vergangene Woche breite Aufmerksamkeit erregende Test der „Auto Bild" war manipuliert.
03.11.97	Badische Neueste Nachrichten	Spektakuläre Bilder der A-Klasse entstanden mit unsauberen Mitteln	Das vielzitierte Bild einer kippenden A-Klasse ist von „Auto Bild" manipuliert worden. Der Test mit dem Beinaheunfall ist durch falsche Bereifung bewußt herbeigeführt worden.
05.11.97	Blick durch die Wirtschaft	Vielversprechende Ertragsziele locken Anleger	Die konsequente Vorwärtsstrategie von Daimler-Benz läßt trotz des angekratzten Mercedes-Benz-Image wachsende Umsätze und Erträge erwarten.
06.11.97	Le Figaro	Mercedes signe la voiture de l'année	Die Marke mit dem Stern verteidigt weiterhin die Konzeption ihres Autos und zeigt sich erstaunt über die Testbedingungen in Schweden und Deutschland.

Presseberichterstattung A-Klasse-Krise

Datum	Quelle	Überschrift	Kernaussagen
06.11.97	Stern	„Wir können uns keine Fehler mehr erlauben"	J.E. Schrempp hat die A-Klasse aufgrund des Imageschadens zur Chefsache gemacht: „Wir können uns keine Fehler mehr erlauben. Was wir anbieten, muß das Beste seiner Klasse sein – es gibt keine Kompromisse mehr." J. Hubbert gilt als „Wackelkandidat" im Vorstand – auch wegen der Panne beim neuen Motor für die C-Klasse. Auch D. Zetsche könnte das „A-Klassen-Desaster (...) in die Schußlinie bringen". J.E. Schrempp hat aber nicht vor, „alte Weggefährten im Regen stehen" zu lassen.
06.11.97	The Wall Street Journal	Training Wheels for the Baby Benz?	„Is it really credible to believe Daimler put the car through eight million kilometers (4.8 million miles) of testing and nobody hit upon the idea that their Baby might flip? My guess is that their engineers, famous for producing finely tuned masterpieces, simply rationalized that their new car was, in 99% of emergencies, much safer than the current alternatives on the market. Getting it on the road would save, not cost, lives. Why should anybody at Daimler press the stability issue and risk the whole project?"
06.11.97	Heilbronner Stimme	Extreme Manöver werden gefahren	Nach dem A-Klasse-Debakel überprüfen die deutschen Autotester ihre Testmethoden auf Zuverlässigkeit und Vollständigkeit.

Presseberichterstattung A-Klasse-Krise

Datum	Quelle	Überschrift	Kernaussagen
06.11.97	Die Welt	Anzeige soll A-Klasse aufrichten	Daimler will in einer Kampagne über ESP informieren. Werbekennern zufolge ist aber die Kommunikationspolitik falsch, die die alte Kampagne weiter laufen läßt. Das führt im Kino mitunter zu kollektiven Lachausbrüchen.
06.11.97	Wirtschaftswoche	Krankes Baby	Das A-Klasse-Debakel hat schlimme Folgen für Daimler. Durch die teuren Nachrüstungen ist die Profitabilität der A-Klasse langfristig gefährdet. Mercedes ist durch den Vorfall in seiner Kernkompetenz getroffen, was auch negative Effekte auf die anderen Mercedes-Modelle und den Smart haben könnte. Es erscheint sicher, daß sich für J. Hubbert und D. Zetsche „ein Donnerwetter zusammenbraut" durch J.E. Schrempp.
06.11.97	Stern	„Es geht um die Glaubwürdigkeit von Mercedes"	Ein Auto-Marketing-Experte: Mercedes kann den Imageschaden nur aufholen, wenn keine weiteren Probleme mehr auftreten. Die Werbung sollte aber vorerst unverändert weiter laufen. Es werden kaum negative Effekte auf andere Mercedes-Modelle befürchtet.
07.11.97	Die Zeit	Hilflos nach dem Überschlag	Daimlers Kommunikationsstrategie ist alles andere als überzeugend gewesen. Anstatt rückhaltlos aufzuklären, hat der Konzern nur beschönigt.

41

Presseberichterstattung A-Klasse-Krise

Datum	Quelle	Überschrift	Kernaussagen
07.11.97	Süddeutsche Zeitung	Daimler-Benz will Kundenbriefe verschicken	Daimler-Benz wird die Kunden per Brief über die Veränderungen an der A-Klasse informieren. Weiterhin „werde es eine Darstellung und Richtigstellung" zu den Problemen in den Medien geben.
07.11.97	Frankfurter Allgemeine Zeitung	1000 Bestellungen für die A-Klasse storniert	Bisher sind laut Daimler-Angaben nur 1.000 der 100.000 Vorbestellungen für die A-Klasse storniert worden. Es ist nicht bekannt, wie viele Kunden mit dem Kauf auf die Nachbesserungen warten wollen.
07.11.97	Die Woche	Der mit dem Elch kämpft	J. Hubbert mußte die Krise der Öffentlichkeit verkaufen, während J.E. Schrempp sich rausgehalten hat. Die Pannenserie der letzten Jahre, die falsche Kommunikation und das Management dieser Krise beschädigen das Markenimage von Mercedes-Benz.
08.11.97	Frankfurter Rundschau	Mercedes-A-Klasse als Stuttgarter Super-GAU	.... punktgenau zur Markteinführung ereignete sich der publizistische Super-GAU, der größte anzunehmende Unfall, der in die Annalen der modernen Kommunikationswissenschaft als perfektes Public-Relations-Desaster eingehen dürfte. Die A-Klasse-Inszenierung kippte buchstäblich über Nacht."
08.11.97	Stuttgarter Zeitung	Stoppt Schrempp die A-Klasse?	J.E. Schrempp setzt den Mercedes-Technikern eine Frist für das totale Abstellen der Sicherheitsmängel an der A-Klasse. Ansonsten wird die Auslieferung sofort gestoppt.

Presseberichterstattung A-Klasse-Krise

Datum	Quelle	Überschrift	Kernaussagen
10.11.97	Die Welt	Wie Jürgen Schrempp den Elch mit guter Taktik ausmanövriert	Daimler-Benz und besonders J.E. Schrempp inszenieren den Öffentlichkeitsauftritt des Konzerns raffiniert. Erst müssen D. Zetsche und J. Hubbert Fehler öffentlich zugeben, erst danach macht J.E. Schrempp die A-Klasse zur Chefsache.

Lieferstopp für die A-Klasse ist unwahrscheinlich, obwohl das Auto bei internen Tests vor Vorstandsmitgliedern wieder umgekippt ist. |
| 10.11.97 | The Wall Street Journal | An Imaginary Elk Gives Daimler's Baby One Ugly Nightmare | J.E. Schrempp will eventuell die Auslieferung der A-Klasse bis zur vollen Verfügbarkeit von ESP im Februar 1998 stoppen. |
| 10.11.97 | Badische Neueste Nachrichten | In Rastatt weiter Bangen um Zukunft der A-Klasse | Daimler-Benz bestätigt das Umkippen der noch unverbesserten A-Klasse bei einem internen Test. Dagegen sind Tests mit ESP und neuen Reifen vielversprechend verlaufen.

Gerüchte um einen Auslieferungsstopp werden als Spekulation zurückgewiesen. |

Presseberichterstattung A-Klasse-Krise

Datum	Quelle	Überschrift	Kernaussagen
10.11.97	Mannheimer Morgen	Auf der Kippe	Widersprüchliche Aussagen und Spekulationen führen zu Konfusion in der Öffentlichkeit. Daimler-Benz trägt einen riesigen Imageschaden. J.E. Schrempp ist nun gefordert: „Also, Jürgen Schrempp, eine schnelle Entscheidung muß her!"
11.11.97	Handelsblatt	„Eine Marketing-Story auf schmalem Grat zwischen Wahnsinn und Genie"	Der Ablauf der Kommunikationsstrategie von Daimler ist ein Zeichen für mangelndes Krisenmanagement gewesen.
11.11.97	Berliner Morgenpost	Lädiertes Image	Die Witze über die A-Klasse werden immer mehr.
11.11.97	Südwest Presse	Bei Qualität Fehlanzeige	Die deutsche Autoindustrie kämpft immer mehr mit Qualitätsproblemen. Zweifel an der Zuverlässigkeit der Fahrzeuge werden laut. Vermutete Ursachen: Personaleinsparungen bei Qualitätskontrolle, Druck auf die Einkaufspreise, Verkürzung der Entwicklungszeiten.

Presseberichterstattung A-Klasse-Krise

Datum	Quelle	Überschrift	Kernaussagen
11.11.97	Süddeutsche Zeitung	Daimler kollidiert mit den eigenen Ansprüchen	„Daimler wollte besser sein, aber optimierte zu einseitig die Crash-Sicherheit. Arrogant tat man Hinweise auf Stabilitätsprobleme ab, Testfahrer Collin wurde nach eigenen Aussagen nicht einmal befragt."

„Die Frage nach der Verantwortung ist eine andere. Im Feuer stehen Pkw-Chef Jürgen Hubbert und der frühere Entwicklungs- (jetzt Vertriebs-) Vorstand Dieter Zetsche. Daimler-Chef Jürgen Schrempp hielt sich bislang weitgehend zurück. Er muß sich aber fragen, ob die Verunsicherung vieler Mitarbeiter und ein organisatorisches Durcheinander bei der Verschmelzung mit der früher selbständigen Tochter Mercedes nicht zu den jüngsten Pannen beigetragen haben." |
12.11.97	Berliner Zeitung	Daimler-Chef Schrempp stoppt die Auslieferung der neuen A-Klasse	J.E. Schrempp ordnet sofortigen dreimonatigen Auslieferungsstopp der A-Klasse an. Entwicklungsfehler werden eingeräumt, aber die Lösung wurde gefunden.
12.11.97	Berliner Zeitung	Lieber ein Ende des Schreckens...	J.E. Schrempp ging im Gegensatz zu Vorstandskollegen wie J. Hubbert bisher immer offensiv mit Krisen um, was langfristig die beste Lösung ist.
12.11.97	Schwäbische Zeitung	Elch kippt Benz-Baby	Endlich hat Daimler mit dem Auslieferungsstopp die Konsequenzen gezogen und die Flucht nach vorn ergriffen. Vielerorts werden personelle Konsequenzen im Vorstand gefordert.

Presseberichterstattung A-Klasse-Krise

Datum	Quelle	Überschrift	Kernaussagen
12.11.97	Finanz und Wirtschaft	Daimler hat A-Klasse-Debakel nicht ausgestanden	Analysten sind skeptisch für die endgültige Behebung der A-Klasse-Probleme: Absatz mittelfristig, Gewinnmarge durch Nachrüstungen auch langfristig gefährdet. Trotz nur geringer Gewinnrückgänge keine rasche Erholung der Aktie erwartet.
12.11.97	Süddeutsche Zeitung	Daimler-Benz stoppt die Auslieferung der kippgefährdeten A-Klasse	Die Käufer bereits ausgelieferter Fahrzeuge erhalten auf Wunsch eine C-Klasse für die Dauer der Umstellung. Die Gesamtkosten der Nachbesserungen belaufen sich für 1997/98 auf 300 Mio. DM. Die Grundkonzeption der Werbe- und Marketingstrategie wird nicht geändert.
12.11.97	Frankfurter Allgemeine Zeitung	Daimler unterbricht die Auslieferung der A-Klasse	Laut J.E. Schrempp bedauert Daimler die Schwächen der A-Klasse bei Extremtests. Durch die Nachbesserungen setzt die A-Klasse aber neue Standards bei der aktiven Sicherheit in ihrer Klasse.
12.11.97	Frankfurter Allgemeine Zeitung	Auf der Kippe	Das Image der A-Klasse ist durch die Hilflosigkeit und Halbherzigkeit des Konzerns bei der Krisenbewältigung nachhaltig geschädigt worden. „Eigentlich kann nur eine neue A-Klasse zu einem neuen Erfolg führen."
12.11.97	Reuters	Daimler stoppt Kampagne für A-Klasse	Die im Sommer begonnene Kommunikationskampagne ist – soweit möglich – gestoppt worden, es liegt aber noch keine offizielle Bestätigung durch Daimler-Benz vor.

Presseberichterstattung A-Klasse-Krise

Datum	Quelle	Überschrift	Kernaussagen
13.11.97	Berliner Zeitung	Krisenmanager als Mitschuldiger an der Krise	J.E. Schrempp ist mitschuldig an der Krise bei der A-Klasse, schafft es aber, als entschlossener Krisenmanager dazustehen.
13.11.97	Die Welt	A-Klasse auf der Suche nach einem neuen Image	Daimler wirbt mit ganzseitigen Anzeigen für ein Ende der Sicherheitsdiskussion um die A-Klasse. Die alte Kampagne wird abgesetzt, und die Kunden werden mit Briefen informiert. Werbe- und Marketingexperten halten die neue Kommunikationsstrategie für richtig, aber für zu spät.
13.11.97	Handelsblatt	Das Eingeständnis ihrer Schöpfer hilft der A-Klasse aus der Schieflage	Der Lieferstopp und die Zeitungsanzeigen stoßen auf positive Resonanz in der Öffentlichkeit. Anscheinend ist das Vertrauen der Kunden nicht nachhaltig geschädigt. Dennoch kommt die Reaktion zu spät.
13.11.97	Stern	Ende einer Dienstfahrt	J. Hubbert gibt Fehler im Endstadium der A-Klasse-Tests vor der Auslieferung zu. „Wir haben die Reifen geändert und danach keinen Elchtest mehr gefahren. Das ist ein Fehler gewesen." Die A-Klasse gewinnt das „Goldene Lenkrad" und den „Großen Automobilpreis von Österreich".

Presseberichterstattung A-Klasse-Krise

Datum	Quelle	Überschrift	Kernaussagen
13.11.97	Stuttgarter Nachrichten	„Jetzt muß Daimler wahnsinnig aufpassen"	Analysten bewerten den Auslieferungsstopp als positiv, er kommt aber zu spät. Gelobt wird die offensive und offene Behandlung des Problems durch Daimler, was den Imageverlust begrenzen könnte. Im Ausland herrscht Schadenfreude über die Krise bei der A-Klasse.
13.11.97	Schweizer Handelszeitung	Zum Glück trägt der Smart keinen Stern	J.E. Schrempp versteht nicht viel von Autos. Die Trading-down-Strategie und die zu kurzen Entwicklungszeiten sind falsch. Außerdem ist der Umbau des Konzerns durch J.E. Schrempp zu schnell und zu radikal gewesen.
13.11.97	Süddeutsche Zeitung	„Das Problem ist von Anfang an total unterschätzt worden"	Ein PR-Experte: Die neuen Anzeigen sind grundsätzlich richtig, aber arrogant und nicht kundenbezogen. Die Reaktionen sind von Anfang an falsch gewesen. Daimler soll endlich ernsthaft bezogen auf die Sorgen der Kunden kommunizieren. Es wird ein langfristiger Imageschaden befürchtet.
13.11.97	Handelsblatt	Analysten bleiben bei Daimler-Einschätzung	Trotz sinkenden Kurses und geteilter Meinungen über die Image- und Ergebniswirkung des A-Klasse-Vorfalls bleiben die Empfehlungen der Analysten hinsichtlich der Daimler-Aktie unverändert, aber nach wie vor uneinheitlich.

Presseberichterstattung A-Klasse-Krise

Datum	Quelle	Überschrift	Kernaussagen
13.11.97	Münchner Merkur	„Todesmut" der A-Klasse-Fahrer	Die Imageschäden durch die umgekippte A-Klasse sind für Mercedes-Benz kaum abzuschätzen. A-Klasse-Fahrer müssen sich derzeit mit Hohn und Spott ihrer Mitmenschen abfinden.
13.11.97	The Guardian	„It´s not just a bad car – it´s a disaster"	Der Auslieferungsstopp dokumentiert die absolute Schwächung, die Daimler-Benz durch die Fehler bei der A-Klasse-Krise erfahren hat. „Jürgen Schrempp, Daimler´s chairman, has been widely criticised for leaving it until Tuesday – three weeks after the crisis broke – to take the lead."
13.11.97	Der Tagesspiegel	Chancen für eine offensive Strategie nicht genutzt	Daimler hat den größten Fehler in Krisen-PR gemacht, nämlich anfangs gar nicht reagiert. Die jetzt erschienene ganzseitige Anzeigenkampagne ist trotzig.
14.11.97	Die Welt	Rennpappe besteht den Elch-Test	Eine thüringische Zeitung fuhr mit dem Trabant den Elchtest: „Die ‚Rennpappe' erwies sich dem Bericht zufolge in dem Test als ‚ungeheuer spurstabil'."
14.11.97	Die Zeit	Beulen im Blech	„Der Auslieferstopp für die A-Klasse kam zu spät."

49

Presseberichterstattung A-Klasse-Krise

Datum	Quelle	Überschrift	Kernaussagen
16.11.97	Welt am Sonntag	Unentschiedenes Handeln beschert unverzüglich die Quittung	Durch entschiedenes Handeln und eine klare Krisen-PR hätte der „Flächenbrand" um die A-Klasse vermieden werden können. Auf Krisen muß man präventiv vorbereitet sein.
17.11.97	Focus	„Wir setzen neue Standards" (Interview mit J.E. Schrempp)	J.E. Schrempp bedauert Fehler. Höchste Sicherheits- und Qualitätsansprüche für Mercedes bleiben bestehen, die Entwicklungszeit ist lang genug. Der positive Ertragstrend wird sich fortsetzen. Es werden keine Köpfe rollen. Mit dem Einbau des ESP setzt das Unternehmen neue Sicherheitsstandards. Die Kommunikationsstrategie war richtig. Daimler-Benz wird aus dem Fall lernen und gestärkt daraus hervorgehen. J.E. Schrempp will den Elchtest mit dem Smart selbst durchführen.
21.11.97	VDI nachrichten	Mit neuer Fahrwerksabstimmung meistert „A-Klasse" extreme Manöver	Laut ADAC ist die verbesserte A-Klasse beim Elchtest ihren Konkurrenten ebenbürtig.
22.11.97	Leipziger Volkszeitung	Pleiten, Pech und Pannen: Die A-Klasse ist kein Einzelfall	In der letzten Zeit häufen sich die Rückrufaktionen in der Automobilbranche.

Presseberichterstattung A-Klasse-Krise

Datum	Quelle	Überschrift	Kernaussagen
22.11.97	Frankfurter Allgemeine Zeitung	„Elchtest" kommt ins Wörterbuch	Das Wort „Elchtest" findet Eingang in die Wörterbücher des Langenscheidt-Verlags. „An kaum einem anderen Wort kann man die rasante Verbreitung im Sprachgebrauch so klar nachvollziehen."
24.11.97	Business Week	A-Class Damage Control at Daimler Benz	Das A-Klasse-Debakel hätte jeder Firma passieren können. Die Reaktion von Daimler war sehr gut, so daß die A-Klasse langfristig als sicheres Auto dastehen wird.
24.11.97	Automotive News	A-class woes prompt reexam of development steps	Daimler ruft eine Task Force ein, die den Entwicklungsprozeß im Konzern untersucht. Ablauf des Krisenmanagement: Anfangs Not-Meetings des Vorstands in Tokio, in den folgenden Wochen tägliche Vorstandstreffen. Erst wurden jegliche Fehler bestritten, später folgte die Rückrufaktion mit dem Versprechen auf Nachbesserungen und letztendlich der Auslieferungsstopp. Es liegen kaum Bestellungen von der neuen Klientel vor, die Daimler mit der Trading-down-Strategie eigentlich ansprechen will.
24.11.97	Automotive News	Did Daimler try to do too much?	Zweifel an der schnellen Erweiterung der Produktpalette von Mercedes werden geäußert.

Presseberichterstattung A-Klasse-Krise

Datum	Quelle	Überschrift	Kernaussagen
24.11.97	Automotive News	Daimler A class blind-sided by the dreaded moose test	Beim Elchtest sind vor 20 Jahren auch ein Skoda und 1997 ein Toyota Corolla gescheitert.
25.11.97	Frankfurter Allgemeine Zeitung	Endlich auf Augenhöhe mit dem Elch	Glosse über die Wonne, mit einer A-Klasse zu fahren: „Meine Nachbarn fragen: Na, schon umgekippt? Ich nenne sie Feiglinge und werfe ein bißchen Laub über den Zaun."
27.11.97	Les Echos	Mercedes: le prix de l'arrogance	Die Botschaften der Konstrukteure nach der A-Klasse-Affäre zeigen, daß es ihnen schwer fällt, Demut zu beweisen.
28.11.97	auto motor und sport	12000 auf der Halde	Mercedes produziert die A-Klasse bis zum Ende des Auslieferungsstopps im Februar auf Lager.
			Viele Bürger halten die A-Klasse immer noch für ein sicheres Auto und langfristig für einen Erfolg. Aber nur 18% würden die A-Klasse in die engere Auswahl beim Autokauf stellen.

Presseberichterstattung A-Klasse-Krise

Datum	Quelle	Überschrift	Kernaussagen
29.11.97	Die Rheinpfalz	Das A-Klasse-Syndrom	Die A-Klasse-Krise ist „symbolisch für die Schwächen und Fehlentwicklungen in der deutschen Gesellschaft und ihrem Wirtschaftsleben. (...) Übertreibung, Unterschätzung und Erstarrung." Die Produktqualität gerät ins Hintertreffen.
			Die Medien haben bei der Berichterstattung übertrieben, der Elchtest ist zu streng. Daimler hat die Reaktionen aber auch mehrfach unterschätzt.
01.12.97	manager magazin	Auf der Kippe	Die Pannenserie bei Daimler-Benz nimmt kein Ende. „Personelle und organisatorische Veränderungen sind auch nach Ansicht einzelner Aufsichtsräte unvermeidlich." J.E. Schrempp, J. Hubbert und D. Zetsche werden kritisiert. Daimler hat aus den „groben Fehlern (...) offenbar nichts gelernt." „Die schlagartige Ausweitung des Produktprogramms (...) hat offensichtlich die Organisation überfordert." Daimler-Benz fährt nach wie vor einen „Parforcekurs".
01.12.97	Mannheimer Morgen	„Baby-Benz" besteht Elch-Test	Der TÜV bestätigt die absolute Fahrstabilität der verbesserten A-Klasse auch beim Elchtest.
01.12.97	car	A-class safety image tainted	Der Versuch, die A-Klasse als besonders sicheres Auto seiner Klasse zu etablieren, ist mit dem nicht bestandenen Elchtest gescheitert.

53

Presseberichterstattung A-Klasse-Krise

Datum	Quelle	Überschrift	Kernaussagen
01.12.97	PS-report	Es werden keine Köpfe rollen – aber ein paar Köpfe bekommen andere Rollen	Laut Aussagen eines Aufsichtsratsmitglieds von Daimler-Benz sind die Jobs von Vertriebsvorstand Dieter Zetsche und Chefentwickler Helmut Petri gefährdet. D. Zetsche ist zu arrogant im TV aufgetreten. Allgemein ist die gesamte Öffentlichkeitsarbeit schlecht gewesen, der Konzern ist falsch aufgetreten. Es ist ein „Mega-Kommunikationsproblem" entstanden, welches ein Versäumnis von Kommunikationschef Christoph Walther war, weil er „praktisch abgetaucht ist". Auch andere Pressesprecher haben unglücklich reagiert. Ursachen dafür werden in Fehleinschätzungen der Lage gesehen, die auch dem Vorstand anzulasten sind. J. Hubbert genießt nicht mehr uneingeschränkt das Vertrauen. Er hat sich aber beim Krisenmanagement verdient gemacht.
02.12.97	Badische Neueste Nachrichten	Die Zukunft des A-Modells: Vom Kellerkind zum Klassenprimus?	Laut ADAC ist die verbesserte A-Klasse klar das sicherste Auto ihrer Klasse. Dennoch will Daimler nun Preiszugeständnisse machen, um verlorene Kunden zurückzugewinnen. Dabei sieht der Konzern in der Verleihung des „Goldenen Lenkrads" einen Wendepunkt.
02.12.97	Stuttgarter Zeitung	„Bei Nachrüstung voll im Plan"	Daimler berichtet von planmäßiger Nachrüstung der A-Klasse.

Presseberichterstattung A-Klasse-Krise

Datum	Quelle	Überschrift	Kernaussagen
04.12.97	Bild	Daimler-Schrempp „Eingreiftruppe" für Objekt A	J.E. Schrempp bildet eine neunköpfige Task Force, die sich bis zu 17 Stunden am Tag nur um die A-Klasse kümmert.
04.12.97	Stern	Zurück, marsch, marsch	Schuld an den häufiger werdenden Rückrufaktionen in der Autoindustrie sind zu 50% Entwicklungsfehler (zu schnell konstruiert, zu wenig getestet oder Schlamperei).
05.12.97	Frankfurter Allgemeine Zeitung	Elche und andere Quergänger	Unternehmen geraten in letzter Zeit immer öfter ins Kreuzfeuer der Kritik. Bei der A-Klasse wurde Daimler-Benz sogar gezwungen, Fehler einzugestehen. Kommunikationsberater empfehlen eine schnelle und sichere Information der Öffentlichkeit.
06.12.97	Süddeutsche Zeitung	Wen wir lieben, den schlagen wir	Die Kritik an der A-Klasse ist zum großen Teil auf die (Schaden)Freude der Deutschen zurückzuführen, ein sehr erfolgreiches und mitunter arrogantes Unternehmen straucheln zu sehen.

Presseberichterstattung A-Klasse-Krise

Datum	Quelle	Überschrift	Kernaussagen
08.12.97	Time	Tilting at Elks	Direkt nach dem Umkippen der A-Klasse bildete J.E. Schrempp eine Task Force von 200 der besten Daimler-Leute, um einen Maßnahmenplan zu entwickeln, der 19 Tage später mit dem Auslieferungsstopp bekanntgegeben wurde.
			J.E. Schrempp hat indirekt zugegeben, daß die interne Kommunikation bei Daimler nicht optimal funktioniert. Die TIME vermutet, daß das mittlere Management vielleicht von dem Problem der A-Klasse gewußt hat.
10.12.97	Stuttgarter Nachrichten	Neue A-Klasse besteht den Elchtest	Die verbesserte A-Klasse ist absolut sicher, wie die von Daimler zu Tests eingeladenen Fachleute bestätigen. Niki Lauda hält die A-Klasse nun für „narrensicher". Auch der schwedische Kritiker Robert Collin bestätigt das Bestehen des Elchtests durch die A-Klasse.
11.12.97	Blick durch die Wirtschaft	Fehltritte in Erfolge ummünzen	Die Krise bei der A-Klasse könnte ähnlich wie die Krise von Coca-Cola in den 80er Jahren in den USA durch entschlossenes Vorgehen in einen Erfolg umgewandelt werden.
11.12.97	Handelsblatt	Im Schlingerkurs zum neuen A-Klasse-Image	Die Anzeigenkampagne von Mercedes nach dem Auslieferungsstopp ist anfangs total mißglückt gewesen. Bald gibt es aber eine neue Werbekampagne mit redaktionellem Auftritt, in der Fehler eingestanden werden. Parallel dazu soll es eine breit angelegte Informationskampagne geben, z.B. im Internet oder mit gebührenfreien Telefonnummern.

Presseberichterstattung A-Klasse-Krise

Datum	Quelle	Überschrift	Kernaussagen
11.12.97	Stuttgarter Nachrichten	Auf Wunsch kommt die neue A-Klasse frisch vom Fließband	Neukunden müssen keines der auf Lager produzierten Fahrzeuge kaufen, sondern bekommen auf Wunsch eine frisch produzierte A-Klasse. Bisher gibt es insgesamt 4.000 Stornierungen.
11.12.97	Die Welt	A-Klasse vom Umtausch nicht ausgeschlossen	A-Klasse-Besitzer können ihr altes Fahrzeug kostenlos gegen eine neu produzierte A-Klasse eintauschen.
11.12.97	Stuttgarter Zeitung	Die neue A-Klasse	Das Krisenmanagement der Daimler-Benz-Vorstandsmitglieder und besonders von J.E. Schrempp bei der A-Klasse ist gut gewesen. Daimler hat schnell und entschlossen reagiert und damit das Vertrauen der Kunden nicht schwinden lassen. Dennoch müssen solche Fehler von Anfang an vermieden werden.
12.12.97	Börsen-Zeitung	„Erfolg versaut den Charakter"	J. Hubbert gibt sich selbstkritisch: Daimler ist sich seiner Überlegenheit zu sicher gewesen und damit leichtfertig geworden. Doch die Pannen haben den Konzern aufgerüttelt, „um Risikobereitschaft wiederzubeleben". Daimler will vielleicht einmal ein Witzbuch über die A-Klasse herausbringen.

57

Presseberichterstattung A-Klasse-Krise

Datum	Quelle	Überschrift	Kernaussagen
12.12.97	Ludwigsburger Kreiszeitung	Baby-Benz läuft vom Band	Die am Fahrwerk verbesserte A-Klasse wird produziert. Der Einbau von ESP ist vorbereitet.
15.12.97	Focus	„Die Stimmung ist sehr positiv" (Interview mit J. Fahr)	Vertriebschef für Mercedes-Benz-PKW Jürgen Fahr: Die Stimmung der Mercedes-Kunden und -Händler ist positiv. Pro Tag gibt es für die A-Klasse ungefähr 250 Bestellungen mit steigender Tendenz. Wie angekündigt, wird es keinen Mehrpreis für die verbesserte A-Klasse geben.
15.12.97	Focus	Verbeultes Image	Die anfängliche PR-Strategie von Daimler war arrogant und verleugnend. Doch letztendlich hat das Unternehmen die richtigen Schritte ergriffen.
15.12.97	Der Spiegel	Daimler macht Druck	Andere Autohersteller prüfen unter Druck, ob sie nun auch ESP serienmäßig anbieten müssen. J.E. Schrempp verkündet, die A-Klasse meistert „Situationen, die kein anderes Fahrzeug dieser Klasse meistert".
15.12.97	Forbes	Road kill	Trotz der Versäumnisse von Daimler-Benz, den Elchtest nicht selbst vor der Markteinführung der A-Klasse bereits durchgeführt zu haben, wird die A-Klasse aufgrund ihres überzeugenden Konzepts und des entschiedenen Handelns des Konzerns ein Erfolg werden.

Presseberichterstattung A-Klasse-Krise

Datum	Quelle	Überschrift	Kernaussagen
18.12.97	Wirtschaftswoche	Millionen für die Katz	Die jetzt durchgeführten Veränderungen am Fahrwerk und den Reifen reichen aus, um die A-Klasse fahrsicher zu machen. Der für die Kunden kostenlose, für Daimler aber jährlich 100 Mio. DM teure Einbau des ESP ist damit im nachhinein unnötig.
20.12.97	Die Welt	Daimler-Benz darf sich keine neuerliche Schlappe leisten	J. Hubbert nimmt durch die vielen Krisen in seinem Bereich Schaden, wohingegen J.E. Schrempp durch sein entschlossenes Vorgehen an Macht und Ansehen gewinnt. Daimler hat dennoch zu schnell zu viele neue Modelle herausgebracht.
20.12.97	Frankfurter Rundschau	Smarte Manager, vom Elchtest gebeutelt	Der Daimler-Vorstand hat seine eigenen hohen Erwartungen und die der Kunden enttäuscht und bei der Mercedes-Expansion in neue Segmente versagt. Daimler-Benz und damit J. Hubbert und besonders J.E. Schrempp „sind gegen die Wand gefahren". „Daimler-Benz – doch mehr Arroganz als Kompetenz, doch mehr Schein als Sein?"
22.12.97	Sächsische Zeitung	Zu viele Fehlzündungen	Die Rückrufaktionen in der Automobilindustrie zeugen von zu kurzen Entwicklungszeiten und Managementfehlern.
30.12.97	Die Welt	Elchtest läßt den Daimler-Riesen wanken	Das Krisenmanagement von Daimler ist im Rückblick gelungen gewesen. Dennoch wird es wohl personelle Veränderungen im Vorstand mit Bezug auf die A-Klasse geben.

Presseberichterstattung A-Klasse-Krise

Datum	Quelle	Überschrift	Kernaussagen
31.12.97	Süddeutsche Zeitung	Von Umfallern und Aufsteigern	„Vielleicht war der Erwartungsdruck einfach zu groß – nach 18 Monaten perfekter Werbung hatte eben alle Welt auf die Neuerfindung des Autos gewartet. Heraus kam ein ungewöhnliches, vielleicht auch optisch gewöhnungsbedürftiges Automobil, das ein besseres Schicksal verdient hätte, als zur Witzfigur des Jahres zu mutieren. Denn die Konzeption zeigte Originalität, die Optik bewies Mut, und das Fahrwerk war besser als sein Ruf – doch Mercedes hatte zweifellos seine Hausaufgaben nicht gemacht.“
01.01.98	PrMagazin	Das Schleudertrauma	Die Schräglage der A-Klasse brachte das Image von Mercedes-Benz ins Wanken. Zur eigentlichen Krise kam es jedoch erst durch den Zickzackkurs in der Kommunikation des Stuttgarter Unternehmens. Roland Klein, Leiter der Unternehmenspresse bei Daimler-Benz: „Wir hätten bei der ersten Pressekonferenz stärker unterstreichen müssen, daß wir mit unseren Erkenntnissen erst am Anfang stehen und noch ein paar Wochen Auszeit erbitten, um alles zu prüfen. 200 Journalisten haben die Situation bestimmt, wir mußten reagieren.“
02.01.98	Die Zeit	Der Eichtester	Robert Collin, der schwedische Autotester, der die A-Klasse umgekippt hatte, hat den Kampf als David gegen Goliath, den Daimler-Benz-Konzern, gewonnen.

Presseberichterstattung A-Klasse-Krise

Datum	Quelle	Überschrift	Kernaussagen
04.01.98	Sonntag Aktuell	Der Fall der A-Klasse	Mit der Lösung der Probleme bei der A-Klasse hat Daimler-Benz „Offenheit und Konsequenz" bewiesen.
14.01.98	Hannoversche Allgemeine Zeitung	Verbesserte A-Klasse im Februar im Handel	Ab Mitte Februar wird die nachgerüstete A-Klasse ausgeliefert werden. Daimler-Benz liegt damit nach eigenen Aussagen im Zeitplan.
15.01.98	Frankfurter Rundschau	Schrempp ist auf Hubbert nicht sauer	J.E. Schrempp will PKW-Vorstand J. Hubbert nicht ablösen: „Das wäre lächerlich." Es gäbe schließlich so etwas wie Loyalität und Freundschaft in der Wirtschaft.
20.01.98	Die Welt	Erneut Verwirrung um die A-Klasse	Die Mercedes-Händler in Deutschland wissen nichts vom kostenlosen Umtausch bereits gefahrener A-Klassen. Daimler bestätigt aber dieses Verfahren.
20.01.98	Mannheimer Morgen	Baby-Benz läßt den tückischen Elch links liegen	„Überzeugende Tests mit der nachgerüsteten A-Klasse in Südfrankreich/Wagen meistert Extremsituationen souverän." Daimler gibt an, alle wichtigen Mitbewerber-Fahrzeuge durch den Elchtest gefahren zu haben – und alle sind umgefallen. „Vielleicht sollten sich die Konkurrenten nach einem passenden ESP umsehen."

Presseberichterstattung A-Klasse-Krise

Datum	Quelle	Überschrift	Kernaussagen
21.01.98	B. Z.	Berliner Professor: Der Elchtest hat keine Bedeutung für ein Auto	Berliner Professor für Kraftfahrzeugwesen: Der Elchtest ist deshalb irrelevant, weil man damit jedes Auto zum Kippen bringen könnte. Das würde nur von der Eigenfrequenz des jeweiligen Autos und dem Mut und Geschick des Testfahrers abhängen.
22.01.98	Handelsblatt	Über den Sinn unsinniger Tests und die Folgen	Die A-Klasse ist und bleibt ein Auto mit einem weit in die Zukunft weisenden Konzept. Der Elchtest ist ein unberechenbarer und nicht objektivierbarer Test. „Jetzt ist der Elch sozusagen vom Eis. Das haben Fahrtests mit Journalisten auf dem Versuchsgelände des Reifenherstellers Goodyear im südfranzösischen Montpellier bewiesen. Sie haben aber auch gezeigt, wie weit dieser Extremtest von der Praxis entfernt ist."
26.01.98	PS-report	„Wir waren überheblich, selbstgefällig und sogar arrogant"	J.E. Schrempp spricht in Detroit über die Krise bei der A-Klasse und den Umbau des Konzerns. Dabei macht J.E. Schrempp durch seine offene und lockere Art, mit dem Thema umzugehen, Sympathiepunkte. „Nein, die A-Klasse habe die Kultur des Unternehmens nicht verändert, ‚aber sie hat bewiesen, daß wir mit Krisen fertig werden'. Für Schrempp ist das allemal wichtiger, als keine Fehler zu machen. Schrempp macht das Beste aus allem. Auch aus eigenen Fehlern. (...) Schon nach wenigen Sätzen badet er in einer Woge der Sympathie."

Presseberichterstattung A-Klasse-Krise

Datum	Quelle	Überschrift	Kernaussagen
28.01.98	Die Rheinpfalz	Der Elch hat die A-Klasse verbessert	Durch die Verbesserungen nach dem Elchtest ist die A-Klasse nun ein absolut sicheres Auto.
04.02.98	Stuttgarter Nachrichten	Daimler: Mit A-Klasse rasch Geld verdienen	Daimler wird mit der A-Klasse bereits 1998 ein positives operatives Ergebnis erzielen. Die Zahl der Bestellungen nimmt deutlich zu, zur Zeit liegt sie bei 120.000.
04.02.98	Financial Times	Mercedes to resume making A-Class model	Daimlers Marktstudien zeigen, daß das Sicherheitsimage von Mercedes-Benz erhalten geblieben ist. Damit wird die A-Klasse ein Erfolg werden, und Daimler erwartet einen Absatz von 200.000 für 1999.
07.02.98	Münchner Merkur	Mercedes gibt Gas: A-Klasse startet wieder	Nach dem Auslieferungsstopp wird die verbesserte A-Klasse ab 9. Februar 1998 ausgeliefert.
13.02.98	Ludwigsburger Kreiszeitung	Panne bei der A-Klasse hilft Mercedes-Image	In einer Umfrage der „auto motor und sport" steigerte sich der Sympathiewert der Marke Mercedes-Benz im Dezember 1997 um sechs Prozentpunkte gegenüber dem Vorjahresdurchschnitt. Das Sicherheitsimage von Mercedes-Benz hat durch die Krise bei der A-Klasse nur minimal gelitten, und zwar sank der Wert um einen Prozentpunkt.

Presseberichterstattung A-Klasse-Krise

Datum	Quelle	Überschrift	Kernaussagen
19.02.98	Hamburger Abendblatt	Run auf die A-Klasse	In der Hamburger Mercedes-Niederlassung ist die Nachfrage nach der A-Klasse wesentlich größer als das Angebot.
26.02.98	Die Welt	Mit Boris Becker und einer Dosis Demut	Zur Wiedereinführung der A-Klasse wirbt Mercedes-Benz mit Boris Becker.
28.02.98	Süddeutsche Zeitung	Daimler-Benz zieht positive Pannen-Bilanz	D. Zetsche gibt grobe Fehler bei der A-Klasse zu, konstatiert aber, daß bei der konsequenten Vorwärtsstrategie von Daimler-Benz auch risikoreiche Wege gegangen werden müßten. Richtig ist es gewesen, die Fehler einzugestehen und nachzubessern.
10.03.98	Schwarzwälder Bote	Elch-Tester kritisieren erneut die A-Klasse	Die schwedische Zeitung „Teknikens Värld" hat in einem neuen Test die verbesserte A-Klasse erneut kritisiert.
12.03.98	Sächsische Zeitung	Daimler zu erneutem Test: Grob fahrlässig	Daimler bezeichnet den erneuten schwedischen Test als grob fahrlässig, da das ESP (und damit auch ABS und elektronische Bremskraftverteilung) bewußt ausgeschaltet worden waren.

Presseberichterstattung A-Klasse-Krise

Datum	Quelle	Überschrift	Kernaussagen
25.03.98	Auto Zeitung	Test A minus Elch	Das Publikum hat also offenbar noch Zweifel – an der Fahrsicherheit des Autos wie am Geisteszustand der Insassen. Die Frage „Haben Sie keine Angst, damit umzufallen?" ist recht beliebt, sie wird dem Image der A-Klasse noch lange nachhängen.

2.2. Meinungsbarometer über die A-Klasse, Daimler-Benz, Jürgen E. Schrempp und Jürgen Hubbert

Wie bereits angesprochen, werden im folgenden die ausgewerteten Presse-berichte inhaltlich bewertet, um anhand von Imageprofilen als Meinungsba-rometer den Grad der positiven oder negativen Berichterstattung wiederge-ben zu können. Die untersuchten Akteure und Elemente sind die A-Klasse selbst, das Unternehmen Daimler-Benz sowie die beiden Vorstandsmitglie-der J.E. Schrempp und J. Hubbert.

Die für die Analyse verwendeten 1.365 Presseartikel beschäftigen sich alle-samt mit dem Thema A-Klasse, so daß vor allem das Image des Unterneh-mens Daimler-Benz und der Person J.E. Schrempp nur in bezug auf die A-Klasse-Krise wiedergegeben werden. Andere Aspekte im Zusammenhang mit dem Unternehmen, z.B. die Probleme mit dem neuen Motor für die C-Klasse im Oktober 1997 oder Erfolge bei der DASA im Jahr 1997/98, wur-den – soweit möglich – ausgeblendet.[2]

Im einzelnen ergeben sich die Imageprofile auf der Basis der Meinungsba-rometer, wie sie in Abbildung 2.2.-1 verzeichnet sind und im folgenden auch erläutert werden. Ermittelt wurden die Imageprofile dadurch, daß alle 1.365 Artikel auf – positiv, neutral oder negativ – imageprägende Aussagen hin analysiert worden sind.

Imageprofil der A-Klasse

Das Imageprofil der A-Klasse beginnt vor dem Krisenfall sehr positiv. Posi-tiv dargestellt werden in erster Linie das neue Fahrzeugkonzept und die Rekordzahl der Vorbestellungen. In der Kalenderwoche 43, in welcher der in Schweden nicht bestandene Elchtest passierte, fällt das Image dann abrupt in den negativen Bereich ab. In der folgenden Woche eskaliert die Situation in den Medien derart, daß eine deutlich negative Darstellung vor-herrscht. Eigene Tests von Zeitschriften wie „Auto Bild", „auto motor und sport" und „Stern" und dabei entstandene Fotos einer kippenden A-Klasse waren dafür ursächlich. Die angekündigten Verbesserungen mit ESP und einer anderen Bereifung auf der Pressekonferenz vom 29. Oktober 1997

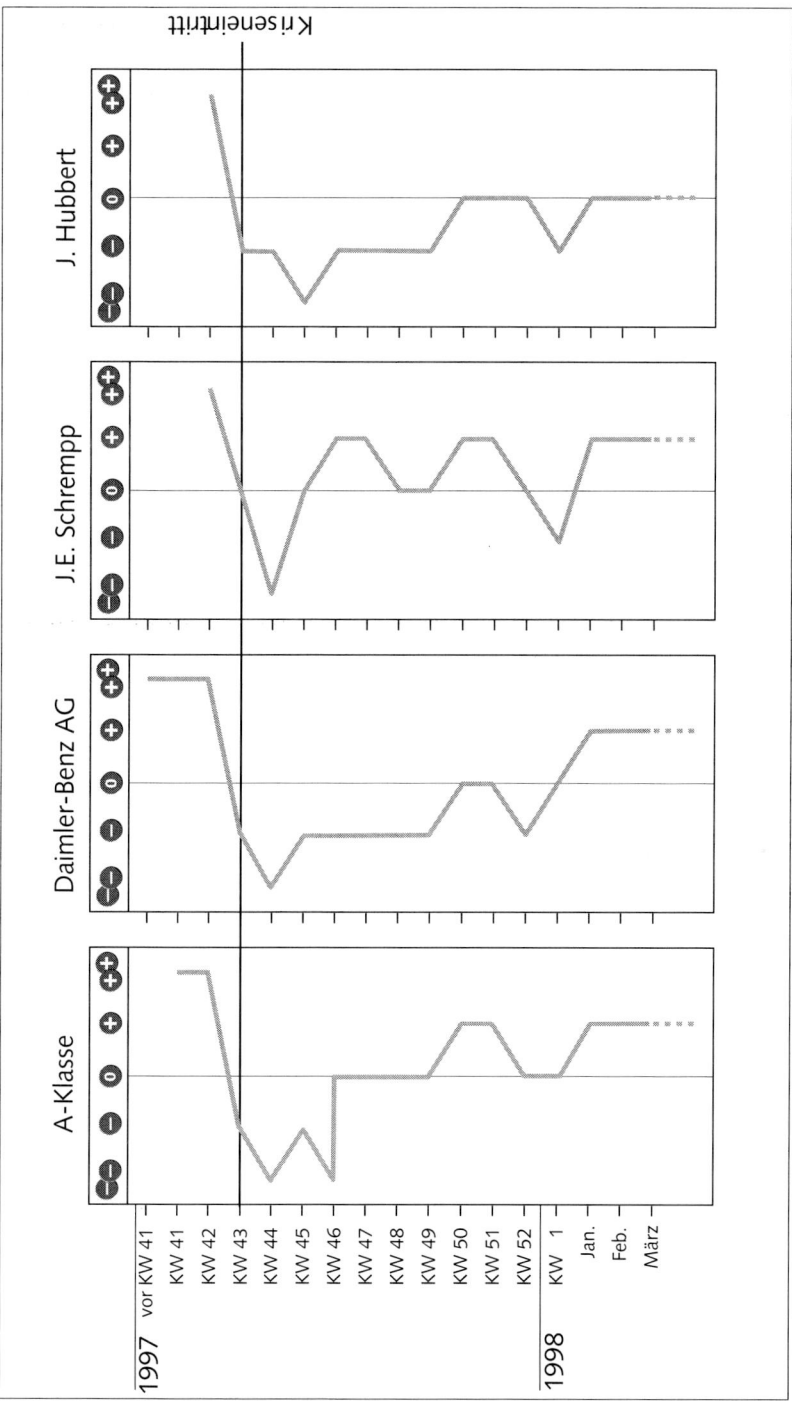

Abbildung 2.2.-1: Imageprofile als Meinungsbarometer: A-Klasse, Daimler-Benz AG, Jürgen E. Schrempp, Jürgen Hubbert

finden kaum positiven Widerhall. In der Kalenderwoche 45 beginnt eine im Ergebnis nicht mehr so stark negative Reflexion dieser Verbesserungen, gefolgt von Kritik an deren Unzulänglichkeit und massiven Forderungen nach weiteren Verbesserungen am Anfang der Kalenderwoche 46, die zu einer stark negativen Bewertung der – aus Sicht der Presse immer noch nicht sicheren – A-Klasse führen. Zum Ende derselben Kalenderwoche beginnt mit der Ankündigung des Auslieferungsstopps eine deutliche Aufwärtsbewegung für das Image der A-Klasse zumindest wieder in den neutralen Bereich. Die sachliche Berichterstattung überwiegt wieder. Nach den Tests in Spanien vom 8. Dezember 1997 gerät das Image der A-Klasse ab den Kalenderwochen 50 und 51, unterbrochen durch den neutralen Jahresrückblick, wieder nachhaltig in den positiven Bereich. Unterstützt wird dies durch die Darstellung der Ergebnisse der Fahrtests im Presseworkshop „Real Life Safety" Ende Januar und der wiederaufgenommenen Auslieferung Ende Februar.

Imageprofil der Daimler-Benz AG

Das Imageprofil von Daimler-Benz beginnt ebenfalls im stark positiven Bereich und sinkt durch den Krisenfall rapide ab. Insbesondere in der 44. Kalenderwoche bewirken die Zweifel an der Kernkompetenz Sicherheit des Daimler-Benz-Konzerns ein stark negatives Image. Der Auslieferungsstopp als Schuldeingeständnis in der Folge hat keine unmittelbar positiven Auswirkungen auf das Unternehmensimage. Im Ergebnis der Dezember-Fahrtests in Spanien wird der Konzern dann positiver, d.h. neutral, bewertet. Im Jahresrückblick wird die Bewertung besonders im Hinblick auf das mangelhaft bewertete Krisenmanagement wieder negativ. Ab 1998 ist ein deutlicher Anstieg des Daimler-Benz-Image zu verzeichnen, hervorgerufen durch das wieder positive A-Klasse-Image und durch Ausstrahlungseffekte anderer unternehmensrelevanter Ereignisse. Ab Februar nach der Wiederauslieferung der A-Klasse sinkt ihre Bedeutung für das Konzernimage in der Presse stark. Die A-Klasse spielt von diesem Zeitpunkt an eine lediglich untergeordnete Rolle.

Imageprofil von Jürgen E. Schrempp

Auch die Bewertung von J.E. Schrempp in der Presse fällt nach dem Kriseneintritt von stark positiv auf stark negativ. Kritisiert wird in erster Linie sein fehlendes sichtbares Engagement beim Krisenmanagement in der Anfangsphase der Krise. Daß er die Lösung des Problems um die A-Klasse in der 45. Kalenderwoche zur „Chefsache" macht und mit dem Auslieferungsstopp die Führung bei der Problemlösung übernimmt, hat den schnellen positiven Anstieg seines Imagewertes, zunächst in den neutralen Bereich, zur Folge. Dieses aktive Eingreifen des Vorstandsvorsitzenden wird als notwendig und richtig empfunden, was dazu führt, daß J.E. Schrempp in der Folge mit seinem Image weitgehend im positiven Bereich bleibt. Nur in der Rückschau am Jahresende wird er noch einmal negativ bewertet, dabei aber mit sehr wenigen Erwähnungen.

Generell ist zu beachten, daß das Image von J.E. Schrempp sehr stark von Ausstrahlungseffekten beeinflußt wird. Positive Bewertungen der A-Klasse bzw. des Unternehmens treffen ihn als Hauptverantwortlichen genauso wie negative Bewertungen. Durch seine von der Presse empfundene aktive Rolle besonders bei der Entscheidung um den Auslieferungsstopp ist aber offensichtlich, daß seine Bewertung in der Presse ab Kalenderwoche 44 tendenziell positiver ist als die der A-Klasse, von Daimler-Benz und von J. Hubbert. Er kommt somit deutlich früher wieder in den positiven Bereich. Einzuschränken ist dies allerdings in der Form, daß die Zahl der Erwähnungen und damit Bewertungen von J.E. Schrempp bezogen auf die A-Klasse ab Mitte November stark abnimmt.

Imageprofil von Jürgen Hubbert

Wie bei den bereits vorgestellten Imageprofilen rutscht auch das Image von J. Hubbert in der Kalenderwoche 43 vom stark positiven in den stark negativen Bereich. Zum einen wird ihm als Daimler-Benz PKW-Vorstand der Fehler bei der A-Klasse in der Presse direkt zugeschrieben. Zum anderen kritisiert die Presse sein Auftreten während dieser Zeit und wirft ihm vor, das Problem nicht ernst genug zu nehmen. Dazu kommen Vermutungen über personelle Veränderungen im Vorstand, die auch J. Hubbert treffen könnten. Der Auslieferungsstopp Anfang November wird nicht als Ergebnis seines Handelns, sondern des endlich erfolgten Eingreifens von J.E. Schrempp gesehen. Dadurch gelingt es J. Hubbert in der Folge nicht, mit seinem Image wieder in den positiven Bereich zu gelangen. Die Bewertung ist, bis auf die negative Rückschau am Jahresende, ab Dezember neutral.

Zusammenhänge zwischen den Imageprofilen

Der Vergleich der Meinungsbarometer in Abbildung 2.2.-1 zeigt einen ähnlichen Verlauf für alle vier Imageprofile. Bestimmte Ereignisse wie der Kriseneintritt oder der Auslieferungsstopp haben, mitunter geringfügig zeitlich versetzt, gleiche Auswirkungen auf die betrachteten Images. Auffällig ist, daß J.E. Schrempp ab dem Auslieferungsstopp deutlich positiver bewertet wird als das Produkt A-Klasse, das Unternehmen Daimler-Benz und das Vorstandsmitglied J. Hubbert. Er wird als der Problemlöser im Krisenfall A-Klasse auch in der Rückschau gewertet. Ende März zeigt sich, daß in der Imagewirkung die Krise um die A-Klasse überwunden ist. Das Produkt, das Unternehmen und sein Vorstandsvorsitzender haben sich mit ihrem Image im positiven Bereich stabilisiert, J. Hubbert im neutralen Bereich mit einer positiven Tendenz.

Anmerkungen

[1] Überschriften entnommen aus: The Times 30.10.1997, Business Week 24.11.1997, Les Echos 27.11.1997, Stern 06.11.1997, Time 08.12.1997, Welt am Sonntag 02.11.1997, Frankfurter Allgemeine Zeitung 31.10.1997, Financial Times 13.11.1997, Die Zeit 07.11.1997, Le Figaro 06.11.1997, Süddeutsche Zeitung 11.11.1997, Automotive News 24.11.1997, Wall Street Journal 06.11.1997, Süddeutsche Zeitung 28.02.1998.

[2] Imageprofile für die Daimler-Benz AG und Jürgen E. Schrempp, die über einen längeren Zeitraum sämtliche Einflüsse einbeziehen, finden sich bei Töpfer, 1998, S. 328.

3. Eine plötzliche Krise als Nagelprobe für das Unternehmen

Im folgenden wird zunächst auf die Konzeption dieses Buches eingegangen. Danach werden die Kennzeichen von plötzlichen Krisen herausgearbeitet.

3.1. Ziel und Aufbau des Buches

Wie bis zu dieser Stelle nachvollziehbar ist, beginnt das vorliegende Buch bewußt mit der Darstellung des Krisenfalls der A-Klasse und der Krisenbewältigung durch den Daimler-Benz-Konzern. Das Vorgehen wurde aus folgendem Grund in dieser Form gewählt: Die konkrete Situation sollte so wiedergegeben werden, wie das Unternehmen durch das Problem und die Krise getroffen wurde. Im Anschluß daran sind die Maßnahmen referiert worden, die das Unternehmen in der Situation ergriffen hatte. Inwieweit diese Aktionen geeignet waren, die Krise zu bewältigen, läßt sich an den Reaktionen der Kunden, der Öffentlichkeit und insbesondere an den Reaktionen der Medien ablesen. Deshalb ist im zweiten Kapitel in Kurzform die Presseberichterstattung wiedergegeben worden, die spiegelbildlich zum ersten Kapitel den Ablauf der Krise der Mercedes-Benz A-Klasse dokumentiert. Sie gibt auf der Basis von Originaltönen einen breiten Überblick und einen Eindruck von der Vielzahl sowie der Einheitlichkeit, aber auch Unterschiedlichkeit der Medienresonanz.

Die ersten beiden Kapitel sind somit induktiv auf den Fall der A-Klasse bezogen. Auf dieser authentischen Darstellung basiert auch das Meinungsbarometer. Bei dem Meinungsbarometer handelt es sich um die Bewertung der Presseberichte anhand eines nachvollziehbaren Schemas, wie es von jedem Unternehmen in einer Krisensituation durchgeführt wird respektive durchgeführt werden sollte. Hierdurch kann das sich ergebende Profil der positiven oder oftmals eher negativen Ausschläge der Presseresonanz besser erkannt und bewertet werden.

In den folgenden Kapiteln werden die auf die A-Klasse bezogenen Einzeldarstellungen deduktiv ergänzt auf der Basis wissenschaftlicher Analysen. Dies bedeutet mit anderen Worten, daß gesichertes Erfahrungswissen aufgearbeitet und als Referenzrahmen zur Beurteilung des Krisenverlaufs bei der A-Klasse verwendet wird. Zunächst werden jedoch der Aufbau des

Buches und der Gang der Analyse als Untersuchungsdesign wiedergegeben. Die inhaltlichen Untersuchungsfelder und ihre Vernetzung werden als Forschungsdesign dargelegt. Anschließend wird eine kurze Klärung des Krisenbegriffs und der Arten von Krisen vorgenommen.

Das vorliegende Buch will damit folgende Zielsetzungen erreichen:

- Die A-Klasse-Krise zeitnah und umfassend darzustellen

- Alle wesentlichen Ereignisse und Wirkungen im Rahmen der A-Klasse-Krise inhaltlich zu analysieren und zu bewerten

- Allein hieran die Komplexität einer derartigen Krise deutlich zu machen

- Dabei die Gratwanderung des Krisenmanagement und der Krisenkommunikation in mehreren Phasen der Krise herauszuarbeiten

- Anderen Unternehmen dadurch klar zu machen, wie schnell, umfassend und entschlossen jeder Krise im Unternehmen begegnet werden muß

- Als Quintessenz herauszuarbeiten, daß das eigentliche Ziel eine leistungsfähige Krisenvorsorge ist.

Durch das im Frühjahr 1998 in Kraft getretene Gesetz zur Kontrolle und Transparenz im Unternehmensbereich (KonTraG) sind die Anforderungen an die Unternehmensüberwachung in Form eines leistungsfähigen Risikomanagementsystems für international agierende Unternehmen erhöht worden. Der Vorstand hat ein internes Überwachungssystem zur Früherkennung von Risiken einzurichten, die den Fortbestand des Unternehmens gefährden können. Hierüber ist dem Aufsichtsrat regelmäßig Bericht zu geben.[1]

Dieses geforderte Risikomanagementsystem führt zu einer Bewertung von Krisenpotentialen und verstärkt damit die Aktivitäten in Richtung Krisenvorsorge und Krisenmanagement. Dies bewirkt, daß viele Unternehmen sich mit der Bewertung und Quantifizierung von Risiken auseinandersetzen und auf diese Weise selbst erst Kenntnis und Vorstellung von Gefahren und Krisenpotentialen für das eigene Unternehmen erhalten sowie Gegenmaßnahmen einleiten können respektive müssen. Erfahrungswissen über eine Krisenprävention und eine Krisenbewältigung, wie es in diesem Buch vermittelt wird, ist dabei hilfreich.

Zielgruppen des vorliegenden Buches sind neben dem generell an diesem Thema interessierten Leser insbesondere die Unternehmensleitung sowie die Führungskräfte der Bereiche, die bei der Vermeidung und ggf. der Bewältigung einer Krise einen aktiven Beitrag leisten müssen. Dies sind erfahrungsgemäß fast alle Unternehmensbereiche, also vor allem die Bereiche Public Relations/Unternehmenskommunikation und Marketing sowie Produktion, Service sowie Forschung und Entwicklung. Eine zusätzliche Zielgruppe neben Beratern und PR-Agenturen ist der praxisorientierte Wissenschaftsbereich. Denn diese Fallstudie liefert einen nicht alltäglichen Einblick in das Innenleben eines Unternehmens in einer für das Unternehmen schwierigen Situation. Dies bietet Ansatzpunkte für die Lehre und Forschung.

Eines bleibt an dieser Stelle noch einmal festzuhalten: Der nicht bestandene Elchtest der A-Klasse war der Anlaß und Anstoß zu diesem Buch. Im Rahmen der intensiven Analysen von Krisenfällen und Krisenmanagement wurde zusätzlich eine weitergehende Untersuchung durchgeführt, in der auf der Basis einer grundlegenden Krisentheorie noch zehn andere Krisenfälle analysiert und bewertet wurden. Dies ist ebenfalls als Buch veröffentlicht worden.[2]

Ein Faktum soll hier noch einmal hervorgehoben werden: Bei existentiellen Krisen, die zur Insolvenz eines Unternehmens führen und dadurch die Grundlage zur Datenanalyse entziehen, ist eine nachträgliche Untersuchung der Insolvenzursachen in der Regel nicht mehr durchführbar. In der Medizin würde dies bedeuten, daß durch den fehlenden Zugang pathologische Untersuchungen an „toten Patienten" nicht mehr möglich sind. Die Nutzung für eine bessere Therapie in der Zukunft ist damit nicht erreichbar.

Auch bei plötzlichen Krisen ist die Datenbasis oftmals nicht zugänglich, weil Unternehmen nach dem mehr oder weniger guten Durchstehen einer Krise häufig nicht gewillt sind, interne Unterlagen Externen zur Verfügung zu stellen. Im vorliegenden Buch über den Krisenfall der A-Klasse ist dies anders: Das Unternehmen Daimler-Benz hat weitgehend uneingeschränkt interne Daten für die Analyse zugänglich gemacht. Die Informationen wurden durch Recherchen und durch Interviews mit in den Krisenfall einbezogenen Führungskräften und Experten aus verschiedenen Ebenen und Bereichen des Unternehmens gewonnen.

Diese Untersuchungsergebnisse waren in einem ersten Schritt die Grundlage, um eine Management-Fallstudie zur A-Klasse-Krise zu entwickeln. Sie umfaßt Fragestellungen insbesondere zur Positionierung, zur Werbekampagne, zum Elchtest, zur Krisenbewältigung und zur Krisenkommunikation, also zentrale Themen, die auch im vorliegenden Buch angesprochen werden.

Die Systematik und das Instrumentarium der Analyse wurden parallel in dem Grundlagenbuch „Plötzliche Unternehmenskrisen – Gefahr oder Chance?" entwickelt. Um die A-Klasse-Krise besser bewerten und einordnen zu können, wurde sie dort – wie angesprochen – mit zehn anderen Krisen weltweit operierender Unternehmen verglichen. Abbildung 3.1.-1 zeigt die vernetzten Bausteine des Vorgehens.

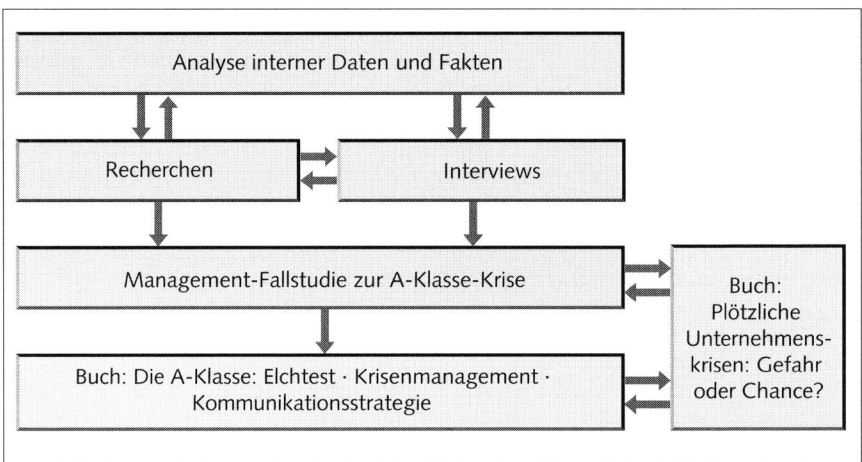

Abbildung 3.1.-1: Vernetzte Bausteine der Analysen

Das Ziel war dabei, für die damalige Daimler-Benz AG und jetzige DaimlerChrysler AG selbst die Krise der A-Klasse noch einmal aus neutraler Sicht aufzuarbeiten, um hieraus Ansatzpunkte für weitere Maßnahmen zur Krisenvorsorge in der Zukunft abzuleiten. Dadurch, daß diese Analyse nicht nur intern zur Verfügung gestellt, sondern als Buch veröffentlicht wird, können auch andere Unternehmen dieses Erfahrungswissen teilen und einen Nutzen daraus ziehen.

Das Untersuchungsdesign in Abbildung 3.1.-2 kennzeichnet die Struktur und den Aufbau des Buches sowie die Ausrichtung der einzelnen Kapitel. Hierbei ist horizontal ein abstrakter Zeitstrahl gewählt worden, welcher durch eine vertikal verlaufende Gerade geschnitten wird, die den Eintritt des Krisenfalls darstellt. Diese Gerade trennt die Abschnitte vor Eintritt des Krisenfalls von den folgenden Abschnitten. Zusätzlich wird in der Darstellung zwischen einer deskriptiven und einer analytischen Betrachtungsweise unterschieden. Die abgebildeten Kapitel oberhalb des Zeitstrahls sind deskriptiv angelegt, während die unterhalb des Zeitstrahls liegenden Kapitel analytisch orientiert sind.

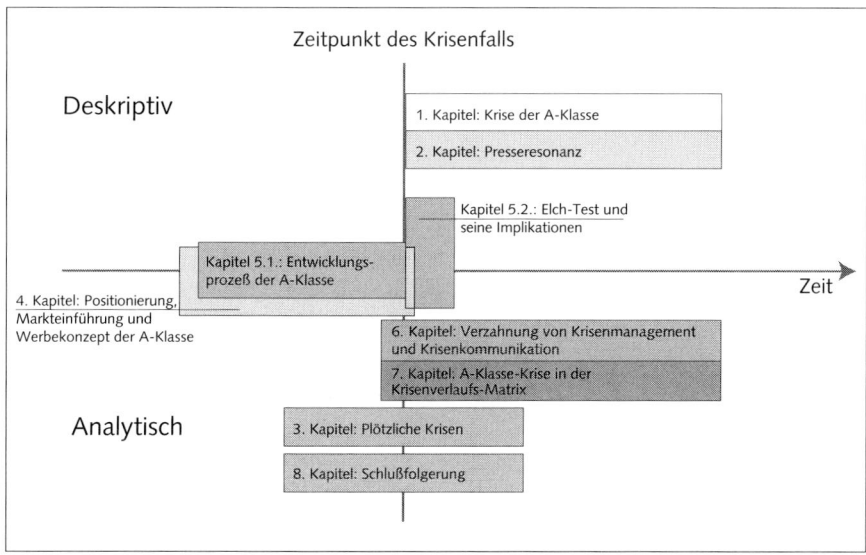

Abbildung 3.1.-2: Untersuchungsdesign

Der Aufbau des Buches und die Ausrichtung der einzelnen Kapitel lassen sich so leicht nachvollziehen: Im ersten Kapitel wird der Ablauf der Krise um die A-Klasse beschrieben; im zweiten Kapitel wird die in Kapitel 1 beschriebene Krise aus Sicht der Presse spiegelbildlich abgebildet und über Imageprofile wesentlicher Akteure und Elemente nochmals reflektiert. Die ersten beiden Kapitel sind damit rein deskriptiv und inhaltlich dem Kriseneintritt folgend auf dem Zeitstrahl eingeordnet.

Das dritte Kapitel, welches die begrifflichen Klärungen sowie das Untersuchungs- und Forschungsdesign zum Gegenstand hat und damit den Rahmen des Buches absteckt, ist auf der analytischen Ebene eingeordnet.

Das vierte Kapitel befaßt sich mit der Positionierung, der Markteinführung und dem Werbekonzept der A-Klasse. Zum besseren Verständnis der Krisensituation ist dieses Wissen über die Marketingaktivitäten sowie die Aufmerksamkeit und Resonanz in der Öffentlichkeit wichtig. Kapitel vier erstreckt sich weitgehend auf die Zeit vor dem Krisenfall und ist in stärkerem Maße analytisch als deskriptiv.

Im Vergleich hierzu ist das fünfte Kapitel, welches in 5.1. den Entwicklungsprozeß der A-Klasse und in 5.2. den Elchtest und seine Implikationen beinhaltet, in stärkerem Maße deskriptiv.

Analytisch ausgerichtet ist die im sechsten Kapitel wiedergegebene Verzahnung von Krisenmanagement und Krisenkommunikation. Dabei wird generell zwischen fünf Ebenen unterschieden, die in jeder der fünf Phasen des Krisenablaufs in unterschiedlichem Maße von Bedeutung sind. Das Ergebnis ist eine Krisenverlaufs-Matrix, die in diesem Kapitel vorgestellt wird.

Aufbauend auf dem sechsten Kapitel wird im siebten Kapitel die Krise der A-Klasse anhand dieser Krisenverlaufs-Matrix analysiert und im Hinblick auf typische und atypische Phasenfolgen bewertet. Das Ziel ist, die A-Klasse-Krise und das Verhalten des Unternehmens einschätzen und bewerten zu können. Hierzu werden alle wesentlichen Maßnahmen der Krisenbewältigung und Verbesserungen als Lernen aus der Krise detailliert untersucht.

Im achten und letzten Kapitel des vorliegenden Buches wird die Schlußfolgerung gezogen. Sie hat zum Gegenstand, in welchem Maße es zweckmäßig und vertretbar ist, die Krisenvorsorge erst nach dem Kriseneintritt für die Zukunft oder bereits vor dem Eintreten einer Krise als Prävention durchzuführen.

Ergänzend zum Untersuchungsdesign, das die Abfolge und die Inhalte der Kapitel dieses Buches präzisiert, geht es beim Forschungsdesign um die konkreten Gegenstandsbereiche, die beschrieben respektive analysiert werden. Das Ziel ist dabei, Ursachen-Wirkungs-Beziehungen herauszuarbeiten, die es im nachhinein ermöglichen, Sachverhalte der Realität in ihrem Zusammenwirken besser verstehen und nachvollziehen zu können. Zugleich bieten diese Beziehungs-Netzwerke die Chance, zukünftige Maßnahmen in ihrer Auswirkung und Vernetzung besser einschätzen zu können.

In Abbildung 3.1.-3 ist dieses Forschungsdesign wiedergegeben. Im folgenden werden die theoretisch basierten Beziehungen kurz beschrieben.

Ausgangsbasis sind die Positionierung und das Image der Marke Mercedes-Benz, die beide eng verbunden sind mit der Positionierung und dem Image des Produktes, in diesem Fall der neuen A-Klasse. Die aus Sicht des Unternehmens und der angesprochenen Zielgruppen maßgeblichen Erfolgskriterien Qualität, Sicherheit und Technologie gelten sowohl für die Marke als auch für das Produkt.

Instrumentell verknüpft sind diese Erfolgskriterien für das Produkt mit dem Forschungs- und Entwicklungsprozeß sowie der Markteinführungsstrategie und der Werbekampagne als gezielte Kommunikation. Angestrebt sind hierdurch eine Beeinflussung und Auswirkung auf die Adressaten und dabei insbesondere auf deren Verhalten, das durch Einstellung, Involvement und Wahrnehmung geprägt wird. Unter Involvement versteht man die innere Beteiligung und damit das gedankliche und/oder emotionale Engagement der Adressaten, mit dem sie sich der Kommunikation zuwenden und sich mit den kommunizierten Informationen auseinandersetzen.[3]

Wie im Forschungsdesign dargestellt, ist der Krisenfall der Auslöser für den Prozeß des Krisenmanagement und dabei insbesondere der Krisenbewältigung. Abbildung 3.1.-3 gibt in einer verzahnten Analyse der drei Hauptaggregate das Zusammenwirken der einzelnen Bausteine des Krisenmanagement wieder. Wie erkennbar ist, wird das Krisenmanagement, das im engeren Sinne als Summe der Aktivitäten zur Krisenbewältigung verstanden wird, verbunden mit den Phasen der Krisenvorsorge und dem Lernen aus der Krise sowie den einzelnen Ebenen, auf denen die Folgen der Krise und die Maßnahmen des Krisenmanagement ansetzen und sich auswirken.

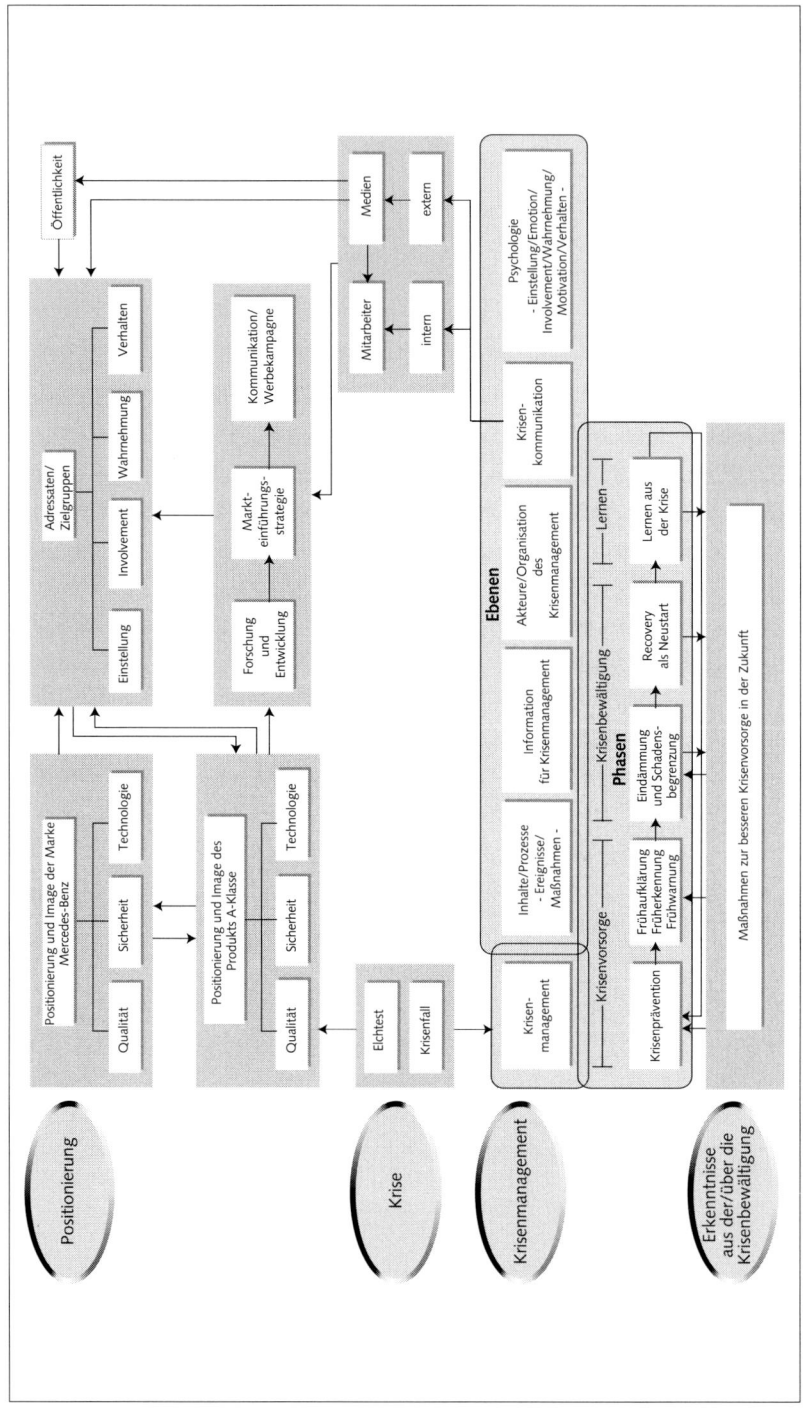

Abbildung 3.1.-3: Forschungsdesign

Abbildung 3.1.-3 zeigt ferner, daß die Krisenkommunikation sowohl extern als auch intern wirkt. Über die Medien werden die Öffentlichkeit und deren spezielle Teilgruppen, aus Unternehmenssicht Adressaten und Zielgruppen, erreicht. Die Mitarbeiter werden direkt und auch indirekt in den Kommunikationsprozeß einbezogen. Als Teil des Unternehmens erhalten sie intern direkt Informationen, über die Medien und als externe Privatpersonen sind sie indirekt in den Kommunikationsprozeß eingebunden.

Die Darstellung der Wirkungsbeziehungen zwischen den aufgezeigten Aggregaten verdeutlicht noch einmal den Stellenwert der Verzahnung von Krisenmanagement und Krisenkommunikation. Das Ziel ist, die Krise inhaltlich und mit allen ihren Auswirkungen zu bewältigen, gleichzeitig daraus zu lernen und Konsequenzen für die zukünftige Krisenvermeidung zu ziehen sowie zusätzlich die Positionierung des Produktes und der Marke mindestens wieder auf das frühere Niveau zu bringen und damit zu stabilisieren. Dabei ist es möglich, daß eine gut bewältigte Krise und eine positiv kommunizierte Krisenlösung zusätzlich einen positiven Effekt auf das Image der Marke und des Produktes ausstrahlen.

Speziell bezogen auf die A-Klasse-Krise, wird auch die Frage zu untersuchen und zu beantworten sein, in welchem Maße eine Krisenprävention und eine Frühaufklärung/-erkennung/-warnung vor dem Kriseneintritt durchgeführt wurde oder ob die Krise das Unternehmen weitgehend unvorbereitet und überraschend traf.

Entscheidend nach einer erfolgreichen Krisenbewältigung ist der Sachverhalt, inwieweit diese Erkenntnisse in konkrete Maßnahmen zur besseren Krisenvorsorge in der Zukunft genutzt und umgesetzt werden. Dies ist der letzte Teil des Forschungsdesigns, auf den dann im Abschluß dieses Buches eingegangen wird. Wie ersichtlich ist, bestehen gerade hier umfangreiche Verzahnungen zu den einzelnen Phasen des Krisenverlaufs.

3.2. Kennzeichen von plötzlichen Krisen

Die Frage, die in diesem Unterkapitel beantwortet werden soll, ist, wie plötzliche Unternehmenskrisen entstehen, was sie bewirkt und ausmacht.

Plötzliche Unternehmenskrisen gefährden direkt den zukünftigen Markterfolg und das Image des Unternehmens. Dadurch kann indirekt auch die Existenz des Unternehmens, zumindest aber eine prosperierende Entwicklung gefährdet werden. Das Ziel besteht darin, potentielle Krisen sowie damit verbundene negative Entwicklungen und Gefahren für das Unternehmen frühzeitig zu erkennen und möglichst zu beseitigen.

Eine plötzliche Unternehmenskrise ist dadurch gekennzeichnet, daß ein einzelnes Ereignis oder eine Anzahl von aufeinanderfolgenden Ereignissen mit den damit verbundenen Auswirkungen eine Toleranzschwelle übersteigt. Diese Toleranzschwelle kann vom Markt, vom Umfeld und/oder vom Unternehmen selbst definiert sein. Bildlich ausgedrückt, geht also der Zustand des Unternehmens vom grünen Bereich sehr schnell in den roten Bereich. Dies geschieht oftmals ohne erkennbare Vorwarnung über den gelben Bereich.

Diese überraschende Veränderung der Normalsituation ist häufig mit einem Lähmungszustand des Unternehmens verbunden. Akteure im Unternehmen sind oftmals gedanklich nicht auf derartige Vorfälle vorbereitet. Dies ist meist auch darin begründet, daß es keine Vorbereitung in organisatorischer Hinsicht über einen Krisenplan gibt. Eine Überforderung und Orientierungslosigkeit verzögert und erschwert – gerade zu Beginn der plötzlichen Krise, wo dies besonders wichtig ist – ein planvolles und gezieltes Handeln. Fehlende Vorbereitung und Erfahrung werden dabei nicht selten durch Improvisation ersetzt. Ursachen für eine derartige Krise können zum Beispiel Fehler in der Produktion, Produktfehler, Managementfehler oder auch menschliches Versagen sein.

Kurzfristig ansetzendes Krisenmanagement bezweckt dann, die Krise in ihren negativen Auswirkungen zu bewältigen und zu meistern. Hierzu sind nicht nur die Krisensymptome zu bekämpfen, sondern vor allem die Krisenursachen zu analysieren. Primäres Ziel ist also die Krisenbewältigung durch die Eindämmung negativer Auswirkungen. Zusätzlich ist in der Regel angestrebt, mindestens den positiven Ausgangszustand vor der Krise wieder zu erreichen. Dafür sind die Ursachen der plötzlichen Krise zu beseitigen, um ein erneutes Auftreten zu verhindern. Insgesamt führt dieser Prozeß zu einem Lernen aus der Krise.

Ein umfassendes Krisenmanagement setzt demgegenüber bereits vor diesen Phasen ein. Es hat vor einem Kriseneintritt Vorsorgemaßnahmen gegen Krisen zum Gegenstand, es konzentriert sich also auf eine Prävention. Zusätzlich soll durch geeignete Instrumente und Maßnahmen der Frühaufklärung, Früherkennung und Frühwarnung sichergestellt werden, daß bei sich bereits abzeichnenden negativen Entwicklungen des Unternehmens Krisenpotentiale frühzeitig aufgespürt, erkannt, analysiert und – durch die Vorwarnung – möglichst umgehend beseitigt werden.

Die grundsätzliche Frage ist dabei, ob Krisen vorhersehbar und abwendbar sind; dies trifft offensichtlich nur für einen Teil der Krisen zu. Eher vorhersehbar sind beispielsweise Produktfehler, die durch eine nicht ausgereifte Technologie entstehen. Sie sind durch geeignete Maßnahmen dann auch eher abwendbar. Nicht vorhersehbare Krisen sind beispielsweise plötzliche Ereignisse wie ein Flugzeugabsturz. Dieser ist im Ansatz durch die übliche Mehrfachüberlagerung technischer Sicherungssysteme vermeidbar. Aber ein Flugzeugabsturz ist aufgrund externer Einflüsse oder auch aufgrund von menschlichem Versagen nicht grundsätzlich abwendbar. Die Krisenprävention erstreckt sich durch dieses Restrisiko und durch das damit bestehende Krisenpotential zusätzlich auf die Vorsorge nach einem möglichen Kriseneintritt, also auf Maßnahmen, um negative Auswirkungen soweit wie möglich abzufangen. Allerdings lassen sich bei einem Produktfehler als Auslöser einer plötzlichen Unternehmenskrise negative Folgen in der Regel leichter beseitigen als bei einem Flugzeugabsturz, der als plötzliche Katastrophenkrise mit zum Teil irreparablen Folgen verbunden ist.

Dies läßt folgende Schlußfolgerung zu: Zunächst sind alle Anstrengungen darauf auszurichten, potentielle Krisenfelder aufzudecken und auszuschließen. Wenn dies nicht umfassend möglich ist, dann sind durch geeignete Maßnahmen sich anbahnende Krisen im Vorfeld aufzudecken und abzuwenden. Ist dies ebenfalls nicht umfassend möglich, dann sind Maßnahmen

vorzubereiten, die bei einem Kriseneintritt negative Auswirkungen möglichst vermeiden oder zumindest abmildern. Neben der Krisenvorsorge zur
Krisenvermeidung ist also auch die Krisenbewältigung zu planen und vorzubereiten. Dies bedeutet, daß „eine zweite Verteidigungslinie" gebildet
wird, da nicht jede Krise vorhersehbar und vermeidbar ist. Aber durch eine
gute Krisenvorsorge können nach dem Kriseneintritt die Krise eingedämmt
und der Schaden begrenzt werden, da die negativen Krisenfolgen häufig
stark beeinflußbar sind.

Anmerkungen

[1] Vgl. zum KonTraG Moxter, 1997, S. 722-730.
[2] Töpfer, 1999.
[3] Vgl. Töpfer/Mann, 1995, S. 35; Kroeber-Riel/Weinberg, 1996, S. 360f.

4. Positionierung, Markteinführung und Werbekonzept der A-Klasse

Für das Verständnis der dargestellten Krise ist es wichtig, die Positionierung sowie das Konzept und den Ablauf der Markteinführung der A-Klasse zu kennen. Mit der A-Klasse schuf Daimler-Benz ein bis dato einzigartiges Fahrzeug, dessen neuartiges Konzept in eine ebenso innovative und in seiner Dimension und Zeitdauer bis dahin nicht gekannte Einführungskampagne umgesetzt wurde, die eine in ihrem Ausmaß und in der positiven Bewertung enorme Resonanz in den Medien und bei den (potentiellen) Kunden hervorrief. Aufgrund des dadurch entstandenen hohen Involvements der Öffentlichkeit fiel das Umkippen der A-Klasse beim Elchtest buchstäblich „auf fruchtbaren Boden".

In diesem Kapitel wird in 4.1. zunächst die strategische Positionierung der A-Klasse dargestellt, und zwar bezogen auf die Stellung im Portfolio von Mercedes-Benz als bislang kleinstes Modell der Marke und auch bezogen auf den Automobilmarkt als Innovation in der Kompaktklasse. Beleuchtet werden ferner die allgemeine Ausgangslage in einer von Konzentration und Globalisierung gekennzeichneten Automobilbranche sowie die sich daraus ableitenden Anforderungen für einen Hersteller in bezug auf Größe und Aktivitätsfeld.

Im Anschluß daran wird in 4.2. die Einführungskampagne für die A-Klasse vorgestellt, die sich über einen Zeitraum von 18 Monaten erstreckte und mit dem außergewöhnlich hohen Budget von 200 Mio. DM für Europa ausgestattet war. Dabei werden die verschiedenen Ausprägungen und Phasen der Produktankündigung und -bewerbung dargestellt und analysiert.

4.1. Strategische Positionierung der A-Klasse im Portfolio der Marke Mercedes-Benz und im Markt

Zur Mitte der 90er Jahre hatte der Daimler-Benz-Konzern als Premiumanbieter der Automobilindustrie eine starke Wettbewerbsposition in den oberen Marktsegmenten erreicht. Der Markenname Mercedes-Benz, unter dem alle Personenkraftwagen des Konzerns verkauft wurden, stand für die Erfolgskriterien

- hoher Technologiestandard,

- ausgezeichnete Qualität und

- vor allem hoher Sicherheitsstandard.

In der Vergangenheit hatte das Unternehmen den Premiumbereich des Marktes mit verschiedenen Modellen abgedeckt und war nun in zunehmendem Maße in Segmente eingedrungen, welche die Produktion und den Verkauf von größeren Stückzahlen ermöglichen sollten.

Dies war durch die tiefgreifenden Veränderungen in der Automobilindustrie erforderlich geworden, die sich in einer zunehmenden internationalen Konzentration äußerten. Immer weniger unabhängige Hersteller teilten sich den Markt auf.[1] Ein Unternehmen mußte daher noch mehr als in früheren Zeiten eine ausreichende Größe, ausgedrückt in Volumina der produzierten und abgesetzten Einheiten, haben, um eine günstige Kosten- und Wettbewerbsposition erreichen zu können. Nur dadurch konnten die angestrebten Vorteile der Stückkostendegression als Economies of scale, der Verbundproduktion und Einkaufsmacht als Economies of scope sowie der Kostenerfahrungskurveneffekte als Lerneffekte generiert werden.[2] Damit einhergehend begannen auch immer mehr Hersteller, ihre Produktpalette nach oben oder unten zu ergänzen. Sie führten also ein Trading-up oder ein Trading-down durch.

Für Daimler-Benz sah J. Hubbert die Situation folgendermaßen: „Wir waren auf dem besten Weg, in eine Positionierungsfalle zu tappen. Hätten wir uns mit den kleinen Stückzahlen der S-Klasse (49.996 in 1996) langfristig zufrieden gegeben, wären wir in die Rolls-Royce-Ecke geraten – ein existentielles Problem für das gesamte Unternehmen."[3] Die Expansion und

Weiterentwicklung der Märkte nannte D. Zetsche als die wesentlichen Gründe, die Anfang der 90er Jahre zur Entscheidung für die neue Baureihe und die Ausweitung des Produktprogramms führten: „Expansion ist in neuen Segmenten einfacher als durch Ausweitung des Marktanteils in bestehenden Segmenten." Dann: „Gleichgewichtig waren wir der Überzeugung, daß wir unsere starke Marke auch für unsere traditionellen Kunden weiterentwickeln und sie jünger und dynamischer, auch für neue Kundengruppen attraktiver machen müssen."[4]

Denn Daimler-Benz war besonders durch Trading-up-Prozesse seiner Konkurrenten bedroht, die mit ihren massiven Eintritten in den jahrzehntelang von Mercedes-Fahrzeugen beherrschten Premiumbereich im oberen Marktsegment Marktanteile gewannen und durch aggressive Preispolitik die bislang hohen Margen gefährdeten.

Die Produktpalette von Mercedes-Benz in der zweiten Hälfte der 90er Jahre umfaßte – neben der neu angedachten Exklusiv-Marke „Mercedes-Benz Maybach" – die S-Klasse für das obere Marktsegment sowie daran anschließend die E-Klasse und die C-Klasse. Neu hinzugekommen war unter anderem die in den USA produzierte M-Klasse, mit der das Unternehmen in das Segment der Off-Road-Fahrzeuge, speziell für den Freizeitbereich, eingestiegen war. Die grundsätzliche Philosophie, der Daimler-Benz mit der Marke Mercedes-Benz folgte, war es, in jedem besetzten Segment den Standard in bezug auf Qualität, Sicherheit und Innovation zu setzen und damit das Premium in dem Segment darzustellen. Das Spektrum der Modellpalette von Daimler-Benz-Automobilen ist mit dem Stand September 1997 in Abbildung 4.1.-1 dargestellt.

Aus dieser Abbildung ist auch zu ersehen, wie Daimler-Benz auf die eingangs dargestellten Anforderungen reagiert hatte. Die S-Klasse und die E-Klasse als Hauptumsatzträger bis zum Anfang der 80er Jahre waren schrittweise durch neue Modelle unterhalb der traditionellen Segmente ergänzt worden. Mit der A-Klasse als neuestem Produkt für die Marke Mercedes-Benz war der Einstieg in das Marktsegment der Kompaktklasse (untere Mittelklasse) beabsichtigt.

Fahrzeugklassen	Ist	Geplant
Kleinwagenklasse	---	Smart*
Kompaktklasse	---	A-Klasse
Mittelklasse	C-Klasse - T-Modell	
Gehobene Mittelklasse	E-Klasse - T-Modell	
Luxusklasse	S-Klasse	
Superluxus-Klasse	---	Maybach
Roadster	SL, SLK	
Coupé / Cabrio	CL, CLK	CLK-Cabrio
Van	V-Klasse	
Geländewagen	G-Klasse	
Off-Road / Freizeit	M-Klasse	

Mercedes-Benz

Stand: September 1997

* Der Smart wurde nicht unter der Marke Mercedes-Benz geführt, sondern als Eigenmarke der Firma Micro Compact Car AG (MCC), bei der Daimler-Benz mit 81% Mehrheitsanteilseigner war. Seit September 1998 ist die MCC AG eine 100%-Tochter von Daimler-Benz, seit dem 17. November 1998 von DaimlerChrysler.

Abbildung 4.1.-1: Zuordnung der Daimler-Benz-PKW in die Fahrzeug-kategorien

Trading-down-Strategie

Insgesamt handelte es sich im Vergleich zur Strategie mit der bisherigen Produktpalette bei der A-Klasse um eine Trading-down-Strategie.

Zur besseren Veranschaulichung wird im folgenden auf die Vor- und Nachteile einer Trading-down-Strategie eingegangen. Sie sind in Abbildung 4.1.-2 aufgeführt.

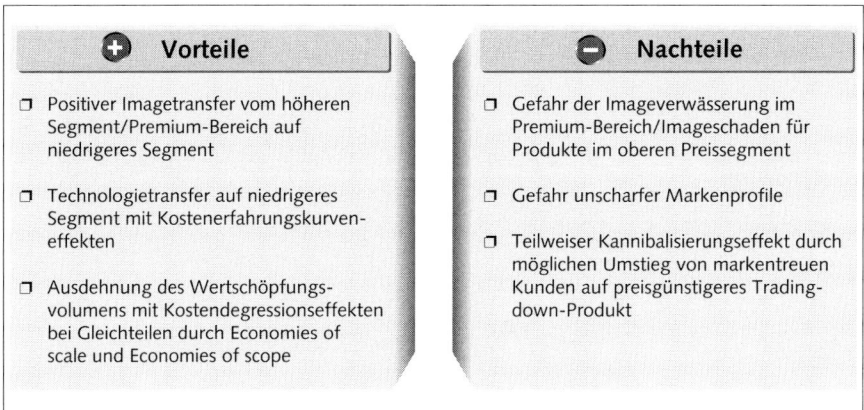

⊕ Vorteile	⊖ Nachteile
❑ Positiver Imagetransfer vom höheren Segment/Premium-Bereich auf niedrigeres Segment	❑ Gefahr der Imageverwässerung im Premium-Bereich/Imageschaden für Produkte im oberen Preissegment
❑ Technologietransfer auf niedrigeres Segment mit Kostenerfahrungskurven-effekten	❑ Gefahr unscharfer Markenprofile
❑ Ausdehnung des Wertschöpfungs-volumens mit Kostendegressionseffekten bei Gleichteilen durch Economies of scale und Economies of scope	❑ Teilweiser Kannibalisierungseffekt durch möglichen Umstieg von markentreuen Kunden auf preisgünstigeres Trading-down-Produkt

Abbildung 4.1.-2: Vor- und Nachteile einer Trading-down-Strategie

Beim Trading-down ist grundsätzlich ein Imagetransfer vom oberen Segment in das untere Segment möglich. Dies führt im neuen Segment zu einem deutlichen qualitativen Nutzenvorteil. Die große Gefahr dabei ist jedoch, daß es durch die Ausweitung der Zielgruppe dann im Premiumbereich des oberen Marktsegments zu einer Imageeinbuße respektive einem Imageschaden kommen kann.

Zugleich ist eine Trading-down-Strategie damit verbunden, den vorhandenen hohen Technologiestand auf die Mittelklassemodelle zu übertragen und zu nutzen, wenn auch mit weniger Ausstattungsfeatures. Dies bedeutet, daß die Ausrichtung auf den jeweiligen Premiumbereich eines Marktsegmentes eine Art „Parallelverschiebung" der Positionierung in andere Marktsegmente zum Gegenstand hat.

Die Technologie des Premiumprodukts ist dabei in der Regel relativ hoch entwickelt. Zusätzliche Entwicklungskosten entstehen durch die Notwendigkeit einer kostengünstigen Technologieanpassung. Allerdings hat der Anbieter, der von der Spitzentechnologie des Premiumbereichs im oberen Marktsegment kommt, es insofern einfacher, als er in jedem Marktsegment die Premium-Technologie leichter durchsetzen und realisieren kann.

In bezug auf die Kostenwirkung sind Einsparungen bei allen drei Ansatzpunkten zur Kostendegression möglich: Economies of scale aufgrund der größeren Stückzahlen bei der Ausdehnung des Wertschöpfungsvolumens insbesondere bei Gleichteilen; Economies of scope, also Vorteile der Verbundproduktion und der Einkaufsmacht bei modularen Systemen, sowie zusätzlich Einsparungen aufgrund von Lerneffekten durch die bereits angesprochenen Erfahrungskurveneffekte.

Bei einer Trading-down-Strategie ist eine wichtige Zielsetzung –unabhängig von der Aufgabenstellung, neue Kunden zu gewinnen – einen Imageverlust im Premiumbereich des oberen Marktsegments zu verhindern. Die Ausgangssituation ist insofern günstiger, als daß die Finanzierung des Trading-down, abgesehen von den oben aufgeführten Kosteneinsparungen, durch die im allgemeinen üppigeren Margen des Premiumbereichs im oberen Marktsegment erfolgen kann. Geringeren Stückzahlen in diesem Segment stehen deutlich höhere Erträge gegenüber. Im neu zu erobernden Marktsegment ist die Situation in der Regel deutlich schwieriger. Daimler-Benz hatte sich hier zu vergegenwärtigen, daß in dem jetzt erstmalig zu bearbeitenden Segment ein harter Wettbewerb herrschte und dadurch auch die Gewinnmargen klein waren. Dem Unternehmen standen hier andere Wettbewerber gegenüber, die zumeist eine Volumenstrategie verfolgten. Dies waren insbesondere Volkswagen, Opel als deutsche General-Motors-Tochter, Ford, Fiat sowie die asiatischen und französischen Automobilhersteller.

Der renommierte Strategie- und Marketingexperte David A. Aaker rät Managern generell, eine vertikale Ausdehnung des Produktprogramms wenn immer möglich zu vermeiden. Denn aus seiner Sicht enthält das gesamte Konzept einen inneren Widerspruch: Zum einen basiert der Wert einer Marke zum großen Teil auf ihrem Image und dem vom Käufer wahrgenommenen und eingeschätzten Wert. Zum anderen kann eine vertikale Ausdehnung gerade diese Qualitätseigenschaften rasch verzerren.[5] Es droht also die Gefahr unscharfer Markenprofile.[6] Hinzu kann ein unternehmensinterner Kannibalisierungseffekt kommen, wenn markentreue Kunden auf die preisgünstigere Alternative des Trading-down-Produkts umsteigen und damit dem Hersteller potentielle Profite durch höhere Margen im oberen Segment entziehen.

Diese Nachteile und Probleme stehen also den Größenvorteilen und dem möglichen Umsatzzuwachs durch eine vertikale Extension gegenüber. Durch die Absicherung des unteren Markt- und Preissegmentes mit eigenen Produkten kommt zusätzlich ein Schutz vor übermächtigen Konkurrenten mit preisgünstigen Angeboten genau in diesen Bereichen zustande. Denn damit ist zugleich eine Volumenstrategie verbunden, die zusammen mit der Premiumstrategie im oberen Marktsegment zu einer Marktabsicherung von zwei Seiten führt.

Diese Abwägung der Vor- und Nachteile läßt folgende Schlußfolgerungen und Konsequenzen zu: Die bisherige Konzentration von Herstellern auf einen eindeutigen Fokus eines definierten Kernsegmentes wird es in Zukunft immer weniger geben. Diese Strategie zu einer breiteren Palette von Kernsegmenten und damit mehrstufigen Modellfamilien verfolgt insbesondere folgende Ziele[7]:

- Durch eine breitere Marktabdeckung ist eine größere Marktmacht, verbunden mit Kostenvorteilen, erreichbar.

- Verschärfte Umweltauflagen bis hin zu vorgeschriebenen Maximal-Flottenverbräuchen machen es für viele Hersteller mit Produktangeboten im oberen Preissegment erforderlich, auch in die unteren Fahrzeugklassen einzusteigen. Dies trifft für Daimler-Benz mit der A-Klasse als Argument ebenfalls zu.[8]

- Durch unterschiedliche Modellfamilien können im Anspruch und Einkommen aufsteigende Kunden weiterhin und über längere Zeit an das Unternehmen gebunden werden. Dies folgt der Erkenntnis, daß es bis zu sechsmal teurer ist, einen neuen Kunden zu gewinnen, als einen vorhandenen Kunden zu pflegen und ihm dabei ein attraktives Produktangebot zu machen.[9] In der Folge werden also im Rahmen dieser internen Konkurrenz aus unterschiedlichen Richtungen zwar immer gegenseitige „Kannibalisierungseffekte" als Substitution zwischen den jeweiligen Kernsegmenten auftreten, aber dies führt dazu, daß dem Unternehmen keine Kunden verloren gehen.

Mit dieser Trading-down-Strategie war also die Zielsetzung verbunden, den Kunden über seinen gesamten „Kundenlebenszyklus" zu begleiten. Das Unternehmen bot jetzt einer jungen Kundengruppe mit der A-Klasse ein Einstiegsmodell an und war in der Lage, in allen weiteren Segmenten mit steigendem Einkommen und zunehmenden Ansprüchen der Kunden geeignete Modelle zu offerieren. Dies entsprach einer „kundenbezogenen Trading-up-Strategie" mit der klaren Ausrichtung auf eine hohe Kundenbindung.

Um den Anspruch der Marke Mercedes-Benz zu wahren, mußte sich das Produkt A-Klasse von den anderen in diesem Segment erfahreneren Anbietern abheben. Das Ziel war also, Daimler-Benz mit der A-Klasse in dieser Klasse, wie auch in allen anderen Klassen als Premiumanbieter zu positionieren. Dabei sollten 80% des Absatzes „Eroberungen" von anderen Herstellern sein.

Das gesamte Marktsegment der Kleinwagen bestand vorwiegend aus zwei Typen, die sich vor allem in der Länge unterschieden. Die kleineren Fahrzeuge mehrerer Hersteller waren zwischen 3,50 m und 3,85 m lang. Die Größeren hatten eine Länge zwischen 3,85 m und 4,30 m. Diese beiden Teilsegmente waren auch in Komfort und Funktionalität klar voneinander getrennt.[10]

Diese beiden Segmente bedienten jeweils eine Nachfrage von ca. 2 Mio. Verbrauchern. Mit dem neuartigen Konzept der A-Klasse konnten partiell Verbraucher aus beiden Teilsegmenten angesprochen werden. J. Hubbert sagte als für den PKW-Bereich zuständiges Vorstandsmitglied von Daimler-Benz dazu: „Wir wollten mit der A-Klasse nicht Weltmeister in einer Disziplin oder in einem bestimmten Segment werden. Wir haben einen Zehnkämpfer entwickelt, der die Größe eines Kleinwagens hat, über den Innenraum einer Mittelklasse-Limousine verfügt, die Sicherheit der oberen Mittelklasse repräsentiert und die Variabilität eines Vans bietet. Auch das verstehen wir unter Mercedes-Qualität."[11]

Das so angesprochene Zielsegment der A-Klasse umfaßte etwa 1,25 Mio. Verbraucher. Daimler-Benz setzte sich für 1998 das Ziel, ca. 200.000 Einheiten in diesem Segment in Europa zu verkaufen, davon ca. 80.000 in Deutschland.

Durch das Eindringen in das neue Marktsegment sprach das Unternehmen neue Zielgruppen an, die es bis dahin nicht bedient hatte. Es kam jetzt darauf an, die Erwartungen und Anforderungen dieser neu anvisierten Kundengruppen sowohl in der Produktphilosophie als auch in der Kommunikationsstrategie zu erfüllen. Gleichzeitig durften die bisherigen Kunden nicht „verschreckt" werden; der Markenwert mußte erhalten bleiben.

Seit dem Verkaufsstart der A-Klasse ist nachvollziehbar, daß 80% bis 90% der A-Klasse-Käufer Neukunden der Marke mit dem Stern sind. Im Vergleich zu dem bisherigen Anteil von Mercedes-Käuferinnen, der zwischen 10% und 20% je nach Modell lag, beträgt der Frauenanteil bei der A-Klasse etwa 50%[12]. Die anvisierte Zielgruppe waren junge Familien, Singles und insbesondere Frauen sowie Zweitwagenfahrer, Zukunftsorientierte und Trendsetter, also „Junge bis Junggebliebene"[13]. Angestrebt war damit insgesamt eine Verjüngung der Mercedes-Benz-Kundschaft, zumindest in diesem Segment.

Im Hinblick auf die Anforderungen in Richtung einer Volumenstrategie als Wachstumsstrategie machte J. Hubbert folgende Rechnung auf: Im Jahr 1992 hatte Mercedes-Benz mit circa 100.000 Mitarbeitern 580.000 Autos gebaut. Im Jahre 1996 wurden von circa 78.000 Mitarbeitern 645.000 Autos hergestellt. Er ergänzte: „Wenn wir nicht bald jährlich eine Million Autos produzieren, werden wir die Beschäftigung nicht sichern können. So enorm sind die Produktivitäts-Fortschritte. Wir brauchen mindestens eine Million, um langfristig selbständig zu überleben."[14]

Aufgrund der erreichten Marktsättigung ist ein wachsender Absatz vorwiegend in den Schwellenmärkten wie Südamerika oder Asien zu erzielen. Dort sind dann aber in stärkerem Maße kleinere, robustere und vielfältig einsetzbare Autos gefragt. Zusätzlich besteht das Ziel, diese Autos zumindest vor Ort zu montieren. Die vorgesehene Fertigung der A-Klasse in Brasilien sollte für Daimler-Benz dabei ein wichtiger Schritt auf dem Weg zum Global Player sein. Die Ziele, in dieses Marktsegment einzudringen, bestanden also darin, durch eine deutlich höhere absetzbare Stückzahl auch in Zukunft eine wichtige Rolle als Global Player zu spielen und so die angestrebte Marktmacht zu erreichen und zu sichern.

Im Hinblick auf Gleichteile und eine mögliche Plattformstrategie mit dem Ziel von Kosteneinsparungen geht Daimler-Benz bei der A-Klasse anders als seine Wettbewerber, zum Beispiel Volkswagen[15] oder General Motors, vor. Die A-Klasse ist als völlig neues und eigenständiges Modell konzipiert worden, für das alle Teile neu entwickelt werden mußten. Zum einen wurde darin ein Vorteil gesehen, daß keine Rücksicht auf Vorgängermodelle, andere Modelle oder zumindest ein bestehendes Baukastensystem genommen werden mußte. Aus dem bestehenden PKW-Programm wurden nur drei größere Teile übernommen: Airbag, Gurtstraffer und Außenspiegel.[16] Zum anderen bestanden bzw. bestehen immer noch Zweifel daran, daß sich Kunden längerfristig damit zufrieden geben und dem Unternehmen treu bleiben, wenn sich Autos in immer weniger sichtbaren Teilen unterscheiden, zugleich aber Preisdifferenzen bestehen. Grundsätzlich geht die Zielrichtung aber dennoch dahin, in Zukunft mehr Komponenten als Gleichteile zu verwenden, um Kosten zu reduzieren.[17]

Dachmarken- versus Einzelmarkenstrategie

Die Frage, die sich nun stellt, bezieht sich darauf, ob eine Dachmarken- oder eine Einzelmarkenstrategie besser ist.[18] Wenn die A-Klasse unter der renommierten Marke Mercedes-Benz verkauft wird, also eine Dachmarkenstrategie realisiert wird, dann können sich Probleme, die beim Produkt A-Klasse entstehen, direkt auf das Image aller anderen Mercedes-Benz-Produkte negativ auswirken.

Vor- und Nachteile bzw. Chancen und Risiken zwischen beiden Alternativen sind – wie aus Abbildung 4.1.-3 ersichtlich ist – weitgehend diagonal. Denn eine Dachmarkenstrategie, bei der sämtliche oder ein Teil der Produkte eines Unternehmens unter einer Marke geführt und vertrieben werden, setzt voraus, daß eine starke Originalmarke vorhanden ist, die ein Leading-Image als Autorität in der gesamten Produktkategorie am Markt besitzt. Dabei ist zu beachten, daß auch das am weitesten unten positionierte Produkt bei einem Trading-down-Prozeß dem Qualitätsimage der Marke immer noch gerecht werden muß. Diese Gefahr wird zu einem realen Problem, wenn es zu Mißerfolgen des Trading-down-Produktes am Markt kommt, da hierdurch ein Imageschaden für die höherwertig positionierten Produkte der Dachmarke entsteht. Weiterhin resultiert hieraus die nicht zu unterschätzende Gefahr eines negativen Imagetransfers vom Trading-down-Produkt auf den Markenkern, insbesondere wenn es aufgrund des Techniktransfers zu Qualitätsproblemen kommt. Eine zusätzliche und generell nicht zu unterschätzende Gefahr besteht in der Überdehnung der Tragfähigkeit der Marke. Dies hat zur Konsequenz, daß eine „Line extension" nur Sinn macht, wenn das neue Produkt mit einer echten Produktinnovation als Zusatznutzen verbunden ist.

Auf der anderen Seite bewirkt der positive Imagetransfer bei der Markteinführung neuer Produkte eine Reduzierung von Einführungskosten und führt zu Kostenersparnissen durch eine nur anteilige Übernahme des Marketing- und Vermarktungsaufwandes aufgrund der gemeinsamen Firmierung unter der Dachmarke und dem hohen Bekanntheitsgrad der Marke bei der Zielgruppe (siehe Abbildung 4.1.-3).

	Dachmarkenstrategie	Einzelmarkenstrategie
⊕ Chancen	❑ Positiver Imagetransfer von starker Originalmarke auf andere Produkte durch Leading-Image am Markt ❑ Reduzierte Markteinführungskosten durch Markenbekanntheit und anteiliger Marketing- und Vermarktungsaufwand ❑ Erfolgversprechende „Line extension" durch innovative Produkte mit Zusatznutzen	❑ Aufbau einer eigenständigen Markenpersönlichkeit bei ausreichend großen Marktpotentialen/-wachstum ❑ Optimale Ausrichtung auf Bedürfnisse und Nutzen-/Problemlösungserwartungen der Zielgruppe ❑ Keine bzw. kaum Ausstrahlungseffekte auf andere Marken des Unternehmens, also kein negativer Imagetransfer
⊖ Risiken	❑ Entsprechung des Qualitätsimage der Marke auch bei Trading-down-Produkt für unterstes Marktsegment ❑ Negativer Imagetransfer bei Qualitätsproblemen von Trading-down-Produkten auf den Markenkern ❑ Gefahr der Überdehnung der Tragfähigkeit der Marke	❑ Markenpersönlichkeit im Wettbewerbsumfeld nicht stark genug ❑ Hohes Risiko bei einer vollkommenen Neupositionierung einer Marke ❑ Keine Kostensenkungspotentiale für Marketing- und Vermarktungsaufwendungen

Abbildung 4.1.-3: Dachmarkenstrategie versus Einzelmarkenstrategie

Dabei gelten die nachstehenden Erfahrungswerte: Wenn das Markenimage der Dachmarke relativ schwach ist, dann ist eine starke Positionierung der einzelnen Modelle einer Automobil-Baureihe unter einem Einzelnamen zweckmäßig, also z.B. Uno bei Fiat oder Golf bei VW. Ist das Markenimage der Dachmarke stark, wie z.B. bei Mercedes-Benz, dann braucht jedes einzelne Modell einer Baureihe nicht vollständig separat positioniert, sondern nur über die damit verbundene Technologie und den Sicherheitsstandard verbunden werden. Dies entspricht typischerweise der Premium-Nomenklatur, wie z.B. die E-Klasse von Mercedes-Benz, der 5er von BMW oder der A8 von Audi.

Mit einer Einzelmarkenstrategie, bei der jedes Produkt eines Unternehmens im Rahmen einer Mehrmarkenstrategie unter einer eigenen Marke geführt wird, sind die folgenden Chancen und Risiken verbunden. Die Grundvoraussetzung, um Marktchancen nutzen zu können, ist ein tragfähiges Marktpotential und ausreichendes Marktwachstum für den Aufbau einer eigenständigen Markenpersönlichkeit, die einen hohen Individualisierungsgrad in der Wahrnehmung und einen hohen Identifikationsgrad bei den Adressaten erreicht. Damit verbunden ist zugleich ein hohes Risiko bei einer vollkommenen Neupositionierung einer Marke. Diese Marken-Fokussierung ermöglicht eine optimale Ausrichtung auf die Bedürfnisse und die Nutzen- bzw. Problemlösungserwartungen der Zielgruppe. Beim Krisenfall einer einzelnen Marke sind im Idealfall keine negativen Ausstrahlungseffekte auf andere Marken eines Unternehmens gegeben, es ist also kein negativer Imagetransfer zu befürchten. Jede Marke wirkt damit singulär, hat aber auch die schwierigere Aufgabe, sich als Einzelmarke im Markt zu behaupten. Genau der letztere Aspekt ist allerdings ein nicht zu unterschätzendes Risiko, wenn die Markenpersönlichkeit im Wettbewerbsumfeld nicht stark genug ist. Da keine oder zumindest kaum Verbundeffekte der Markenpositionierung und -finanzierung gegeben sind, existieren auch keine Kostensenkungspotentiale für Marketing- und Vermarktungsaufwendungen.

Bei einem Automobilunternehmen ist aber der Unternehmensname als Corporate brand in der Regel so bekannt, daß Probleme bei einer Marke häufig auch indirekte Auswirkungen auf andere Marken des Unternehmens haben. Verbindendes Element ist dabei – im Guten wie im Schlechten – die Corporate brand.

Die Markenziele, die mit der A-Klasse verfolgt wurden, bestanden zum einen in der gleichzeitigen Erweiterung hedonistischer und solidarischer Werte im Markenimage („Vergnügen und Verantwortung"). Zum anderen wurde eine Verstärkung der Sympathie-Komponente im Markenimage verfolgt. Außerdem wollte Daimler-Benz Innovationsfähigkeit sowie technologische und ökologische Kompetenz demonstrieren und eine Dynamisierung der Marke Mercedes-Benz durch Öffnung für neue Kundengruppen erreichen.

Mit dieser Dachmarkenstrategie war die Übertragung klassischer Mercedes-Benz-Markenwerte, nämlich Qualität, Zuverlässigkeit und Sicherheit, auf eine vollständig neue, aus Gegenwarts- und Zukunftsanforderungen definierte Fahrzeugkategorie beabsichtigt. Zugleich sollten die Produkte aber auch immer stärker als Ausdruck von Trend- und Orientierungswerten wie

Innovation, Dynamik und Faszination verstanden werden. D. Zetsche, Vertriebsvorstand für den Fahrzeugbereich von Daimler-Benz, ist dabei überzeugt, daß die neuen Produkte zur erfolgreichen Weiterentwicklung der Marke Mercedes-Benz erforderlich sind. Aus seiner Sicht muß die Marke weiterentwickelt werden, um die Produkte erfolgreich vermarkten zu können.[19]

Inwieweit diese Strategie einer anderen Positionierung bei gleichzeitigem starken Bezug auf die Kernwerte des Mercedes-Benz-Image aufgegangen ist, zeigt eine Gegenüberstellung des generellen Markenprofils von Mercedes-Benz und des A-Klasse-Markenprofils. Sie ist in Abbildung 4.1.-4 wiedergegeben.[20]

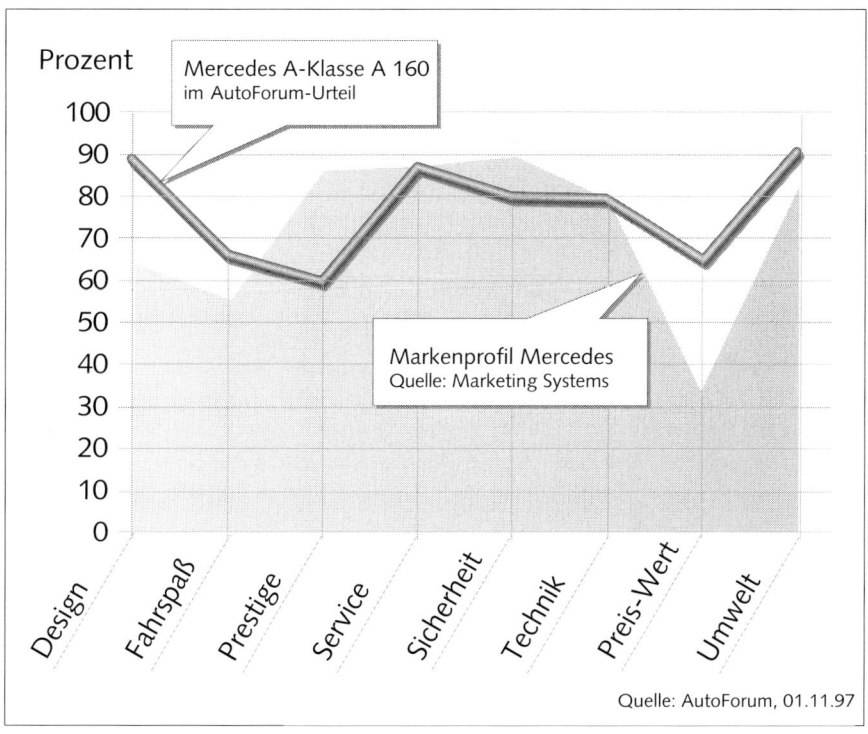

Abbildung 4.1.-4: Vergleich der Markenprofile Mercedes-Benz und A-Klasse

Wie hieraus ersichtlich ist, weichen die beiden – von unterschiedlichen Institutionen erhobenen – Profile in verschiedenen Bereichen deutlich voneinander ab. Zu betonen ist, daß das A-Klasse-Profil vor dem Krisenfall erhoben wurde. Der Vergleich macht deutlich, daß die A-Klasse sich vom bisherigen Marken-Image von Mercedes-Benz unterscheidet. Dem höheren Design-Wert steht ein deutlich geringerer Prestige-Wert gegenüber. Der Fahrspaß und die Umweltorientierung werden ebenfalls höher bewertet. Die Sicherheit liegt aber auch bereits vor dem Krisenfall unter dem Mercedes-Profil. Deutlich höher ist die Preis-Wert-Relation. Insgesamt liegen aber bei drei wichtigen Kompetenzen des Unternehmens, nämlich dem Service, der Sicherheit und der Technik, die geringsten Abweichungen vor.

4.2. Einführungskampagne und Werbekonzept

In diesem Unterkapitel soll die integrierte Kommunikation zur Einführung der A-Klasse vorgestellt und analysiert werden. Mit ihren innovativen Elementen war die Einführungskampagne der A-Klasse – rückblickend betrachtet – mit ein Grund für die große Resonanz in der Öffentlichkeit, die der Daimler-Benz-Konzern durch den nicht bestandenen Elchtest der A-Klasse erhalten hatte. Deshalb, und um dem Leser die besondere Situation des Krisenfalls nahe zu bringen, sind der Inhalt, der Zeitablauf sowie die Analyse der Einführungskampagne als Informationsbasis wichtig.

Wenn man sich vor Augen hält, daß im Rahmen der Presseeinführung der A-Klasse mehr als 1.400 Fachjournalisten über sechs Wochen zur Fahrvorstellung nach Brüssel eingeladen wurden, dann wird der Stellenwert dieser Kommunikationsaktivitäten deutlich. Die weltweite Berichterstattung war gewaltig und zugleich ein wesentlicher integraler Baustein der Marketingkommunikation. Dies ist deshalb wichtig, da die A-Klasse als innovatives Produkt sich zum großen Teil nur über das direkte Fahrerlebnis erschließt. Es war deshalb kein Zufall, daß das Budget für die Fahrvorstellung zugleich auch Teil des Marketing-Budgets war.

Die im folgenden dargestellten Long-Lead-Kampagne und Einführungskampagne der A-Klasse waren die operative Umsetzung der Positionierung des Produktes im „Wahrnehmungsraum der Zielgruppe", wie es im Unterkapitel 4.1. angesprochen wurde. Die Positionierung des Produktes war jedoch nur eines der mit der Kampagne beabsichtigten Kommunikationsziele.[21] Vor allem die Vorstellung und Kommunikation des neuen, innovativen Fahrzeugkonzeptes der A-Klasse in der Öffentlichkeit stellte, mit der Positionierung einhergehend, ein wichtiges Ziel dar. Für den Autohersteller stand dabei im Vordergrund, die neue anvisierte Zielgruppe kennenzulernen und eine Präferenzbildung für die A-Klasse bei den möglichen Kunden zu erreichen. Gleichzeitig sollte die Kommunikation sicherstellen, daß sich die Zielkundengruppe gegenüber den Wettbewerbsprodukten in Kaufzurückhaltung übt. Mit anderen Worten war beabsichtigt, daß nach den Informationen über die neue A-Klasse möglichst viele Interessenten ihre Kaufentscheidung zugunsten einer anderen Automarke aufschieben und auf die A-Klasse warten.

Ein weiteres wichtiges Kommunikationsziel war, einen positiven Ausstrahlungseffekt der jungen, innovativen A-Klasse auf das Image der Marke Mercedes-Benz zu bewirken. Grundlegend hierfür war, das mit der A-Klasse verfolgte und im vorherigen Unterkapitel 4.1. angesprochene Markenziel auf folgende Weise zu realisieren: Freude und Genuß am Fahren sollten mit diesem Auto verstärkt werden, und zugleich sollte eine breite Zustimmung in der Bevölkerung für dieses Auto erreicht werden, um so die Marke Mercedes-Benz insgesamt sympathischer zu machen.

Die nachstehend vorgestellte Kommunikationsstrategie beinhaltete die Umsetzung. Die Beschreibung der Kampagne orientiert sich an vier grundsätzlichen Fragestellungen:

- In welchem Zeitraum wurde die Kampagne durchgeführt?
- Wer waren die Zielgruppen dieser Kampagne?
- Was waren die zentralen Botschaften der Kampagne?
- Wie sah die Zielgruppenansprache aus?

Das Pre-Marketing für die A-Klasse startete bereits 1993 – nachdem die Studie für den ersten Kleinwagen von Mercedes-Benz auf der Internationalen Automobil-Ausstellung (IAA) in Frankfurt vorgestellt worden war – mit den zwei Anzeigenmotiven „Das wollen unsere Kunden von morgen. Wir arbeiten daran." (siehe Abbildung 4.2.-1) und „Das werden wir tun. Das werden wir nicht lassen." (siehe Abbildung 4.2.-2). Mit einem solch früh-

Abbildung 4.2.-1: Anzeigenmotiv „Das wollen unsere Kunden von morgen. Wir arbeiten daran."

Abbildung 4.2.-2: Anzeigenmotiv „Das werden wir tun. Das werden wir nicht lassen."

zeitigen Announcement als Ankündigung eines neuen Produktes beschritt Daimler-Benz einen neuen Weg in der automobilen Marketingkommunikation.

Die Kommunikationsstrategie

Um die Kommunikationsziele zu erreichen, setzte die Kommunikation entsprechend frühzeitig ein. Ein sukzessiver Aufbau des Dialogs mit der neuen Zielgruppe spiegelt sich in dem Einsatz der Maßnahmen nach einem abgestuften „Phasenmodell" wider. Bis zur Markteinführung des neuen Produktes am 18. Oktober 1997 läßt sich die Einführungskampagne grob in die folgenden Abschnitte einteilen:

Big Bang: Auftakt zum Bekanntmachen der A-Klasse von Mai bis November 1996 unter dem Motto „Ein starkes Stück Zukunft".

New Perspectives: In der Zeit von Juli 1996 bis Mai 1997 wurden immer mehr Details zur A-Klasse geliefert und die relevanten Positionierungsfelder mit der Botschaft „Ein echter Mercedes auf 3,60 m" hergestellt.

New Choices: Mit dem Slogan „Die A-Klasse kommt zu den Menschen" begann die europaweite „A-Motion-Tour" im Mai 1997 und endete im Oktober 1997.

New Experiences: Die eher rationalen Themeninhalte der Long-Lead-Kampagne wurden in eine emotionale Einführungskampagne mit dem Motto „Fahren Sie die Zukunft des Automobils" überführt. „Wir glauben an die nächste Generation" ummantelte in Form einer glaubwürdigen, bewegenden Philosophie die bisherige Kampagne von September 1997 bis zur Markteinführung am 18. Oktober 1997. Die Kampagne „Wir glauben an die nächste Generation" lief noch über den Zeitpunkt der Markteinführung hinaus weiter.

In den vier Phasen wurden unterschiedliche Kommunikationswege[22] kombiniert. Hier sollen nur einzelne Elemente der Kommunikation vorgestellt werden, um einen Einblick in die Zeit vor der Krise zu geben. Denn die Neuartigkeit der Einführung sowie das Konzept dieses Autos hatten die Aufmerksamkeit einer breiten Öffentlichkeit erregt. Der Spannungsbogen wurde zunehmend über die eineinhalb Jahre bis zur offiziellen Markteinführung aufgebaut. Auf dem aus Marketingsicht höchsten Punkt der Spannung, drei Tage nach der Markteinführung, kippte die intensiv beworbene A-Klasse im Elchtest um. Es steht außer Frage, daß das aufgebaute positive Involvement der Zielgruppe zu einer starken und ebenfalls emotional ausgerichteten Wahrnehmung des Krisenfalls führte.

Die Kampagne

Die Kampagne startete mit der Phase „Big Bang" (siehe Abbildung 4.2.-3). Eineinhalb Jahre vor der Markteinführung begann Daimler-Benz, das Produkt unter anderem mit TV-Spots in den Fernsehkanälen ZDF, Sat.1, RTL und VOX anzukündigen. Zusätzlich wurde mit doppelseitigen Anzeigen in Tageszeitungen und Zeitschriften sowie auf Plakatwänden auf das neue Produkt aufmerksam gemacht. Die Aktivitäten im Internet deuteten schon frühzeitig die innovative und neuartige Stellung des Produktes im Produkt-Portfolio des Unternehmens und am Markt an. Um die Positionierung der A-Klasse ganzheitlich zu gestalten, wurden im Vorfeld auch Verkäufer geschult und Journalisten in den Dialog einbezogen. Zu der frühen Produktankündigung und der intensiven Produktbewerbung sagte J. Pläcking, der Leiter der Marketing-Kommunikation PKW des Unternehmens: „Wir haben unseren Kunden viel zu sagen."[23]

In einer groß angelegten Fragebogenaktion suchte Daimler-Benz die unmittelbare Verbindung zu der angesprochenen Zielgruppe. Hierauf antworteten allein in Deutschland 400.000 Interessenten. Sie wurden über eineinhalb Jahre lang regelmäßig mit Informationsmaterial versorgt, beispielsweise mit den „A-Klasse-News", einem achtseitigen Informationsbrief rund um die neue A-Klasse.[24] In den Mailings wurden die Interessenten auch mit offiziellen Preislisten und den Anschriften der Vertriebspartner versorgt. Als Mindestpreis waren von Daimler-Benz vor der Markteinführung 30.000 DM bis 35.000 DM vorgesehen. Rund 6.000 der ca. 400.000 Interessenten wurden intensiv befragt. Die Befragung ergab, daß über 80% der Interessenten bisher nicht zu den Mercedes-Kunden zählten. Der größte Teil stammte aus dem Segment der Kompaktklasse, dominiert durch den VW Golf. Interessenten waren aber auch BMW-Kunden oder Fahrer japanischer Modelle. Ein hoher Prozentsatz der Interessenten waren Frauen.[25]

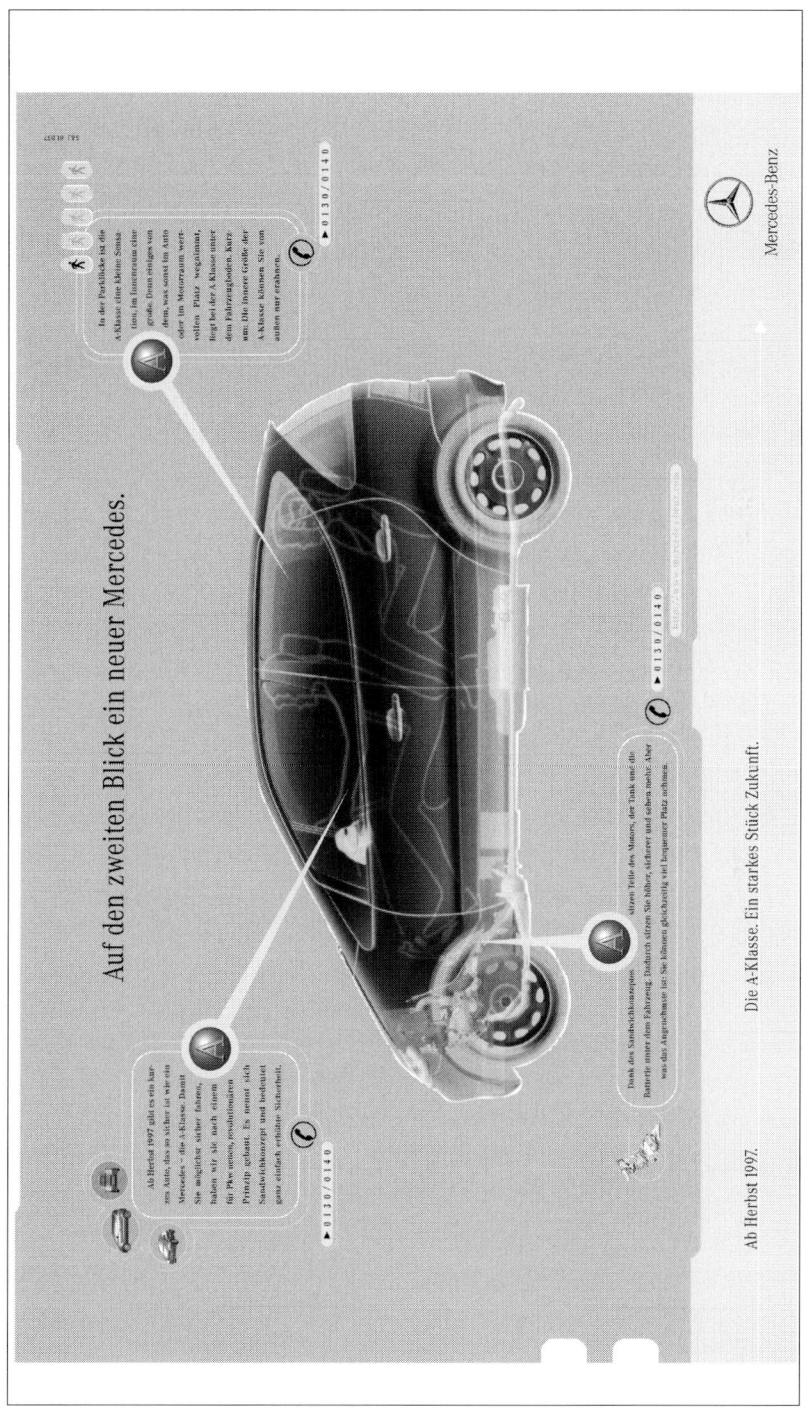

Abbildung 4.2.-3: Anzeigenmotiv aus der Phase „Big Bang"

Den frühen Start der Kampagne begründete J. Pläcking wie folgt: „Wir wissen, daß sich Kunden von den ersten Überlegungen zum Neuwagenkauf bis zum Vertragsabschluß fast zwei Jahre Zeit lassen."[26] Hinzu kam, daß Daimler-Benz im Rahmen seiner Dachmarkenstrategie zum ersten Mal einen Kompaktwagen unter dem Mercedes-Stern vorstellte und damit eine andere Zielgruppe ansprach als das bislang anvisierte obere Marktsegment. Der dritte Grund lag darin, daß die Kunden möglichst früh mit dem neuen Fahrzeugkonzept vertraut gemacht werden sollten. Hierzu war die A-Klasse beispielsweise in Anzeigen nur schemenhaft zu sehen, während das neue Fahrzeugkonzept im Anzeigentext detailliert erläutert wurde. Die Zielsetzung dieser schematischen Darstellung bestand darin, bei der Zielgruppe die Silhouette und das neue Fahrzeugkonzept vorzustellen, ohne Gefahr zu laufen, daß das Auto beim Verkaufsstart bereits im genauen Aussehen und in allen Details zu bekannt und damit uninteressant war.[27] Insbesondere im Verlauf der Phase „New Perspectives" der Kampagne wurden zunehmend Details der A-Klasse bekannt gegeben, um der Kampagne über den Zeitraum von fast zwei Jahren Spannung zu verleihen (siehe Abbildung 4.2.-4). Anregung für das schematische „Entblättern" der A-Klasse war eine Kampagne von Porsche, die bereits Ende 1995 mit dem Boxster unter dem Motto „Viel Reden, wenig zeigen" an den Markt ging.[28]

Nach dem gleichen Prinzip wurde das Auto im Internet dargestellt. Der Kunde sollte das Fahrzeug und die Innenraumgestaltung spielerisch kennenlernen. Erst gegen Ende der Kampagne konnte sich der Interessent dann in einen „Show-room" „einklicken", in dem schon Details wie die Farben und die Ausstattung des Autos präsentiert wurden.[29]

Diese Zielgruppenausrichtung wird bereits an den Vorbereitungen der Kampagne deutlich. Im Zentrum stand nicht, die bisherigen Mercedes-Kunden für einen Zweitwagen zu gewinnen, sondern die Einführungskampagne zielte bewußt auf die im Unterkapitel 4.1. aufgeführten neuen Käuferschichten ab. Die Abteilung PKW Marketing-Kommunikation der Daimler-Benz AG hatte die Angehörigen des A-Klasse-Zielsegments anhand ihrer psychographischen Merkmale in drei Kommunikationszielgruppen unterteilt (siehe Abbildung 4.2.-5[30]), die zusammen 46% des A-Klasse-Zielsegments ausmachten. Das Durchschnittsalter der Kommunikationszielgruppen bewegte sich zwischen 30 und 40 Jahren. Insgesamt liegen zwischen den

Abbildung 4.2.-4: Anzeigenmotiv aus der Phase „New Perspectives"

111

drei Kommunikationszielgruppen – wie Abbildung 4.2.-5 verdeutlicht – keine wesentlichen Unterschiede nach sozio-demographischen Kriterien vor. Von der Einstellung her sollten A-Klasse-Käufer eine fortschrittliche, emotional positive Einstellung zum Auto und zur individuellen Mobilität haben, das Auto als Bestandteil der eigenen Unabhängigkeit schätzen und bereit sein, innovativen außergewöhnlichen Fahrzeugen den Vorzug zu geben.[31]

Kommunikations-Zielgruppen	Individualisten	Aesthetics	Car Advocates
Anteil am A-Klasse-Zielsegment	9%	15%	22%
Einstellungen	❑ Auto macht mich unabhängig ❑ Fahre gerne schnell ❑ Auto als Statussymbol/Ausdruck der Persönlichkeit ❑ Freunde fragen um Rat beim Autokauf	❑ Mag innovative Autos ❑ Mag Autos mit außergewöhnlichem Styling ❑ Sehe mir gern schöne Autos an	❑ Mag innovative Autos ❑ Pflege meinen Wagen am liebsten selbst ❑ Auto ist nicht Hauptverursacher von Umweltproblemen ❑ Mache mir beim Autofahren nicht ständig Sorgen um die Sicherheit
Charakteristika	❑ 33,8 Jahre alt ❑ 13,3% Singles ❑ 38,2% 2-Pers.-Haushalte ❑ 14,5% Fam. mit Kindern ❑ 6.100,- Haushalts-Einkommen ❑ 37,6% Frauen	❑ 40,1 Jahre alt ❑ 12,9% Singles ❑ 37,4% 2-Pers.-Haushalte ❑ 15,8% Fam. mit Kindern ❑ 6.100,- Haushalts-Einkommen ❑ 30,5% Frauen	❑ 39,9 Jahre alt ❑ 15,2% Singles ❑ 38,2% 2-Pers.-Haushalte ❑ 12,4% Fam. mit Kindern ❑ 5.600,- Haushalts-Einkommen ❑ 34,6% Frauen

Quelle: Mercedes-Benz Marketingkommunikation, VP/KS: „Integrierte Kommunikation für die Mercedes-Benz A-Klasse", Kurzfassung einer Vortragsreihe, 10/1997 (Interne Unterlage)

Abbildung 4.2.-5: Die Kommunikationszielgruppen der A-Klasse

Zusätzlich spielen auch die bisherigen Mercedes-Kunden eine Rolle, denn als „Reserve-Zielgruppe" galten die bisherigen Mercedes-Senioren. Für sie bieten z.B. die höhergelegenen Sitze der A-Klasse einen zusätzlichen Komfort beim Ein- und Aussteigen. Voraussetzung ist, daß sie auf das Prestige der klassischen Limousine verzichten wollen.[32]

Als besonders außergewöhnliche Aktion kann die „A-Motion-Tour" der A-Klasse bezeichnet werden, welche innerhalb der Long-Lead-Kampagne den Titel „New Choices" trägt (siehe Abbildung 4.2.-6). Daimler-Benz ging im Zeitraum von Mai bis Oktober 1997 mit der A-Klasse in vierzehn deutschen und fünf europäischen Städten auf „Tournee". Dabei handelte es sich um

Veranstaltungen mit Eventcharakter, die überraschend, kreativ und informativ waren. Eine avantgardistische Inszenierung sollte Bestandteil der erfolgreichen Produktoffensive des Konzerns sein. Die Kreativität in der Produktgestaltung spiegelte sich somit in einer ebenso kreativen Kommunikation wider. Hierzu D. Zetsche, das für den Fahrzeugvertrieb zuständige Daimler-Benz-Vorstandsmitglied: „Die A-Klasse ist ein Symbol für den Aufbruch und den Wandel im ganzen Unternehmen. Es stellt nicht nur ein ungewöhnlich hohes Maß an technischer Innovation dar, sondern es soll auch zeigen, welche Veränderungs- und Gestaltungskraft in dieser Marke und in diesem Unternehmen liegen."[33]

Im Mittelpunkt der Inszenierung stand ein 18x18x18 Meter großer Kubus mitten in den Show-Städten. Er war die Bühne für Kunst, diente als Kommunikationszentrum und zugleich als Präsentationsraum der neuen Modellreihe. In und um dieses Kommunikationszentrum fanden Workshops, Talkshows, Diskussionen und Gespräche mit Interessenten und Gästen statt, wobei nicht nur die A-Klasse im Mittelpunkt stand, sondern es wurden auch Verkehrskonzepte und das Auto der Zukunft erörtert.[34] Bei diesem „Fest für die Sinne" zog tagsüber eine ausgestellte A-Klasse unter dem weißen Zeltdach die Blicke der Besucher auf sich. Abends machte das Auto Platz für ein sinnliches Spektakel aus Musik, Licht, Nebel und Feuer.[35] D. Zetsche sprach davon, daß diese A-Motion-Europa-Tour einen „neuen Dialog des Unternehmens mit der Öffentlichkeit"[36] eröffnen soll. Sinn und Gefühle des Publikums sollten sensibilisiert werden, wobei die Zielsetzung der emotionalen Ansprache in einer erlebnisorientierten Positionierung[37] bestand. Hierin wurde die Zukunft einer erfolgreichen Kundenansprache gesehen. Dadurch, daß aktiv auf die Menschen zugegangen wurde und sie direkt in die Aktivitäten der Performance eingebunden wurden, sollte mit dieser persönlichen Kommunikation eine auf Vertrauen basierende Beziehung zum Kunden aufgebaut werden.

Insgesamt kamen zu den zwanzig Aufführungen über eine halbe Million Menschen europaweit, um die A-Klasse zu sehen und sich über Details zu informieren respektive unterhalten zu lassen. Der Aufwand für die A-Motion-Tour bewegte sich in einer Größenordnung von 50 Mio. DM und war damit im Unternehmen beispiellos.

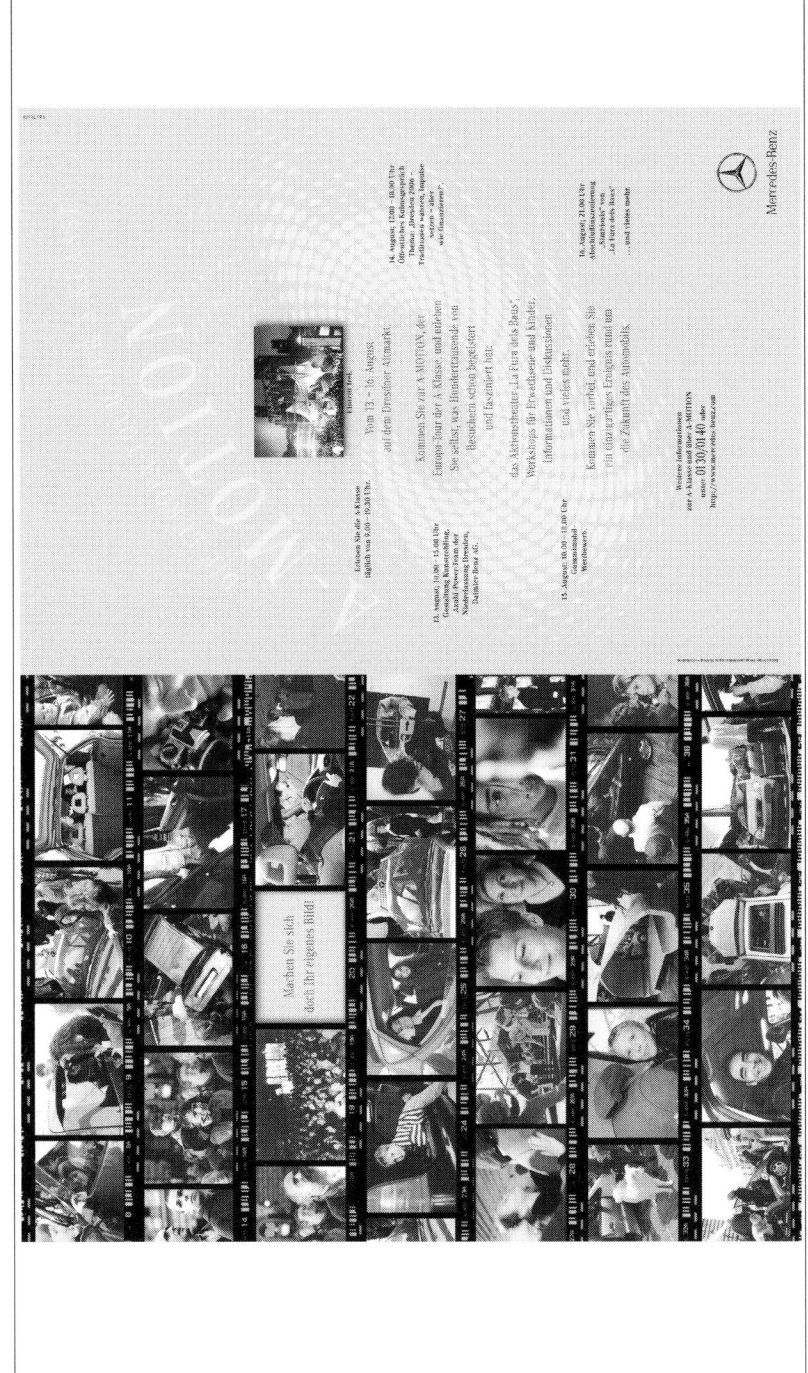

Abbildung 4.2.-6: Anzeigenmotiv aus der Phase „New Choices"

Parallel zur A-Motion-Tour und zwei Wochen vor der Markteinführung startete die Phase „New Experiences" mit den Anzeigen „Wir glauben an die nächste Generation" (siehe Abbildung 4.2.-7). Diese Phase stellt den Höhepunkt der Kampagne dar. Die bis zu diesem Zeitpunkt erzeugte Spannung durfte noch nicht abflachen. Um eine breite Öffentlichkeit anzusprechen, wurden Anzeigen in unterschiedlichen Zeitschriften veröffentlicht, später auch ein Faltblatt in Zeitschriften beigelegt, Anzeigen in überregionalen Zeitungen geschaltet und Fernsehspots gesendet.

Mit dieser Anzeigenserie wurde nicht nur für die A-Klasse geworben, auch die Beeinflussung des Image der Automarke Mercedes-Benz war Gegenstand der Kampagne: Die Intention, die mit dem Anzeigentext und den Bildern verbunden war, sollte die Verbindung zu einem neuen Bild der Marke Mercedes-Benz schaffen, das „die Zukunft des Automobils" verkörpert. Adjektive wie „innovativ", „fortschrittlich", „modern", „kreativ" und „dynamisch" sollten zu dem Markenbild hinzugefügt werden. So standen die in den Anzeigen abgebildeten Kinder für die „nächste Generation", die eine Chance zur Veränderung und Weiterentwicklung symbolisierten. Beispielhaft hierfür kann die Anzeige angeführt werden (siehe Abbildung 4.2.7), in der ein schwarzer Junge abgebildet wurde, der im Zusammenhang mit der Frage „Der zukünftige Präsident der Vereinigten Staaten?" eine zukünftig mögliche Realität verkörperte. Suggeriert wird damit eine Veränderung, die bisher bestehende Barrieren überwindet. Die Analogie wird zwischen gesellschaftlichen und technischen Aspekten hergestellt, wobei die Suggestion darin bestehen soll, daß das, was bisher ungewöhnlich ist, zukünftig gewöhnlich werden kann.

Mit der A-Klasse steht die Marke Mercedes-Benz im Zeichen der Veränderung. Denn zum einen stellt die A-Klasse sowohl für den Markt als auch für Mercedes-Benz technisch ein neues Fahrzeugkonzept dar. Zum anderen wird mit der A-Klasse auch ein für Mercedes-Benz neuer Markt und damit eine neue Kundengruppe angesprochen sowie eine neue Konkurrenzsituation in diesem Marktsegment geschaffen. Im Sinne der Veränderung hat Mercedes-Benz dies über eine für die Automobilbranche völlig neue Werbekampagne kommuniziert.

Abbildung 4.2.-7: Anzeigenmotive aus der Phase „New Experiences"

Die gesamte Kampagne leistete mehr, als nur zu informieren. Sie war gleichermaßen eine Imagekampagne für die Marke Mercedes-Benz und als solche nach Meinung der Fachmedien bemerkenswerter als viele produktferne Konzern-Imagekampagnen. Mit der Kampagne startete also eine neue Marketing-Ära für den Konzern. Die Kosten für die gesamte Einführungskampagne wurden von Werbe-Experten auf rund 200 Mio. DM geschätzt.[38]

Anmerkungen

[1] Vgl. Schrempp, 1998.
[2] Vgl. Blick durch die Wirtschaft, 15.12.1997, S. 3.
[3] AutoForum, 1997a, S. 126.
[4] Automobil-Produktion, 1997, S. 44.
[5] Vgl. Aaker, 1998, Seite 43f.
[6] Vgl. zur Verwässerung von Markenprofilen Quelch/Kenny, 1995.
[7] Vgl. Blick durch die Wirtschaft, 15.12.1997, S. 3.
[8] Vgl. Börsen-Zeitung, 31.12.1997, S. 18.
[9] Vgl. Töpfer/Mann, 1999, S. 60.
[10] Vgl. Pläcking, 1998, S. 17.
[11] auto motor und sport, 1997c, S. 268.
[12] Vgl. Automobil-Produktion, 1997, S. 44.
[13] Vgl. Auto Zeitung, 1997, S. 48.
[14] AutoForum, 1997a, S. 128.
[15] Vgl. Blick durch die Wirtschaft, 27.10.1997, S. 5.
[16] Vgl. AutoForum, 1997a, S. 128.
[17] Vgl. Welt am Sonntag, 26.10.1997, S. 57.
[18] Vgl. in diesem Abschnitt Becker, 1994, S. 468ff.
[19] Vgl. AutoForum, 1998a, o.S.
[20] Vgl. AutoForum, 1997b, S. 67.
[21] Vgl. hierzu und im folgenden Pläcking, 1998, S. 17f.
[22] Neben der Printwerbung wurden z.B. das Internet als Kommunikations-raum genutzt, Events veranstaltet, Aktionen wie „Parkhaus-, IKEA- und Mövenpick-Promotion" durchgeführt und das Handelsmarketing unter anderem zum Aufbau einer Kunden-Datenbank bereits im Vorfeld aus-gebaut.
[23] Handelsblatt, 11.11.1997, S. 19.
[24] Vgl. Automobil-Produktion, 1997, S. 44-46.
[25] Vgl. hierzu und im folgenden Stippel, 1997, S. 19. Die im Text ange-führte Prozentangabe bezüglich des Neukundenanteils ergibt sich aus der bei Stippel genannten Befragung, spätere Veröffentlichungen der Presse beziffern den Neukundenanteil bei 80%, vgl. hierzu z.B. Auto-mobil-Produktion, 1997, S. 44.
[26] auto motor und sport, 1996, S. 15.

[27] Vgl. Pläcking, 1998, S. 18.

[28] Vgl. auto motor und sport, 1996, S. 15.

[29] Vgl. auto motor und sport, 1996, S. 15.

[30] Vgl. Auto Zeitung, 1997, S. 48.

[31] Vgl. Daimler-Benz, 1997.

[32] Vgl. AutoForum, 1997c, S. 129.

[33] Automobil-Produktion, 1997, S. 46.

[34] Vgl. AutoForum, 1998b, o.S.

[35] Vgl. auto motor und sport, 1997d, S. 13.

[36] o.V., 1997, S. 48.

[37] Vgl. zur emotionalen Positionierung Kroeber-Riel, 1993, S. 68ff.

[38] Vgl. Handelsblatt, 11.11.1997, S. 19.

5. Der Elchtest als Krisenfall: Ursachen und Folgen

Die zwei folgenden Unterkapitel haben den Entwicklungsprozeß der A-Klasse sowie anschließend den Elchtest und seine Implikationen zum Gegenstand. Die beiden Themenbereiche werden im Zusammenhang behandelt, um die nachstehenden Fragen zu beantworten:

- Liegt die Ursache für die A-Klasse-Krise im veränderten Entwicklungsprozeß?

- War der nicht bestandene Elchtest eine Auswirkung von zu kurzen Entwicklungszeiten und damit ein Signal für weitere Pannen?

- War der Elchtest ein Test, den das Unternehmen hätte kennen müssen?

- Und nicht zuletzt: Welche Lehren lassen sich aus dem Elchtest ziehen?

In Unterkapitel 5.1. wird zunächst herausgearbeitet, wie die Entwicklung der A-Klasse ablief, wie lange sie dauerte und welche Testverfahren während des gesamten Entwicklungsprozesses zur Anwendung kamen.

Im Unterkapitel 5.2. wird der Elchtest detailliert beschrieben und kritisch bewertet. Weiterhin wird analysiert, welche Konsequenzen im Sinne von Lerneffekten aus dem Elchtest gezogen werden können.

5.1. Konzept und Entwicklungsprozeß der A-Klasse

Um die Frage beantworten zu können, ob der Entwicklungsprozeß und die Entwicklungsergebnisse mit eine Ursache für den Krisenfall waren, ist es erforderlich, die Art und die Schritte der Entwicklung nachzuvollziehen.

Die A-Klasse wurde in kürzerer Zeit entwickelt als andere Autos der Marke Mercedes-Benz. Laut Informationen von Daimler-Benz brauchten die Mercedes-Benz-Ingenieure 47 Monate für die erste Version der A-Klasse. Bei anderen Modellen dauerte die Entwicklung länger, und zwar mindestens 59 Monate.[1] Bei der A-Klasse sind erstmalig neben den notwendigen realen Fahrversuchen auch in größerem Maße Tests in Form von Computersimulationen durchgeführt worden.

Um in dem sich verschärfenden Wettbewerb erfolgreich bestehen zu können, war es erforderlich, auch bei Innovationen, wie dem neuartigen Fahrzeugkonzept der A-Klasse, die drei zentralen Erfolgsfaktoren Qualität, Zeit und Kosten zu optimieren. Konkret bedeutete dies, daß Innovationen im Hinblick auf ihre Entwicklung und die Marktreife bis zur Markteinführung nicht nur unter einem erheblichen Zeitdruck, sondern zusätzlich auch unter Kostendruck standen und zugleich das hohe Qualitätsmaß der Marke sichern mußten.

Bei einem derartigen Vorhaben sind die Vor- und Nachteile detailliert gegeneinander abzuwägen: Für eine Marke, die weltweit wie keine andere für Sicherheit, Qualität und Technologie steht, ist die Reduzierung der Entwicklungszeiten ein nicht risikofreier Weg. Die seit Mitte der 80er Jahre von japanischen Herstellern eingeleitete Verkürzung der Entwicklungszeiten ist dort dadurch abgesichert, daß meist lediglich ein Drittel der Teile wirklich neu konstruiert wird. In Europa sind dies dagegen etwa zwei Drittel.[2] Bei der A-Klasse waren es – wie in Unterkapitel 4.1. dargestellt – sogar deutlich mehr. Unter diesem Blickwinkel kann der strategische Ansatz der japanischen Automobilhersteller nicht unmittelbar auf europäische Verhältnisse übertragen werden, ohne zu Friktionen und Problemen zu führen. Anderenfalls wird den Entwicklungsingenieuren der neuen Autos keine Zeit gegeben, die Konzeption und deren Umsetzung auszureifen.

Aus Kundensicht erscheint deshalb das Argument eines ausgereiften Produktes, das den geforderten Qualitätsanspruch erfüllt, glaubhafter und wichtiger, als die Information über eine kurze Entwicklungszeit, die dann als Beleg für eine hohe technologische Kompetenz des Herstellers gelten könnte.

Das Konzept der A-Klasse

Das Konzept der A-Klasse ist darauf ausgerichtet, mit dem völlig neuartigen Fahrzeugkonzept „Vorreiter für eine ganz neue Ära Automobil"[3] zu sein. Ziel war es, die Sicherheit der oberen Mittelklasse, den Platz für fünf Personen und die hohe Variabilität mit dem Verbrauch und den Abmessungen eines Kleinwagens zu verbinden, und dies alles zu erschwinglichen Preisen und einem außergewöhnlich hohen Fahrspaß. Ergänzt werden sollte dies zugleich durch den Mercedes-Benz-typischen Komfort.

Dabei steht insbesondere die Fahrwerksauslegung eines Autos bei den Kriterien Komfort, Sicherheit, hohe mögliche Kurvengeschwindigkeit und Beherrschbarkeit im Grenzbereich immer in einem Zielkonflikt. Verschärft werden diese konfliktären Kriterien noch durch den Kostendruck und die bei kleinen Autos gegebenen Platzprobleme für das Fahrwerk.[4] Die Frage ist, ob bei der A-Klasse für diese Anforderungen bis zur Markteinführung eine ausreichende Balance gefunden worden war.

Hinzu kommt eine Besonderheit bei der A-Klasse, nämlich die Entwicklung des Sandwich-Konzeptes (siehe Abbildung 5.1.-1), das heute das Sicherheitskonzept der A-Klasse bestimmt. Es war das Ergebnis eines evolutionären Prozesses „aus sehr viel Erfahrung in der Unfallsicherheitsforschung"[5], so Ulrich Bruhnke, Leiter der Produktgruppen A- und C-Klasse. Das Ziel war, auch bei einem nur sehr kurzen Vorbau des Fahrzeugs die bei einem Frontalcrash auftretende Energie möglichst sicher für die Insassen abzufangen. Der Ansatz hierzu war, „die Aggregate im Vorbau so anzuordnen, daß sie sich im Crashfall aneinander vorbei bewegen können und nicht als unformierbarer Block in den Fahrgastraum geschoben werden"[6] erläuterte H. Petri, Vorstandsmitglied Entwicklung PKW bei Daimler-Benz, die Zielsetzung. Bei der A-Klasse ist diese Zielsetzung dadurch realisiert worden, daß im Crashfall Motor und Aggregate am Pedalboden entlang unter die Fahrgastzelle gleiten, wodurch die passive Sicherheit deutlich erhöht wird. Auch bei einem Seitenaufprall bietet das Sandwich-Konzept deutliche Vorteile, weil die Insassen rund 20 cm höher sitzen als in anderen Personenkraftwagen. Die A-Klasse erfüllt dadurch einerseits die EU-Crashnorm für den Frontalaufprall, zugleich aber auch die strengen Sicherheitsbestimmungen der USA und der EU für Seitenkollisionen. Das Sandwich-Konzept mit dem doppelten Boden und dem dadurch bedingten höheren Schwerpunkt im Vergleich zu anderen Personenkraftwagen ist zugleich aber auch eine Ursache für die reduzierte Fahrstabilität beim Elchtest gewesen.

Entwicklungsprozeß und Tests der A-Klasse

Nun zu den einzelnen Stufen des Entwicklungsprozesses: Die Entwicklung der A-Klasse ist im Zusammenhang mit der in Unterkapitel 4.1. beschriebenen Erweiterung der Produktpalette von Mercedes-Benz seit den 80er Jahren zu sehen: Bereits im Juni 1982 ist die erste Studie für ein „Nahverkehrs-

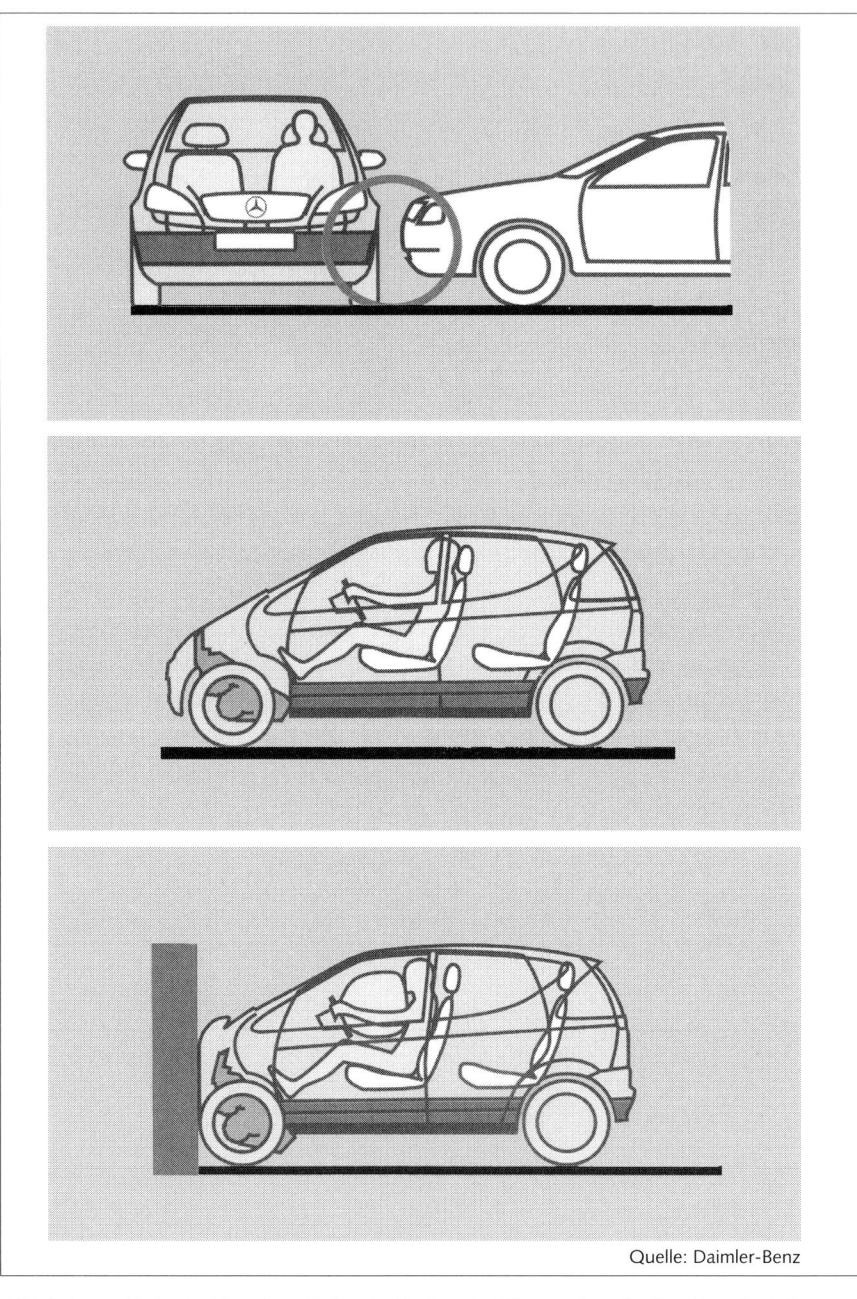

Quelle: Daimler-Benz

Abbildung 5.1.-1: Passive Sicherheit der A-Klasse durch das Sandwich-
Konzept

Fahrzeug" (Nafa) entwickelt worden[7]. Im März 1991 ist das Konzept mit den Zielkonflikten bei den Kriterien des Pflichtenheftes vom Vorstand formuliert worden. „Gefordert war ... die eierlegende Wollmilchsau"[8], formulierte es Bernd Löper, der Projektleiter der Entwicklung A-Klasse bei Mercedes-Benz. In der Umsetzung ist im Entwicklungsprozeß der Sandwich-Boden entwickelt worden. Im Juni 1992 stellte der Vorstand die Weichen für ein Kompaktfahrzeug in Richtung Serienproduktion, ohne daß die endgültige Konzeption der A-Klasse bereits festgelegt war.

Im April 1993 wurden im Berliner Fahrsimulator von Mercedes-Benz bereits verschiedene Hinterachskonzepte getestet. Mit den genauen Angaben über das Auto konstruierte der Computer ein imaginäres Fahrzeug, mit dem fast alle Fahreigenschaften des zukünftigen Modells analysiert und getestet werden konnten. Der Fahrsimulator diente also zunehmend als multifunktionaler Prüfstand. Im offiziellen Buch des Konzerns über die A-Klasse wurde bereits vor dem Krisenfall, nämlich im Juni 1997, folgender Satz veröffentlicht: „Für umfangreiche Grundsatz-Untersuchungen mit verschiedenen Achstypen, die normalerweise bei der Konzeption eines völlig neuen Automobils auf dem Programm stehen, fehlt diesmal die Zeit. Deshalb treffen sich die Ingenieure im Fahrsimulator ..."[9]. Nachdem also verschiedene Konzepte untersucht und eine Grundsatzentscheidung getroffen worden war, wurde das ausgewählte Achskonzept intensiven Realtests unterzogen.

Durchgeführt wurden am Simulator auch Fahrwerkstests folgender Art: „Kurven für Lastwechselreaktionen, Strecken mit extremem Seitenwind und die sogenannte ISO-Wedelgasse, mit deren Hilfe die Experten bei schneller Fahrt einen doppelten Fahrspurwechsel simulieren."[10] Damit sind am Computer bzw. Fahrsimulator auch dem Elchtest ähnliche Tests durchgeführt worden, allerdings nicht der Originaltest.

In einem Review stellt sich deshalb die Frage, inwieweit auch bei Grundsatzentscheidungen wieder stärker zu realen Fahrversuchen zurückzukehren ist, um bestimmte Konzepte aufgrund unvollständiger Simulationsmodelle nicht von vornherein auszuschließen. „Sehr komplexe Vorgänge, wie etwa die Abstimmung von Reifen, Felge und Fahrbahnbeschaffenheit, ergonomische Kriterien oder Strömungsmechanik, sind rechentechnisch nicht simulierbar. Ihr Verhalten muß praktisch ‚erfahren' werden. ‚Nur der Versuch an einem Prototypen beseitigt mögliche Restrisiken', bestätigt ein Entwickler ..."[11].

Im Dezember 1993 fiel durch den Vorstand die endgültige Modellentscheidung. Gleichzeitig beschloß der Vorstand, das Kompaktfahrzeug im neuen Werk in Rastatt fertigen zu lassen. Ab April 1995 wurden mit den ersten Prototypen ausgiebige Erprobungstests rund um die Welt durchgeführt. Dabei sind bis zur Markteinführung insgesamt rund 5 Mio. Testkilometer absolviert worden sowie 2,5 Mio. Kilometer im Rahmen der sogenannten kundennahen Fahrerprobung durch Mitarbeiter von Daimler-Benz. Ab September 1995 sind erste Crashtests durchgeführt worden, bei denen das Sandwich-Konzept alle Erwartungen erfüllte.

Im Sommer 1996 begann der „Countdown" für die Produkteinführung durch die Mercedes-Benz-Marketingabteilung, ab November 1996 wurde die Vorserie produziert. Im März 1997 erfolgte die Weltpremiere für die A-Klasse auf dem Autosalon in Genf, und im Juli 1997 startete planmäßig der Serienanlauf der Produktion in Rastatt. Insgesamt wurden in dieses neue Werk nach Angaben in der Presse circa 2,5 Mrd. DM investiert.[12] Am 18. Oktober 1997 war die Markteinführung der A-Klasse bei den Händlern, drei Tage später kippte das Fahrzeug bei dem Test in Schweden um.

5.2. Der Elchtest und seine Implikationen

Am 21. Oktober 1997 ist – wie bereits ausgeführt – ein Fahrzeug der A-Klasse beim Elchtest in Schweden umgekippt. Im folgenden wird der Elchtest im Detail beschrieben, auf seine Folgen eingegangen und die Brisanz der aufgetretenen Krisensituation beleuchtet.

Beim Elchtest handelt es sich um einen doppelten Fahrspurwechsel auf einer genau bestimmten Distanz (siehe Abbildung 5.2.-1). Eine Situation, die eine derartige Reaktion grundsätzlich erforderlich macht, kann in der Praxis häufig vorkommen. Es wird nach links ausgewichen, ein kurzes Stück geradeaus gefahren und wieder auf die rechte Spur gelenkt. Der Test findet bei einer Geschwindigkeit von ca. 65 km/h statt, und es wird die ganze Zeit nicht gebremst. Der Elchtest war zur damaligen Zeit in seinen Einzelheiten nicht genormt.

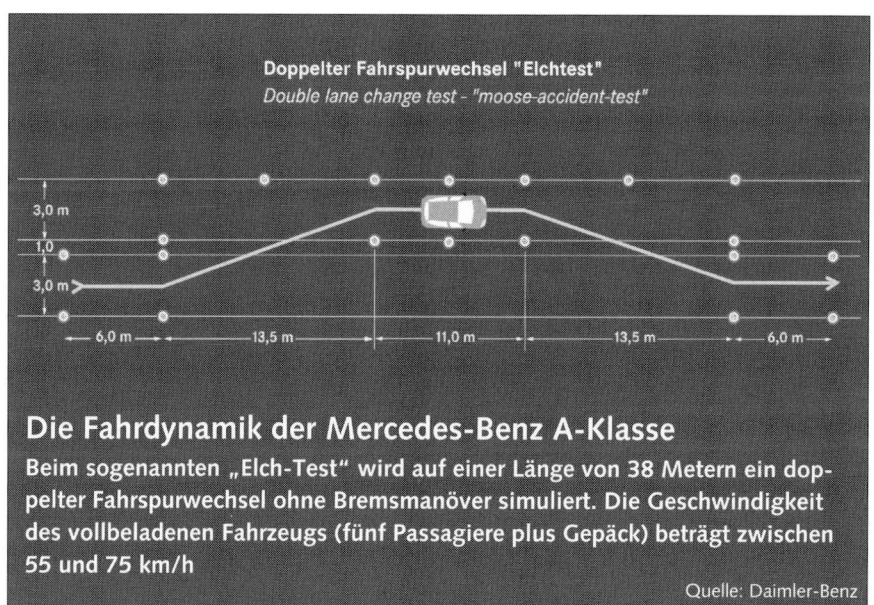

Abbildung 5.2.-1: Die Vorgehensweise beim Elchtest

Es bleibt anzumerken, daß auch andere, mit dem Elchtest vergleichbare Fahrtests durchgeführt wurden. Die bekanntesten Ausweichtests waren der Wedeltest und der Slalomtest. Der Wedeltest simuliert ein Manöver, wie es auch im Alltag vorkommt. Mit hoher Geschwindigkeit wird vor einem Hindernis auf die linke Seite ausgewichen und dann wieder auf die ursprüngliche Spur eingeschert. Im Unterschied zum Elchtest erfolgt dabei das Ausweichen mit einem Bremsmanöver. Beim Slalomtest wird das Auto um Pylonen herumgelenkt, die im Abstand von 18 m oder 36 m stehen. Hierbei wird das Fahrverhalten des Fahrzeugs im Grenzbereich getestet. Der Unterschied wird der Vollständigkeit halber an dieser Stelle dargestellt. Im Text wird nur zwischen dem Elchtest und ähnlichen Ausweichtests unterschieden.

Die Öffentlichkeit ist durch eine schematische Darstellung im „Spiegel", wie sie in Abbildung 5.2.-2[13] wiedergegeben ist, über die Auswirkungen des nicht bestandenen Elchtests vom 21. Oktober 1997 informiert worden. Allgemein verständlich passierte dabei folgendes: Nach einem Links-Rechts-Manöver kommt es beim Einlenken in die ursprüngliche Spur zu einem Aufschaukeln der gesamten Karosserie. Aufgrund des bei ca. 65 km/h höchsten Reibbeiwertes der Reifen an der Schleudergrenze ergibt sich daraus die größtmögliche Seitenbelastung der Karosserie. Bei einem erneuten Lenkradeinschlag – um das Fahrzeug zurück in die Geradeaus-Spur zu bringen – gerät das Fahrzeug ins Schleudern. Nach wiederholter Lenkkorrektur kommt es zum Überschlag.

Die Gründe für dieses Verhalten des Fahrzeugs wurden zuerst in den Reifen gesehen. Zum Thema Reifen führte J. Hubbert aus, daß relativ spät bei einer Abnahmefahrt vor der Markteinführung die Spezifikation für die Reifen noch einmal geändert wurde, da das Auto in seiner Federung etwas zu „hart" wirkte. Diese Veränderung ist nicht mehr in Extrem-Tests auf ihre Auswirkungen hin überprüft worden. So ist nicht festgestellt worden, daß die Reifen zu weich geworden waren und in der Extremsituation des Elchtests auf der Seitenflanke rollten, so daß die Felgen fast die Fahrbahn berührten.[14] Außerdem ließen die Reifen das Fahrzeug aufgrund ihrer extrem guten Haftung auf der Fahrbahn („Grip") nicht mehr kontrolliert rutschen – und bei einer solchen Situation wäre ein Rutschen durch geringen Grip ausnahmsweise wünschenswert, um ein Umkippen zu verhindern.[15] Den Reifenhersteller Goodyear traf jedoch keine Schuld, da er alle Vorgaben im von Mercedes-Benz erstellten Lastenheft erfüllte. Die Reifen wurden nach dem gescheiterten Elchtest nicht mehr verwendet.

Als weitere Ursachen für das Kippen wurden in der Öffentlichkeit der enge Radstand, das Fahrwerk sowie der durch die Sandwichbauweise hohe Schwerpunkt des Fahrzeugs vermutet. Insbesondere mußte die Frage beantwortet werden, ob bei der Wahl der Hinterachse Fehler gemacht worden sind und ob der doppelte Boden den Kleinwagen zu sehr versteift.[16] Die während des Auslieferungsstopps durchgeführten Änderungen sollten alle Probleme der A-Klasse in diesen angesprochenen Bereichen lösen.

Praxisrelevanz des Elchtests

Direkt nach dem Elchtest kritisierte J. Hubbert die speziellen Testbedingungen in Schweden. Die Kritik bezog sich auf die extrem hohe Beladung des Wagens.[17] Von Experten war der Elchtest auch kritisiert worden, da mit derartigen Tests fast jedes Auto zum Kippen gebracht werden kann.[18]

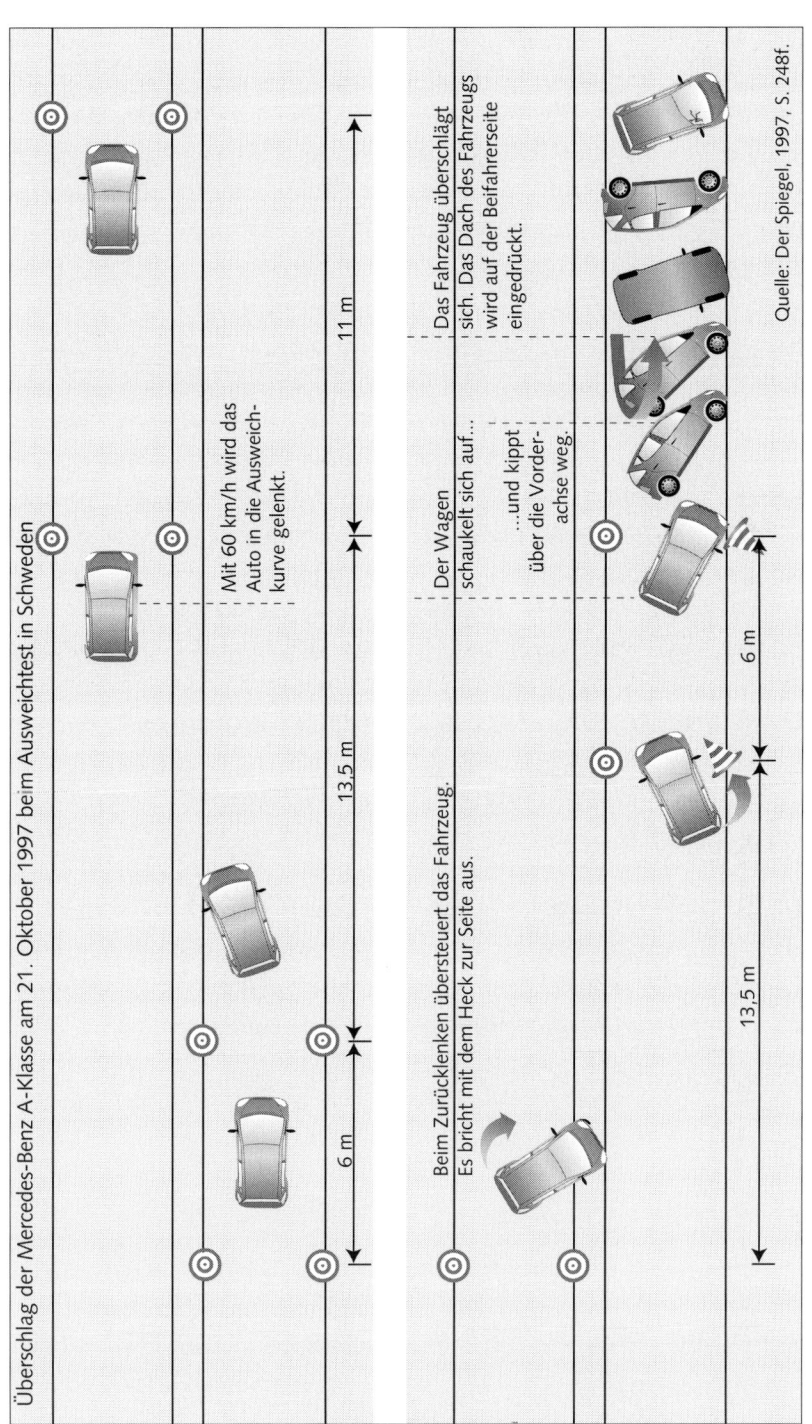

Abbildung 5.2.-2: Der nicht bestandene Elchtest

Die Frage ist, ob der Elchtest einer realen Situation und damit einem tatsächlichen Ausweichmanöver, also auch dem wahrscheinlichen Verhalten von Autofahrern, entspricht. In diesem Falle wäre die Realitätsnähe des Elchtests gegeben, und der Elchtest müßte zu einem Standardtest für jeden Automobilhersteller werden. Damit wäre es für jeden Automobilhersteller unbedingt erforderlich, daß er alle Details der Anforderungen und der Durchführung des Elchtests beherrscht.

Das Problem beim Elchtest ist, daß er aufgrund des starken Einflusses durch den Fahrstil des Fahrers in der Form, wie er in Schweden durchgeführt wurde, nicht objektivierbar ist. Die Lenkrad-Drehgeschwindigkeit eines normalen Fahrers liegt bei 350-400° pro Sekunde. Beim Elchtest liegt sie bei bis zu 1.400° pro Sekunde. Schwedische Fahrer beginnen den Test sogar häufig mit gekreuzten Armen, um eine höhere Lenkrad-Drehgeschwindigkeit zu erreichen.

Daimler-Benz informierte dazu in einer Pressemitteilung: „Seit 1978 hat Daimler-Benz bereits sechs Studien zum Verhalten in plötzlichen Ausweichsituationen durchgeführt und dabei insgesamt über 150 Autofahrerinnen und Autofahrer beobachtet. Die Ergebnisse aller Untersuchungen zeigen, daß sich nur wenige Autofahrer so verhalten, wie es beim ‚Elch-Test' vorgeschrieben ist:

- 36 Prozent aller Fahrer traten spontan ausschließlich aufs Bremspedal.

- 45 Prozent aller von Daimler-Benz beobachteten Autofahrer reagierten in plötzlichen Gefahrensituationen, die ein Ausweichen erforderlich machen, mit einem kombinierten Brems- und Lenkmanöver.

- 19 Prozent versuchten, dem drohenden Unfall durch schnelle Lenkbewegungen zu entkommen, ohne zu bremsen. Genau dieses Verhaltensmuster ist beim ‚Elch-Test' Vorschrift.

Die Reaktionen der Autofahrer hängen nach den Erkenntnissen der Daimler-Benz-Forschung wesentlich vom subjektiven Erleben der jeweiligen Verkehrssituation ab. Wenn die Fahrer eine Chance zum Bremsen sehen, überwiegen eindeutig die spontanen Bremsmanöver oder die kombinierten Brems- und Ausweichversuche. Mit einem schnellen Griff ins Lenkrad –

ohne gleichzeitiges Bremsen – reagieren Autofahrer nur bei höheren Geschwindigkeiten. Dies entspricht dem Verhalten, wie es beim sogenannten ISO-Spurwechseltest simuliert wird."[19]

Zusätzlich ist zumindest eine Rahmenbedingung zu nennen: Elchtests oder vergleichbare Fahrtests, die zu Problemen führten, so auch der erste von R. Collin, waren auf Flugplätzen durchgeführt worden. Dabei ist – nach Aussage von Daimler-Benz – zu berücksichtigen, daß das Fahren auf einer Rollbahn nicht identisch mit dem Fahren auf einer Straße ist. Durch den extrem hohen Reibbeiwert des Asphalts, der eine entscheidende Rolle bei derartigen Tests spielt und der auf Flugplätzen höher als auf normalen Straßen ist, wurde ein Rutschen des Fahrzeugs, wie es auf einer Straße sonst passiert, verhindert. Eine Kipplage kann dadurch eher entstehen.

Die oben formulierte Frage nach der Praxisrelevanz des Elchtests ist – trotz der vorstehend genannten Argumente – eindeutig in der Weise zu beantworten, daß ein Automobilhersteller mit seinen Produkten den Elchtest auch bestehen muß, wenn dieser Test – unabhängig von seiner Sinnhaftigkeit und Realitätsnähe – von der Öffentlichkeit, also Interessenten und der Presse, gefordert und für die Bewertung der Fahrsicherheit sowie für eine Kaufentscheidung zugrunde gelegt wird.

Wie Abbildung 5.2.-3 belegt, weist der Elchtest inzwischen den höchsten Bekanntheitsgrad von Verkehrssicherheitstests auf. Dies sind die Ergebnisse einer vom Verband der Automobilindustrie e.V. (VDA) in Auftrag gegebenen ungestützten Befragung in der deutschen Bevölkerung im Jahre 1998.

Neben den 49% ungestützte Bekanntheit liegen zusätzlich 36% gestützte Bekanntheit vor. Insgesamt kennen also 85% der deutschen Bevölkerung den Begriff „Elchtest".

Der Elchtest als Standardtest?

Vorher war der Elchtest nur von wenigen Automobilherstellern durchgeführt worden, so zum Beispiel von Opel, bei denen der Elchtest für alle Modelle bereits zur Routine gehörte. Die Ursache dafür liegt insbesondere in der engen Zusammenarbeit mit dem skandinavischen Automobilhersteller Saab. Hersteller wie Ford und Volkswagen wandten bisher andere Ausweichtests an, die sie aber als mit dem Elchtest vergleichbar bezeichneten.[20]

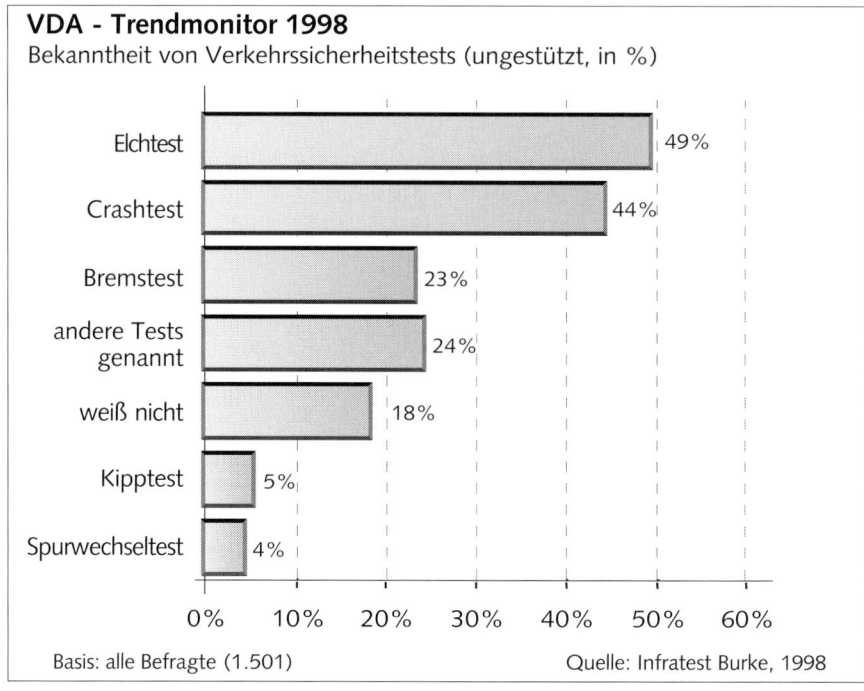

Abbildung 5.2.-3: Bekanntheitsgrad des Elchtests in der deutschen Bevölkerung

Interessanterweise hatte – wie im 1. Kapitel bereits angesprochen – am 23. September 1997, also knapp einen Monat vor der Markteinführung, bei einem ähnlichen Ausweichtest in Dänemark ein Fahrzeug der A-Klasse mit zwei Rädern abgehoben. Die Ursachen des nicht bestandenen Tests konnten aber, wie geschildert, von den Daimler-Benz-Experten in einem neuen Test nicht noch einmal nachvollzogen werden.

Vom VDA ist der Elchtest in der schwedischen Form nicht zum Standardtest erklärt worden. Statt dessen wurde ein modifizierter objektivierbarer Test verabschiedet, der die Testbedingungen, wie z.B. die Fahrbahnbreite in Abhängigkeit von der Spurweite, explizit vorgibt.

Diese Konsequenz hat der nicht bestandene Elchtest also gehabt: Die deutsche Automobilindustrie vereinheitlichte im ersten Quartal 1998 die Kriterien für die Prüfung der aktiven und passiven Fahrzeugsicherheit. Denn bei dem Elchtest als Fahrdynamiktest konnte nach Meinung einer vom VDA eingerichteten Arbeitsgruppe „Fahrzeugsicherheit" „ein geschulter Fahrer das Testergebnis beim Durchfahren der Versuchsstrecke durch die jeweils gewählte Fahrstrategie maßgeblich beeinflussen. Der Grund dafür ist vor allem die Breite der Anfahrgasse von drei Metern."[21]

Die Arbeitsgruppe hatte die Aufgabenstellung, „die Kriterien für einen Spurwechseltest so zu präzisieren, daß die Ergebnisse reproduzierbar, nachprüfbar und für die Verbraucher auch nachvollziehbar sind. Das Anforderungsniveau des VDA-Spurwechseltests mußte vor allem in bezug auf den Lenkaufwand, die Fahrzeugbeherrschung und die Kippneigung – also in bezug auf die Schärfe des Tests – in allen Phasen mindestens genauso anspruchsvoll sein wie der ‚Elchtest'."[22] Dieser standardisierte Test unterscheidet sich gegenüber dem Elchtest vor allem in einem Punkt: Die Breite der Anfahrgasse wird in Abhängigkeit von der Fahrzeugbreite definiert. Hierdurch wird der Fahrereinfluß deutlich vermindert und somit eine wesentliche Voraussetzung für die verlangte Reproduzierbarkeit des Tests geschaffen.[23]

Unmittelbar nach dem Krisenfall der A-Klasse sind nicht nur von Daimler-Benz selbst, sondern auch von einer Reihe von Zeitschriften und Zeitungen der Elchtest bzw. ähnliche Ausweichtests durchgeführt worden. In Abbildung 5.2.-4[24] sind diese Tests, die in verschiedenen europäischen Ländern stattfanden, aufgeführt. Zusätzlich ist angegeben, ob es sich bei den durchgeführten Tests um Elch- oder Slalomtests handelte, soweit dies kommuniziert wurde. Außerdem ist in der Abbildung gekennzeichnet, welche der Tests mit ESP, welche nach Fahrwerksveränderungen und welche mit den nach der Pressekonferenz am 29. Oktober 1997 nur noch zugelassenen Reifen durchgeführt wurden.

Das erklärte Ziel war generell, das Fahrzeug im Grenzbereich zu testen und gegebenenfalls auch zum Umfallen zu bringen. Bei dem Test von „Auto Bild" am 27. Oktober 1997 ist dies nur mit unzulässiger Bereifung gelungen.

Von Daimler-Benz sind nach dem 21. Oktober 1997 „rund um die Uhr" vergleichbare Tests intern mit der A-Klasse durchgeführt worden. Am Wochenende des 25. und 26. Oktober 1997 ließ Daimler-Benz den Elchtest vom TÜV Süddeutschland als unabhängiger Institution durchführen. Vor laufen-

Datum	Land/Tester	Teststart	Ergebnis	Veränderung
23. September 1997	(DK) Car of the Year Jury	E	Abheben von 2 Rädern	
21. Oktober 1997	(S) Teknikens värld	E	Umkippen	
Ende Oktober1997	(NL) Autovisie	E	Bestanden	
Ende Oktober1997	(DK) Autoverband Dänemark	E	Bestanden (mit Schwächen)	
23. Oktober 1997	(F) Le Figaro	E	Bestanden	
25. Oktober 1997	(D) Auto Zeitung / Stern	S	Abheben von 2 Rädern	
26. Oktober 1997	(E) TÜV in Barcelona	E	Bestanden	
27. Oktober 1997 (PAD 31.10.)	(D) Auto Bild	S	Test mit unzulässiger Bereifung	
28. Oktober 1997	(N) Stavanger Aftenblad	E	Abheben von 2 Rädern	
31. Oktober 1997	(D) auto motor und sport	S	Abheben von 2 Rädern	
31. Oktober 1997	(D) TÜV in Malmsheim	E	Bestanden	ESP + R
Anfang November 1997 (PAD 06.11.)	(F) L'Autojournal		Bestanden	R
Anfang November 1997 (PAD 18.11.)	(F) Auto Moto		Bestanden	R
Anfang November 1997 (PAD 20.11.)	(F) L'Automobile Magazine		Bestanden	R
3. November 1997	(D) auto motor und sport	E+S	Bestanden	ESP + F + R
4. November 1997	(F) Auto Plus		Bestanden	ESP + F + R
4. November 1997	(I) Quattroroute	E	Bestanden	ESP + F + R
5. November 1997	(D) ADAC-Motorwelt	E	Bestanden (mit 70 km/h)	ESP + F + R
6. November 1997	(D) ARD-TV Rasthaus	E	Bestanden (mit 64 km/h)	ESP + F + R

PAD = Erstveröffentlichungstermin
R = Test mit Reifen, die nach der Pressekonferenz am 29. Oktober nur noch zugelassen waren (soweit von Daimler-Benz nachvollziehbar)

E = Elchtest
S = Slalomtest mit 18 m Pylonenabstand

ESP = Test mit ESP
F = Test nach Fahrwerksveränderungen

Quellen: Stuttgarter Nachrichten, 08.11.1997, S. 13; Informationen von Daimler-Benz.

Abbildung 5.2.-4: Durchgeführte Tests der „Marke Elchtest" mit der A-Klasse

der Kamera wurde der Test vom TÜV mit 79 km/h absolviert, ohne daß die A-Klasse dabei umfiel. Dieses Video wurde – wie eingangs referiert – auf der Pressekonferenz vom 29. Oktober 1997 den anwesenden Journalisten gezeigt. Es fand aber keinen Niederschlag in der Medienberichterstattung. Fast zeitgleich präsentierten „Auto Bild" und „Stern" Fotos von durchgeführten und nicht bestandenen Ausweichtests der „Marke Elchtest" mit der A-Klasse.

Die Verbesserungen der A-Klasse

Nach dem Elchtest, also bereits zu Beginn der Krise, setzte Daimler-Benz mit der gezielten Analyse von Verbesserungsmaßnahmen an. Sie bezogen sich auf die Reifen und eine Reihe anderer technischer Details. In Abbildung 5.2.-5 sind diese Änderungen aufgelistet.[25]

Wie ersichtlich ist, wurden neben Veränderungen der Reifen vorne und hinten am Fahrzeug eine Reihe von Verbesserungen durchgeführt. Dazu gehörte insbesondere die Modifikation des Fahrwerks unter anderem durch neue Stabilisatoren und eine neue Feder- und Dämpferabstimmung an den Achsen. Außerdem wurde die Karosserie tiefer gelegt. Die wesentliche Verbesserung und Neuerung war aber der serienmäßige Einbau des Elektronischen Stabilitätsprogramms (ESP). Die Funktionsweise des ESP ist in Abbildung 5.2.-6 wiedergegeben.

Automatische Bremsimpulse an verschiedenen Rädern sorgen auch in kritischen Situationen für eine gute Fahrzeugstabilisierung. Das Herzstück des ESP ist ein Lage- und Geschwindigkeitssensor, der wie ein Kompaß ständig die genaue Lage des Wagens verfolgt und jeden Ansatz einer Drehung registriert. Andere Sensoren geben Meßwerte über die Stellung des Lenkrades, die Querbeschleunigung und die Raddrehzahl weiter. Innerhalb von Sekundenbruchteilen wird bei jedem instabilen Verhalten die nötige Korrekturmaßnahme errechnet und über den Bremskraftverstärker realisiert.

Der ESP-Lieferant Bosch konnte durch den Serieneinbau von ESP bei der A-Klasse das abgesetzte Produktvolumen deutlich erhöhen: Im Jahr 1997 war die Produktion von 50.000 ESP möglich. Im Jahr 1998 betrug die Planzahl bereits über 200.000 Stück, für die Jahre 1999/2000 sind insgesamt bereits mehr als 1 Mio. Stück vorgesehen. Der Zulieferer in diesem Bereich

ESP (Electronic Stability Program) serienmäßig

Die Änderungen vorne

- ❐ Karosserie um 13 mm tiefergelegt

- ❐ Stärkerer Vorderachsstabilisator
  (20 statt 17,3 mm Durchmesser)

- ❐ Breitere Spur (plus 1 mm)

- ❐ Straffere Federn

Die Änderungen hinten

- ❐ Karosserie um 10 mm tiefergelegt

- ❐ Sturz an der Hinterachse geändert

- ❐ Breitere Spur (plus 12 mm)

- ❐ Straffere Federn

Neue Reifendimension (195/50 R 15 statt 175/65 R 15) für alle Versionen, auf Felge 5,5 J x 15, ET 54

Quelle: auto motor und sport 26/1997, S. 12.

Abbildung 5.2.-5: Die Änderungen an der A-Klasse

erhielt also durch die Auswirkungen der Krise eine zusätzliche Nachfrage und damit „Windfall Profits". Aufgrund dieser Zahlen hatte Bosch zusätzlich 600 bis 650 Mitarbeiter für die Entwicklung und die Produktion des ESP einstellen müssen.[26] Außerdem war ein weiterer „erheblicher Nachfragesog" auch von anderen Herstellern entstanden.

Der Fehlstart der A-Klasse und die Nachbesserung insbesondere durch das ESP hatten also auch die Konkurrenten erheblich unter Druck gesetzt. Nicht alle zogen aber in der Weise nach, daß sie ihre Fahrzeuge serienmäßig und ohne Aufpreis mit dem ESP ausrüsteten. Volkswagen baute das System nur gegen Aufpreis ein. Der Konzern „bestellte aber beim Zulieferer Teves eine Million ESP-Systeme und sicherte sich die Option auf eine weitere Million"[27].

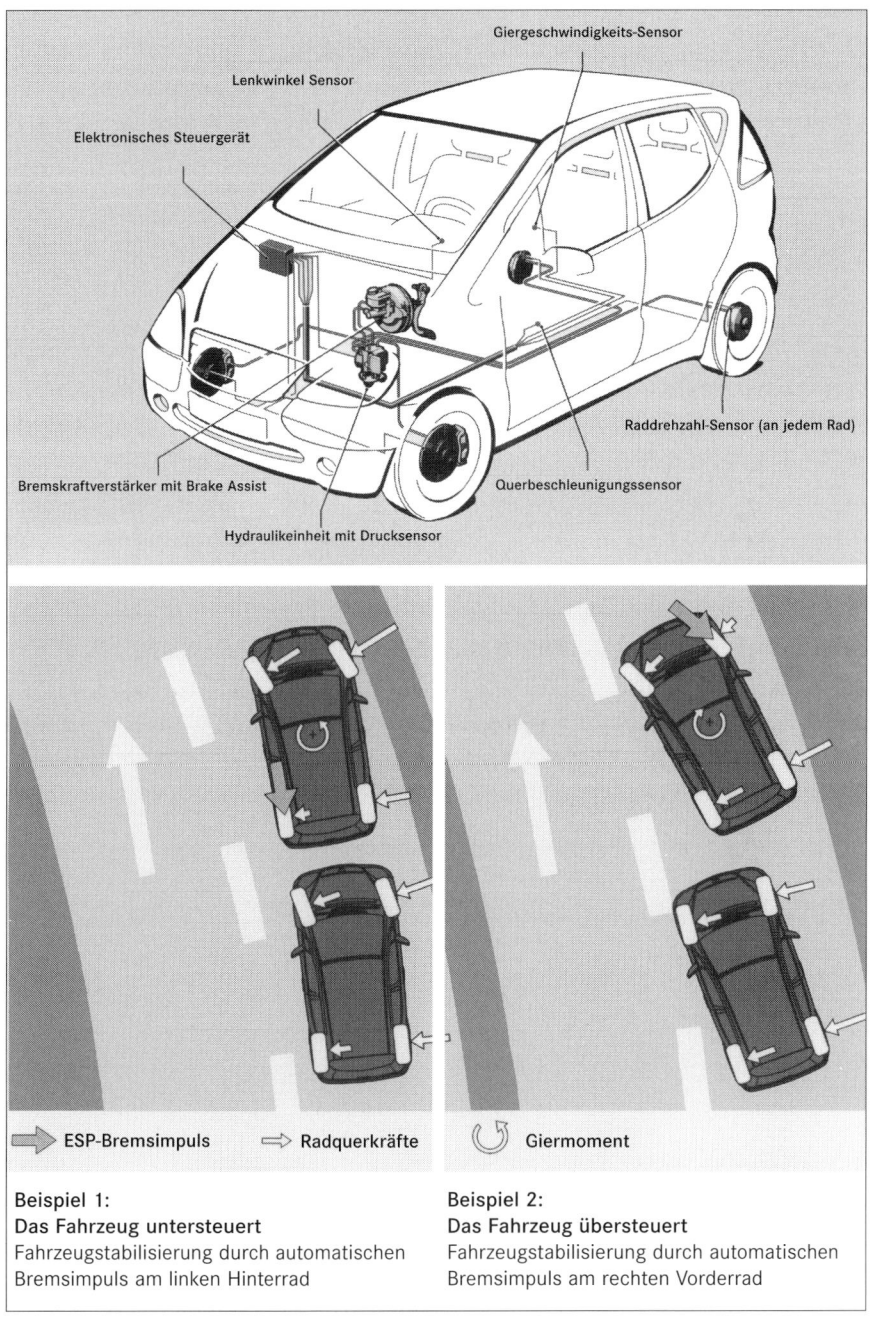

Abbildung 5.2.-6: Die Funktionsweise von ESP

Interessant und wichtig ist, sich noch einmal die Zeitschiene vor Augen zu halten: Der Mediendruck war innerhalb von sieben Tagen nach dem nicht bestandenen Elchtest so stark geworden, daß bis zum Dienstag, dem 28. Oktober 1997, unbedingt konkrete Ergebnisse zu den vorgesehenen Verbesserungen an der A-Klasse vorliegen mußten. Denn für den 29. Oktober 1997 war eine Pressekonferenz anberaumt worden. Im Vorfeld hierzu mußten alle technischen Details festgelegt und auch für die Presse kommunizierbar ausformuliert werden. Unter diesem Aspekt war die Pressekonferenz eigentlich eher einige Tage zu früh angesetzt. Aufgrund des Mediendrucks mußte sie aber möglichst bald stattfinden.

Die Tests in der Zeit bis zu dieser Pressekonferenz hatten gezeigt, daß die Hauptursache für das Umkippen in den Reifen lag. Es war jedoch klar, daß eine Veränderung der Reifen keine akzeptable Botschaft zu der durchgeführten Verbesserung für die Medien und auch für die Öffentlichkeit war. Der serienmäßige Einbau des ESP sollte damit der „Befreiungsschlag" werden.

Nach den oben dargestellten und in der Realität durchgeführten technischen Verbesserungen hatte die A-Klasse dann alle Tests auch ohne ESP bestanden. Damit war klar: ESP war keine technische Entscheidung, sondern eine Investition in das Vertrauen zur Marke, die zugleich als wichtigste Botschaft kommuniziert werden konnte.

J.E. Schrempp sagte hierzu: „In einer solchen Situation ist es wichtig zu erkennen, daß nicht nur technische Elemente eine Rolle spielen, sondern im hohen Maße auch psychologische Dinge! Wichtig ist, sich in die Situation eines Beobachters zu bringen."[28]

Zugleich war klar, daß das Lösungskonzept mit ESP auf der einen Seite in der Öffentlichkeit und bei den Kunden nicht als „Pflasterlösung" bewertet werden durfte, das die eigentlichen Probleme nicht beseitigte, sondern nur überdeckte. Auf der anderen Seite stand die Aussage des Konzerns, daß die A-Klasse auch ohne ESP sicher war, so daß der Einbau des ESP als Zeichen der Unsicherheit des Herstellers hätte gewertet werden können. Die Beseitigung dieses „Spagats" war die schwierige Aufgabe, welche eine gezielte und glaubwürdige Kommunikationsstrategie zu lösen hatte. Hierauf wird im siebten Kapitel detailliert eingegangen.

Anmerkungen

[1] Vgl. die Analysen des 9. Konzernseminars der Daimler-Benz AG.

[2] Vgl. Die Zeit, 26.12.1997, S. 21.

[3] mot, 1997, S. 6.

[4] Vgl. mot, 1997, S. 6.

[5] Automobil-Produktion, 1998, S. 37.

[6] Automobil-Produktion, 1998, S. 37.

[7] Vgl. auch im folgenden Welt am Sonntag, 19.10.1997, S. 81.

[8] Welt am Sonntag, 19.10.1997, S. 81.

[9] Vgl. Vieweg, 1997, S. 131.

[10] Vgl. Vieweg, 1997, S. 133.

[11] Focus, 1997b, S. 317.

[12] Vgl. Die Abendzeitung, 1997, o.S.

[13] Vgl. zur Abbildung Der Spiegel, 1997b, S. 248f.

[14] Vgl. Stern, 1997b, S. 216.

[15] Vgl. AutoMagazin, 1997, S. 37.

[16] Vgl. Der Spiegel, 1997b, S. 251; AutoMagazin, 1997, S. 38.

[17] Vgl. Hamburger Abendblatt, 29.10.1997, S. 32.

[18] Vgl. Berliner Zeitung, 21.01.1998, S. 53.

[19] Daimler-Benz, 19.01.1998, S. 21-22.

[20] Vgl. Hamburger Abendblatt, 01./02.11.1997, S. 25.

[21] VDA-Pressedienst, 02.04.1998, S. 1.

[22] VDA-Pressedienst, 02.04.1998, S. 2.

[23] Vgl. VDA-Pressedienst, 02.04.1998, S. 1-2.

[24] Vgl. Stuttgarter Nachrichten, 08.11.1997, S. 13 und Informationen von Daimler-Benz.

[25] Vgl. auto motor und sport, 1997a, S. 12.

[26] Vgl. Süddeutsche Zeitung, 06.02.1998, S. 32.

[27] Der Spiegel, 1997c, S. 93.

[28] SonntagsBlick, 1998, S. A30.

6. Die Krisenverlaufs-Matrix: Verzahnung von Krisenmanagement und Krisenkommunikation

Der Ablauf der Krise um die A-Klasse und die Reaktionen der Medien sowie der Öffentlichkeit, die in den ersten beiden Kapiteln dieses Buches dargestellt wurden, haben bereits gezeigt, wie wichtig eine starke inhaltliche und prozeßbezogene Verzahnung von Krisenmanagement und Krisenkommunikation ist. Im folgenden werden hierzu einige grundsätzliche Ausführungen gemacht. Unterschieden wird dabei zwischen fünf verschiedenen Ebenen und fünf unterschiedlichen Phasen[1] des Krisenverlaufs. Sie werden der sogenannten Krisenverlaufs-Matrix zugrunde gelegt, so daß die A-Klasse-Krise anhand eines derartigen Schemas im Hinblick auf den Ablauf und die Inhalte gut verständlich dargestellt und bewertet werden kann.

6.1. Ebenen und Phasen eines Krisenverlaufs

In diesem Unterkapitel wird zunächst das Schema der Krisenverlaufs-Matrix mit den fünf Ebenen und fünf Phasen erläutert. In Abbildung 6.1.-1 ist das Konzept wiedergegeben.

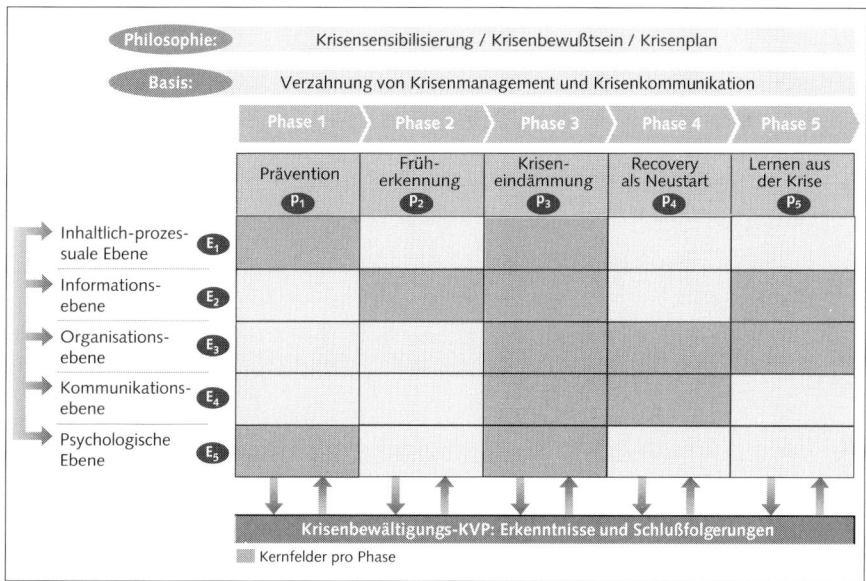

Abbildung 6.1.-1: Die Krisenverlaufs-Matrix – Fünf Ebenen und fünf Phasen

Wie daraus ersichtlich ist, zielt die Philosophie eines erfolgreichen Krisenmanagement darauf ab, für Krisenpotentiale zu sensibilisieren, ein Bewußtsein für eine notwendige Krisenvorsorge im Unternehmen zu schaffen und dann auch konkrete Krisenpläne zu entwickeln. Die grundsätzliche Anforderung ist dabei, daß Krisenmanagement und Krisenkommunikation inhaltlich aufeinander abgestimmt sind, oder besser noch, ineinander greifen. Das konkrete Ziel ist, bereits vor dem Kriseneintritt – also in den Phasen 1 „Prävention" und 2 „Früherkennung" – Erkenntnisse und Schlußfolgerungen für die Krisenvermeidung und ggf. eine bessere Krisenbewältigung zu ziehen. Dies ist in der Abbildung als Kontinuierlicher Verbesserungsprozeß (KVP) zur Krisenbewältigung bezeichnet. In gleicher Weise gilt dies erst recht nach dem Kriseneintritt für die Phase 3 „Kriseneindämmung" und für die Phase 4 „Recovery als Neustart". Die Phase 5 „Lernen aus der Krise" hat die Zielsetzung, gesammelte Erfahrungen und gewonnene Erkenntnisse für eine bessere Krisenvorsorge in der Zukunft zu nutzen und in Verbesserungsmaßnahmen umzusetzen. Im Hinblick auf die fünf Ebenen einer Krise wird unterschieden zwischen der „Inhaltlich-prozessualen Ebene", der „Informationsebene", der „Organisationsebene", der „Kommunikationsebene" sowie zusätzlich der „psychologischen Ebene".

Hierauf wird im folgenden als notwendige Grundlage näher eingegangen, um die im siebten Kapitel durchgeführte Einordnung und Bewertung der A-Klasse-Krise anhand des Schemas der Krisenverlaufs-Matrix besser nachvollziehen zu können. Nachstehend wird zunächst auf die Ebenen, dann auf die Phasen eingegangen.

Auf der inhaltlich-prozessualen Ebene läuft die eigentliche Krise ab. Mit anderen Worten wird hier die zeitliche Abfolge aller Ereignisse dokumentiert.

Auf der internen und externen Informationsebene werden einerseits Sachverhalte analysiert, die ein frühzeitiges Erkennen von Krisenpotentialen ermöglichen und durch gezieltes Handeln den Kriseneintritt vermeiden. Andererseits erstrecken sich die Informationen auch auf die Situation nach dem Kriseneintritt, um so die Ursachen für die Krise und damit Ansatzpunkte für gezielte Gegenmaßnahmen zu erkennen.

Alle wesentlichen Gestaltungsmaßnahmen vor und nach dem Kriseneintritt werden auf der Organisationsebene festgelegt. Vor dem Kriseneintritt gehört hierzu, den Personenkreis zu bestimmen, der in das Informationsnetzwerk über alle Ebenen des Unternehmens bis in die Unternehmensspitze einbezogen ist, um so Hinweise über mögliche Krisengefahren rechtzeitig weiterzuleiten und die Gefahren früh genug zu beseitigen. Darüber hinaus ist ein internes Berichtswesen für schwache Signale aufzubauen. Nach dem Kriseneintritt ist das auf die Krisenbewältigung ausgerichtete organisatorische Netzwerk über alle Hierarchieebenen festzulegen. Eine Schlüsselrolle spielt dabei ein Krisenteam in Form einer Task Force. Um eine hohe Wirkungsintensität zu garantieren, ist es einerseits zweckmäßig, diese Task Force an die Unternehmensleitung organisatorisch anzugliedern. Andererseits muß die Task Force den direkten Zugang zur operativen Umsetzungsebene haben. Wesentlich ist sowohl vor als auch nach dem Kriseneintritt, daß die organisatorischen Zuständigkeiten und Verantwortungen so flexibel geregelt sind, daß wichtige Informationen ohne Zeitverlust über mehrere Ebenen weitergegeben werden. Je gravierender eine Krise ist, desto eher wird nicht nur der operative Prozeßverantwortliche, sondern auch die Unternehmensleitung aktiv in die Krisenbewältigung einzubeziehen sein. Dabei ist insbesondere darauf zu achten, daß für die Mitglieder bzw. den Vorsitzenden der Geschäftsleitung ein konstruktiver Aktionsspielraum bestehen bleibt, so daß Imageschäden vermieden werden. Mit anderen Worten muß sichergestellt werden, daß das Auftreten des obersten Managers eines Unternehmens nicht damit verbunden ist, daß er von den Medien hart attackiert wird oder daß er nur Maßnahmen verkünden kann, die für die Zielgruppen oder die Öffentlichkeit nachteilig sind.

Auf der intern und extern gerichteten Kommunikationsebene geht es darum, gegenüber den durch die Krise betroffenen Adressaten sowie gegenüber den Medien und der Öffentlichkeit eine möglichst schnelle und klare Kommunikation aufzubauen. Der Vorzug ist dabei in der Regel einer offensiven Kommunikation zu geben, welche durch Botschaften und Handeln verdeutlicht, daß dem Unternehmen an einer schnellen und lückenlosen Aufklärung der Krise gelegen ist. Solange Ursachen und inhaltliche Details unklar sind, steht im Mittelpunkt der Kommunikation, daß das Unternehmen genau um diese Aufklärung bemüht ist. Liegen die erforderlichen Details vor, dann konzentriert sich die Kommunikation auf konkrete Maßnahmen zur Krisenbewältigung und zur Beseitigung aufgetretener Schäden. Hilfreich ist in jedem Falle ein funktionierendes Kommunikationsnetzwerk des Unternehmens mit den Medien, das in früheren Jahren aufgebaut wurde.

Eine wesentliche Rolle nimmt die fünfte und letzte Ebene, die psychologische Ebene, bei einer Krise ein. Aufgrund der Betroffenheit einzelner Gruppen durch die Krise und deren Folgen sowie aufgrund des Überraschungseffektes und der teilweise unklaren Informationssituation gehen von der psychologischen Ebene häufig mehr negative als positive Auswirkungen aus. Die positive Ausrichtung kann durch das Verhalten des Unternehmens, also die Aufklärung durch Informationen, organisatorische Maßnahmen sowie eine eindeutig offensive Kommunikation, positiv unterstützt werden.

Im folgenden werden nun kurz die wesentlichen Ansatzpunkte und Inhalte der fünf Phasen einer Krise erläutert.

Die erste Phase „Prävention" hat zum Gegenstand, Krisenpotentiale aufzudecken, die Risiken zu bewerten und den Eintritt von Krisen durch geeignete Maßnahmen zu vermeiden. Zusätzlich soll in dieser Phase Vorsorge getroffen werden, daß auf nicht abwendbare Krisen nach dem Kriseneintritt schnell und nachhaltig in die angestrebte Richtung reagiert wird. Voraussetzung hierfür ist eine Sensibilisierung aller wichtigen Akteure im Unternehmen, ausgehend von der Unternehmensleitung über alle Ebenen. Ist sie gegeben, dann ist es möglich, im Rahmen eines systematischen Issue Management wesentliche Krisenfelder und -potentiale aus strategischer und operativer Sicht zu untersuchen. Für derartige Ursachenanalysen ist ein ausgeprägtes Krisenbewußtsein notwendig. Erfolgversprechend ist dieses Vorgehen, wenn im Unternehmen durch vertrauensbildende Maßnahmen ein offenes Umfeld vorherrscht. Eine Krisenprävention wird dann zu einer Investition in die Zukunft des Unternehmens. Im Rahmen einer Analyse der Opportunitätskosten sind dem erforderlichen Aufwand im Rahmen einer Krisenvorsorge die notwendigen Kosten zur Beseitigung negativer Folgewirkungen von Krisen gegenüberzustellen. In der Regel rechtfertigt dies in erheblichem Maße präventive Maßnahmen.

In der zweiten Phase „Früherkennung" sind diese Analysen fortzuführen und organisatorisch und instrumentell zu untermauern. Hierzu gehört beispielsweise, daß Review-Teams definiert und eingerichtet werden, die im

Bedarfsfall für eine Analyse von Krisenpotentialen und -ursachen als Sparringspartner zur Verfügung stehen. Dabei geht es darum, im Rahmen einer Frühaufklärung durch eine Suchfeldanalyse potentielle Krisenbereiche aufzudecken. Hierzu sind Indikatoren und Meßgrößen für schwache Signale im Rahmen einer Früherkennung zu formulieren. Dadurch, daß für diese Risikofaktoren Toleranzgrenzen definiert werden und deren Unter- oder Überschreiten kontinuierlich beobachtet wird, ist eine Frühwarnung möglich. In diesem Falle wird das definierte organisatorische Netzwerk mit den entsprechenden Informationen versorgt. Das Ziel ist, durch die ersten beiden Phasen das Ausbrechen einer Krise zu vermeiden.

Gelingt dies nicht, dann setzt die dritte Phase „Kriseneindämmung und Schadensbegrenzung" ein. Unmittelbar nach dem Kriseneintritt ist eine Situations- und Statusanalyse der Ereignisse vorzunehmen, auf der dann die Krisenbewältigungsstrategie aufsetzt. Bereits zu Beginn dieser Phase ist es wichtig, daß zum einen die Task Force zur Krisenbewältigung definiert wird, zum anderen aber auch die Kontaktperson als Presseverantwortlicher für die Medienarbeit des Unternehmens benannt wird. Der erste Schritt bei der Kommunikation ist eine Analyse der bisherigen Medien- und Presseberichterstattung. Solange die Krisenursachen und die inhaltlichen Details nicht eindeutig geklärt sind, erstreckt sich die zentrale Botschaft gegenüber den Medien darauf, eine lückenlose Aufklärung im Sinne des „We care" zu betonen. Nicht selten ist es empfehlenswert, den Willen und die Neutralität der Aufklärung dadurch zu untermauern, daß ein – ggf. internationales – Expertengremium ins Leben gerufen wird. Zusätzlich sind Buzz-Words, die leicht zu verzerren oder falsch zu interpretieren sind, gegenüber den Medien zu vermeiden.

In dieser Phase zeigt sich die Qualität des im Vorfeld erarbeiteten Krisenplans. Er ist jetzt zu aktivieren und bei Bedarf an die spezielle Situation anzupassen. Bei allen operativen Entscheidungen sind nicht nur die akuten Kosten, sondern auch die Folgewirkungen unter Kosten-Nutzen-Gesichtspunkten zu beurteilen. Dies ist eine wesentliche Aufgabe der Task Force als Krisenmanagement-Team mit den zusätzlich angegliederten Experten. Dabei sind auch in dieser Phase jeweils die Opportunitätskosten zu ermitteln. Hierdurch wird der Handlungsspielraum zur Krisenbewältigung eher größer, denn über die Opportunitätskosten ist nachvollziehbar, welche negativen Auswirkungen auf das Unternehmen ohne ein zielgerichtetes und schnelles Handeln zukämen. Wichtig ist in dieser Phase, daß durch das auf einem Krisenplan basierende, konsequente Handeln ein Lähmungszustand nach dem Kriseneintritt vermieden wird. Wertvolle Zeit und Motivation gehen anderenfalls verloren.

In der vierten Phase „Recovery als Neustart" geht es darum, nach der akuten Krisenbewältigung durch weitergehende und auch strategisch ausgerichtete Maßnahmen wieder den Normalzustand des Unternehmens zu erreichen. Dabei wird die in der Regel positive Ausgangssituation vor der Krise erneut angestrebt. Die Task Force bleibt in dieser Phase – auch wenn die Kernarbeit abgeschlossen ist – zumindest noch auf Abruf bestehen. Mit der Rückkehr auf Normalniveau, und dies bedeutet dann auch zum Tagesgeschäft, ist in der Regel ebenfalls eine Wiederaufnahme der Werbung in der früheren Ausrichtung verbunden. Wichtig ist dabei, daß die Krise in ausreichendem Maße extern, aber auch intern mental aufgearbeitet und bewältigt wird. Denn anderenfalls besteht noch ein Vertrauensdefizit der eigenen Zielgruppen und der Öffentlichkeit in das Unternehmen, sein Management und seine Produkte. Deshalb ist zum einen diese Vertrauensbasis durch geeignete Kommunikationsmaßnahmen zu schaffen. Zum anderen sind krisenüberwindende Maßnahmen mit großer Hebelwirkung für die Zukunft zu analysieren und umzusetzen.

Die abschließende Phase „Lernen aus der Krise" konzentriert sich in der Regel auf ein Präventivprogramm bezogen auf zukünftige Krisenpotentiale. Dokumentierte wesentliche Inhalte der Krise und ihrer Bewältigung helfen dabei, in allen wichtigen Bereichen dieses Erfahrungswissen in konkrete Verbesserungsmaßnahmen für die Zukunft umzusetzen. Vor allem krisentreibende Faktoren und Ursachen sind herauszuarbeiten. Ein externes Benchmarking führt in dieser Phase zu einer Horizonterweiterung und ermöglicht häufig Maßnahmen von größerer Tragweite. Diese Vorgehensweise nach innen ist durch eine Kommunikation nach außen zu ergänzen, die in gleicher Weise betont „Wir haben dazugelernt". Eine auf diesem Wege bewältigte Krise verhilft dem Unternehmen demnach zu einem wesentlichen Schritt in Richtung auf eine „Lernende Organisation". Gerade die in der überstandenen Krise aktiven Führungskräfte können hierzu einen entscheidenden Beitrag leisten.

6.2. Verlauf und Probleme von Krisen

In Abbildung 6.1.-1 ist in der Krisenverlaufs-Matrix gekennzeichnet worden, welches die Kernfelder in jeder Phase einer Krise sind. Hierauf soll im folgenden kurz eingegangen werden. Dabei werden wesentliche Anforderungen und Probleme werden dabei angesprochen.

Wie ersichtlich ist, umfaßt die Prävention zwei Kernebenen, nämlich die inhaltlich-prozessuale Ebene sowie die psychologische Ebene. Dies ist insofern leicht nachvollziehbar, da alle vorbeugenden Maßnahmen eine entsprechende Einstellung, Sensibilisierung und ein Bewußtsein voraussetzen, um sich überhaupt mit einem derartigen, schwer greifbaren und überwiegend nur qualitativ beantwortbaren Thema und Problem zu befassen. Aufgabe der Unternehmensleitung ist es also, auf der psychologischen Ebene diese Motivation und diese Bereitschaft zum prospektiven Denken und Handeln zu schaffen. Auf der inhaltlich-prozessualen Ebene sind dann die Krisenfelder zu definieren und die Krisenpotentiale zu analysieren, in ihren Risikodimensionen abzuschätzen und durch einen umfassenden Krisenplan abzudecken.

Die Kernaktivitäten in der zweiten Phase, der Früherkennung, liegen ausschließlich auf der Informationsebene. Hier geht es also darum, im Zeitablauf mit einem möglichst großen zeitlichen Vorlauf sich abzeichnende Krisengefahren aufzudecken und in ihren möglichen Auswirkungen zu bewerten. Auch hierfür ist neben allem erforderlichen methodischen und instrumentellen Wissen ein entsprechendes Bewußtsein zu schaffen.

Bei der dritten Phase, der Kriseneindämmung, gehören alle Ebenen zu den Kernfeldern. Das ist plausibel, da mit dem Kriseneintritt der Normalbereich verlassen wird, ein Ausnahmezustand für das Unternehmen plötzlich eingetreten ist und nicht nur Inhalte und Prozesse einzelner Krisenereignisse zu Tage treten, sondern auch alle Maßnahmen zur Eindämmung und Bewältigung in den Bereichen Information, Organisation und Kommunikation schnell und nachhaltig umgesetzt werden müssen. Die psychologische Ebene hat in der skizzierten Weise eine wichtige konstruktive und unterstützende Wirkung zu übernehmen. Bei einem unzureichenden Krisenmanagement besteht schnell die Gefahr, daß sich destruktive Wirkungen einstellen. Die

Anforderungen und Probleme gehen also dahin, alle diese Kernfelder in einem inhaltlichen Netzwerk miteinander zu verknüpfen. Wenn hier Defizite auftreten, kann die Krisensituation mit negativen Auswirkungen eskalieren und die Krisenbewältigung deutlich erschwert sowie auch verzögert werden.

Sowohl bei dieser dritten Phase als auch bei der vierten Phase, dem Recovery als Neustart, kommt der Verzahnung von Krisenmanagement und Krisenkommunikation eine zentrale Bedeutung zu. Wie ausgeführt wurde, muß hier das Verhältnis der eingeleiteten Verbesserungsmaßnahmen und der kommunizierten Botschaften an die Zielgruppen und die Öffentlichkeit geplant und ausbalanciert werden. Gelingt dies, dann ist damit erst der Grundstock für eine Rückkehr auf Normalniveau und damit einen Normalzustand geschaffen.

In der fünften Phase, dem Lernen aus der Krise, verlagern sich die Kernfelder stärker auf die Ebenen der Organisation und Information. Dies ist insofern leicht nachvollziehbar, als nach einer durchstandenen Krise die Kommunikation mit den Akteuren und Zielgruppen nicht mehr im Vordergrund steht, sondern die gemachten Erfahrungen und das angesammelte Wissen sowohl in organisatorische Verbesserungsmaßnahmen umzusetzen sind als auch auf der Informationsebene zur Vermeidung zukünftiger Krisen zu nutzen sind.

Anmerkungen

[1]   Vgl. hierzu auch Mitroff, 1988, S.19.

7. Die Krise der A-Klasse: Analyse und Einordnung in die Krisenverlaufs-Matrix

In diesem Kapitel werden die im ersten, vierten und fünften Kapitel dargestellten Inhalte einer detaillierten Analyse unterzogen, diskutiert und bewertet. Dabei handelt es sich um Ereignisse während der Krise, um Aktionen
vor der Krise, um Reaktionen nach dem Kriseneintritt sowie vor allem auch
um Verbesserungsmaßnahmen.

7.1. Abweichender Phasenverlauf zur Krisenvorsorge

Vergleicht man die dargestellten Inhalte, Aktivitäten und Phasen der Krise
um die A-Klasse mit dem referierten idealtypischen Modell der fünf Phasen
einer erfolgreichen Krisenbewältigung, so zeigt sich, daß die Krise bei der
A-Klasse davon abweichend abgelaufen ist. Eine Gegenüberstellung des
idealtypischen Ablaufs und des Phasenablaufs der A-Klasse-Krise ist in
Abbildung 7.1.-1 wiedergegeben. Im Hinblick auf eine gesamte Krisenvorsorge ist wenig aktive Krisenvorsorge, also kaum Prävention (Phase 1) und
Früherkennung (Phase 2), betrieben worden. Erst das Eintreten der Krise
hat einen Krisenbewältigungsmechanismus und damit die Phase 3 als Kriseneindämmung und Schadensbegrenzung ausgelöst. Die weitgehend fehlende Prävention und Früherkennung waren eine wesentliche Ursache
dafür, daß das Unternehmen unmittelbar nach dem Kriseneintritt nicht ausreichend reagiert hat. Erst zu einem späteren Zeitpunkt ist dies im Unternehmen erkannt worden, wie das Zitat des PKW-Vorstandsmitglieds von
Daimler-Benz, J. Hubbert, belegt: „Es hat uns kalt erwischt"[1]

Nach Eintritt der Krise sind die Phasen „Kriseneindämmung" (Phase 3) und
„Recovery" (Phase 4) zeitlich wie bei jeder Krise abgelaufen. Die Phase 5
„Lernen aus der Krise" hat sich nicht erst daran angeschlossen. Sie war
bereits unmittelbar nach dem Kriseneintritt Bestandteil der Krisenbewältigung. Zugleich war sie – da die Phasen der Prävention und Früherkennung
vorher nicht durchgeführt wurden – aber auch Bestandteil der auf die
Zukunft gerichteten Krisenvorsorge. Damit wird generell klar: Wenn Aktivitäten zur Krisenvorsorge fehlen, dann nimmt die Phase „Lernen aus der
Krise" eine starke und in dieser Form doppelte Rolle ein.

In Abbildung 7.1.-2 sind bezogen auf die Phasen die Hauptaktivitäten zur
Bewältigung der A-Klasse-Krise aufgelistet. Durch die in den vorangegan-
genen Kapiteln dargestellten Details sind die Inhalte der Phasen „Krisenein-

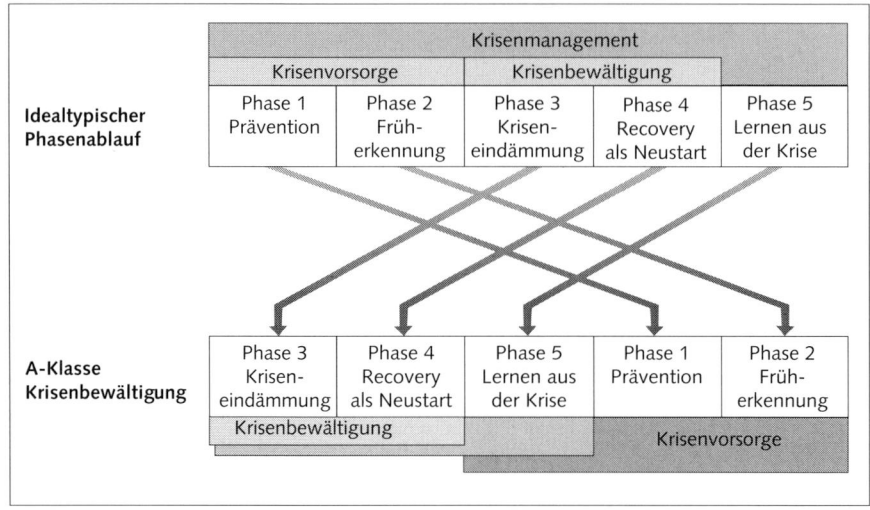

Abbildung 7.1.-1: Abweichender Phasenverlauf bei der A-Klasse-Krise

dämmung und Schadensbegrenzung" (3), „Recovery als Neustart" (4) und „Lernen aus der Krise" (5) leicht nachvollziehbar.

Die Zusammenstellung zeigt, daß die Phase der Kriseneindämmung und Schadensbegrenzung vom 21. Oktober bis zum 8. Dezember 1997 dauerte, also vom Zeitpunkt des Kriseneintritts bis zu dem Zeitpunkt, an dem tragfähige Maßnahmen erarbeitet und kommuniziert worden waren. Mit dem Fahrtest in Idiada/Spanien am 8. Dezember 1997, der anschließend in den Medien stark kommuniziert wurde, begann die Hauptphase „Recovery als Neustart". Sie dauerte bis zum Wiederbeginn der Auslieferung am 26. Februar 1998.

Das Lernen aus der Krise setzte – wie Abbildung 7.1.-2 erkennen läßt – bereits mit der Einrichtung der Task Force am 26. Oktober 1997 ein. Der Lernprozeß vollzog sich vor allem an einer nicht immer geglückten Kommunikation mit den Medien, wie zum Beispiel im Hinblick auf die Verwendung von Buzz-Words. Ein weiterer wichtiger Baustein für das Lernen war die Überprüfung von Organisationsstrukturen, insbesondere bezogen auf die Krisensituation. Mit der Überprüfung dieser Strukturen sollten unter anderem Fragen geklärt werden, wie: „Welche Funktionsträger kommunizieren nach einem Kriseneintritt mit den Medien?", „Wie sollte die Organi-

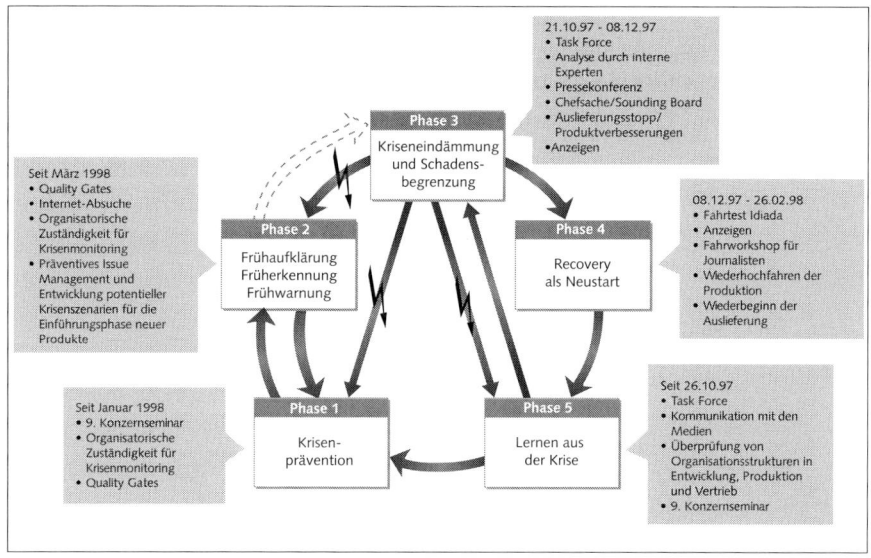

Abbildung 7.1.-2: Reihenfolge und Kernmaßnahmen der fünf Phasen zur
Bewältigung der A-Klasse-Krise

sation für die Krisenbewältigung aussehen?" und „Wie werden in Zukunft
organisatorische Maßnahmen für eine Krisenprävention getroffen?". Aufgrund der vorher nur geringen Krisenprävention wurden als wichtig erkannte Verbesserungsmaßnahmen bereits unmittelbar aus der Phase „Lernen aus
der Krise" in die Phase „Kriseneindämmung und Schadensbegrenzung"
rückgekoppelt.

Die beiden Phasen „Krisenprävention" und „Frühaufklärung/Früherken-
nung/Frühwarnung" haben – zukunftsbezogen – durch den Kriseneintritt
erst begonnen. Die Verbindungslinien mit den „Hochspannungspfeilen"
kennzeichnen, daß sie beide jedoch insofern zu spät, nämlich erst nach
einer aktuellen Krise, durchlaufen wurden. Damit konnten sie für die A-
Klasse-Krise ihre Funktion nicht ausfüllen. Wie ersichtlich ist, sind die
Beziehungen zwischen diesen beiden Phasen gegenläufig gezeichnet. Dies
liegt darin begründet, daß während der Krise zum einen Maßnahmen ergriffen wurden, die auf eine zukünftige Krisenprävention ausgerichtet sind oder
sein sollen. Zum anderen war es jedoch erforderlich, zugleich die Maßnahmen der Früherkennung zu forcieren, um im Zeitablauf neue Krisengefahren und Krisenfälle zu vermeiden. Zur Krisenprävention zählte u.a. die Auf-

gabenstellung an das 9. Konzernseminar seit Januar 1998, Verbesserungs-vorschläge in diese Richtung zu entwickeln. Ebenfalls dazu gehörte das Krisenmonitoring als Issue Management. Hierunter wird eine präventive Beobachtung von Krisenpotentialen mit dem Ziel der Krisenvermeidung verstanden. Ein weiterer wesentlicher Maßnahmenkomplex sind die Quality Gates, obwohl ihnen in stärkerem Maße eine Frühwarnfunktion zukommt. Allein dadurch, daß sie definiert sind und deshalb alle Betroffenen wissen, daß sie diese unbedingt einhalten müssen, erfüllen sie aber zusätzlich auch eine Präventionsfunktion. Auf Details dieser beiden Phasen wird im Unter-kapitel 7.3. noch einmal eingegangen.

Maßnahmen zur zukunftsgerichteten Frühaufklärung, -erkennung und -war-nung wurden ab März 1998 ergriffen. Hierzu gehören insbesondere die oben angesprochenen Quality Gates im Entwicklungs- und Produktionspro-zeß sowie das Instrument der Internetabsuche auf schwache Signale für zukünftige Krisenthemen. Inzwischen gehört zu jeder Neuprodukt-Vorstel-lung die präventive Erarbeitung potentieller Krisenszenarien und das Auf-zeigen von Gegenmaßnahmen. Das Internet als Instrument der Krisenkom-munikation ist bereits zur Schadensbegrenzung in der A-Klasse-Krise ge-nutzt worden, indem Informationen zu dem „Elchtest" ins Internet gestellt wurden[2], um diese direkt und ungefiltert – also ohne die Zwischenstufe der Presse – an die Öffentlichkeit weiterzugeben.

Eigentlich gab es bei dem Fahrtest in Dänemark im September 1997 bereits Anzeichen und damit die Chance für eine Früherkennung der sich anbah-nenden Krise, auch wenn die Reaktionszeit und die -möglichkeiten vier Wochen vor der Markteinführung nur gering waren. Von daher ist es also keine Früherkennung oder Frühwarnung mehr, sondern nur noch eine „Vor-warnung".

Der gestrichelte Pfeil von der Phase der Früherkennung zur Phase der Kri-seneindämmung und Schadensbegrenzung symbolisiert generell und damit auch bezogen auf die A-Klasse, daß praktisch keine Maßnahme der Früher-kennung geeignet ist, nach dem Kriseneintritt Unterstützung zur Bewälti-gung von weiteren negativen Krisenauswirkungen zu leisten. Diese Unter-stützung kann im Vorfeld nur die Phase der Krisenprävention leisten, bei der zum einen Vorsorge getroffen wird, daß eine Krise nicht eintritt, und zum anderen, daß die Krisenbewältigung möglichst gut und erfolgreich verläuft, wenn der Kriseneintritt nicht abwendbar war. Im Falle der A-Klasse ist ohne eine Krisenprävention und eine Früherkennung also nur im nachhinein eine Aufklärung des Krisenfalles möglich.

Der Ablauf und die Reihenfolge der einzelnen Phasen, wie sie bei der A-Klasse-Krise gegeben waren, sind nicht selten und nicht realitätsfern. Wenn erst nach dem Kriseneintritt Aktivitäten in Richtung auf eine unterstützende Rolle der Krisenprävention und eine frühzeitigere Informationsbeschaffung unternommen werden, dann entspricht dies – um es mit einem Bild auszudrücken – einer „Feuerwehrfunktion" und keiner Krisenvorsorge mit dem Ziel einer Krisenvermeidung.

Das Bild der Feuerwehr ist eine zutreffende Metapher für den Ablauf einer Krisenbewältigung: Die Feuerwehr trifft erst ein, wenn ein Haus brennt. Sie betreibt also nur eine aktive Kriseneindämmung und Schadensbegrenzung. Hat sie, weil sie bereits vorab konsultiert wird, aber die Möglichkeit, im Vorfeld eine Schadensprävention durch eine entsprechende Beratung und Gestaltung vorzunehmen, dann sind die Brandgefahren und ein akuter Brand- und Löschfall deutlich seltener. Wenn es dennoch durch eine Verkettung unglücklicher Ereignisse zu einem Brand kommt, dann bestehen immer noch zwei positive Effekte in dieser negativen Situation: Zum einen ist davon auszugehen, daß die Brandverhütungsmaßnahmen ein schnelles Ausdehnen und Übergreifen des Feuers eher verhindern. Zum anderen ist die Feuerwehr durch einen entsprechenden Einsatzplan und die vorhandene Ortskenntnis eher in der Lage, beim akuten Brandfall schnell, gezielt und nachhaltig zu reagieren. Dieses Bild läßt sich auf den Ablauf eines Krisenfalls übertragen, in Abhängigkeit davon, ob die beiden Vorsorgephasen vorab durchlaufen wurden oder nicht.

7.2. Die A-Klasse-Krise in der Krisenverlaufs-Matrix: Analyse des Krisenmanagement und der Krisenkommunikation

Das im sechsten Kapitel kurz angesprochene Instrumentarium für die phasen- und ebenenbezogene Unterscheidung eines Krisenverlaufs wird herangezogen, um die in den ersten Kapiteln beschriebene Krise um die A-Klasse aussagefähig in die Krisenverlaufs-Matrix einzuordnen. Dies erfolgt anhand wesentlicher Maßnahmen in Abbildung 7.2.-1 und enthält damit die „Ist-Kennzeichnung" der Krisenbewältigung.

Nachdem im ersten Kapitel die „Geschichte der A-Klasse" beschrieben, im zweiten Kapitel die Presseresonanz referiert wurde und im Unterkapitel 5.2. der Elchtest und seine Folgen untersucht wurden, folgt jetzt eine Detailanalyse wesentlicher Inhalte und Maßnahmen des Krisenmanagement und der Krisenkommunikation. Im Vordergrund steht hier also das „Sezieren" der A-Klasse-Krise in den verschiedenen Phasen und auf den einzelnen Ebenen nach übergeordneten und in sich weitgehend geschlossenen Themenkomplexen. Abbildung 7.2.-1 gibt hierzu einen groben Überblick, wo die einzelnen Maßnahmen angesetzt und wie sie ausgestrahlt und gewirkt haben.

Auf der Grundlage der Ausführungen in Unterkapitel 7.1. gibt die Krisenverlaufs-Matrix der A-Klasse in Abbildung 7.2.-2 die für diesen Fall zutreffende Phasenfolge wieder. Aufgeführt sind die inhaltlichen Details in den Phasen „Kriseneindämmung", „Recovery als Neustart" und „Lernen aus der Krise". Die Phasen „Prävention" und „Früherkennung" haben im Vorfeld der Krise kaum stattgefunden, so daß zumindest hier keine inhaltlichen Details aufgeführt werden. Vor der Phase der Kriseneindämmung gab es lediglich die vorstehend bereits angesprochene „Vorwarnung" mit einem zeitlichen Vorlauf von wenigen Wochen.

Die einzelnen Themenkomplexe, auf die im folgenden näher eingegangen und die den beiden Analyseschwerpunkten Krisenmanagement und Krisenkommunikation zugeordnet werden, sind:

■ Die Task Force
(⇒ Krisenmanagement)

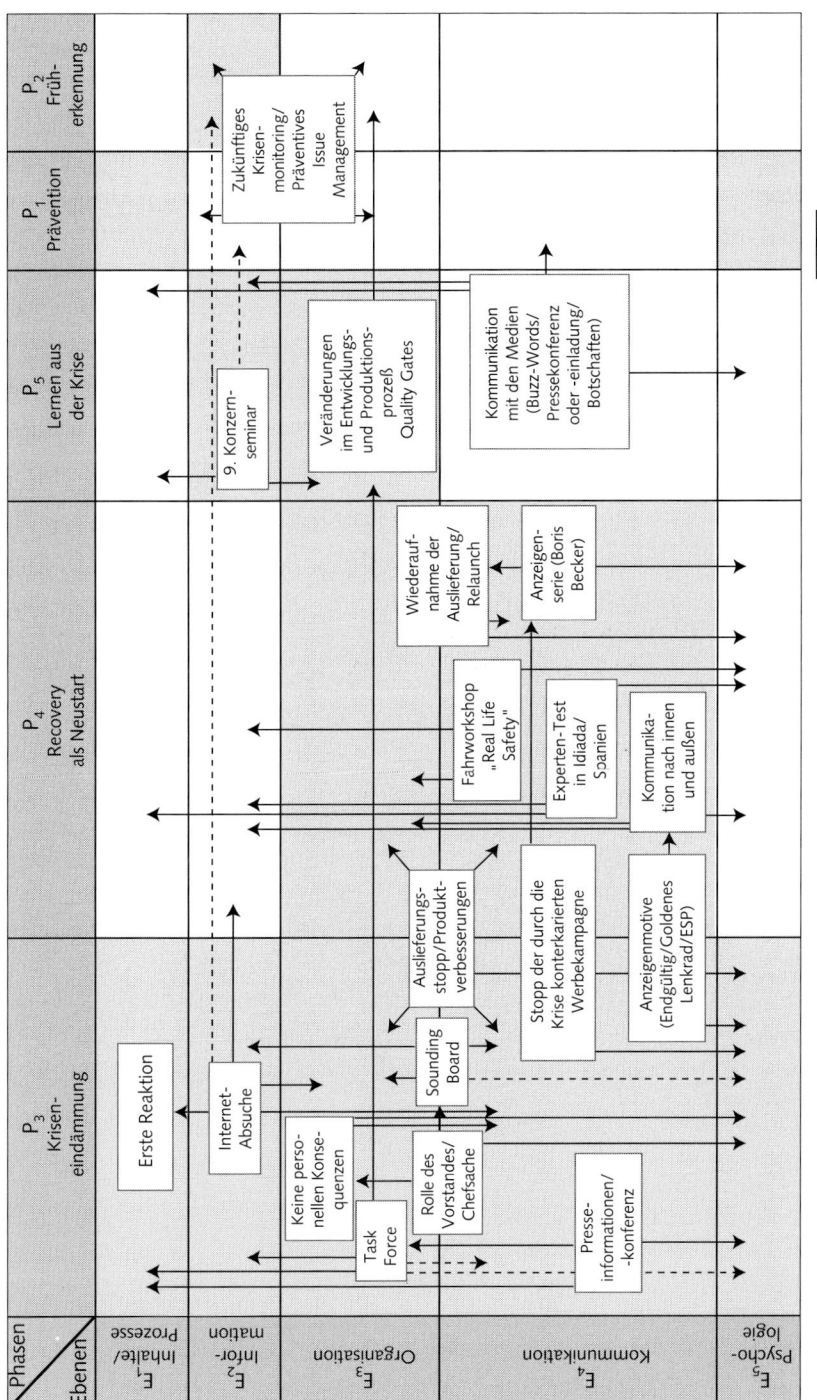

Abbildung 7.2.-1: A-Klasse: Zuordnung wesentlicher Maßnahmen in die Krisenverlaufs-Matrix

	Vorwarnung	Kriseneindämmung
Inhalte/ Prozesse	❏ Ausweichtest in Dänemark am 23.09.1997 für „Auto des Jahres": Bei Kurvenfahrt mit 55 km/h hoben die inneren Räder ab; es werden keine Konsequenzen daraus gezogen	❏ 21.10.97 nicht bestandener Elchtest drei Tage nach der Markteinführung am 18.10.97 als Kriseneintritt ❏ 27.10.97 Ankündigung: A-Klasse erhält „Großen Österreichischen Automobilpreis in Gold" ❏ 10.11.97 Verleihung „Großer Österreichischer Automobilpreis inGold" ❏ 12.11.97 Verleihung „Goldenes Lenkrad" für A-Klasse
Information	❏ Vermutung in der „Time, 08.12.97: Das mittlere Management habe um die Probleme der Stabilität der A-Klasse gewußt, aber die Information nicht oder zumindest nicht in vollem Umfang und voller Tragweite weitergegeben; Einschätzung des mittleren Management: Der Wagen ist gut genug	
Organisation	❏ Pressesprecher und Fahrzeugexperten untersuchen den Vorfall, es werden jedoch keine weitergehenden Konsequenzen gezogen	❏ Ab 26.10.97 10-köpfige Task Force kümmert sich bis zu 17 Stunden am Tag um die A-Klasse ❏ Test durch TÜV als Expertengremium vor der Pressekonferenz am 29.10.97 ❏ 09.11.97 Krisensitzung im Privathaus von J.E. Schrempp ❏ 10.11.97 Sounding Board und Vorstandssitzung ❏ Insgesamt 200 der besten Daimler-Manager/-Experten entwickeln mit der Task Force einen Maßnahmenplan, der mit dem Auslieferungsstopp bekanntgegeben wird ❏ 11.11.97 Auslieferungsstopp der A-Klasse mit Ankündigung der Wiederauslieferung in 12 Wochen
Kommunikation		❏ 23.10.97 Konzerninformation von Daimler-Benz: Vermutung einer provozierten extremen Fahrsituation/sofortige Untersuchung eingeleitet ❏ 29.10.97 Pressekonferenz: A-Klasse erhält andere Reifen und wird zusätzlich mit ESP serienmäßig ausgestattet ❏ 29.10.97 Versand eines Videos mit TÜV-Test an Mitarbeiter und Kunden ❏ 31.10.97 für Presse wird A-Klasse zur „Chefsache" ❏ 10.11.97 Die Welt: Zetsche und Hubbert müssen Fehler öffentlich zugeben, erst danach macht Schrempp die A-Klasse zur Chefsache ❏ 11.11.97 Pressemitteilung zum Auslieferungsstopp „Wir haben die Lösung" ❏ 11.11.97 Brief an Mitarbeiter ❏ 12.11.97 Anzeige „...Diskussion beenden. Endgültig." ❏ 14.11.97 Anzeige „Goldenes Lenkrad" ❏ 19.11.97 Brief an Kunden
Psychologie		❏ Problem des nicht bestandenen Elchtests direkt nach Kriseneintritt in seiner Brisanz und Auswirkung falsch eingeschätzt ❏ „Spiegel", 45/97: „verheerendes Kesseltreiben" und Schadenfreude ❏ Ende Oktober 97 forsa-Umfrage: 86% der Deutschen kennen die A-Klasse-Krise

Abbildung 7.2.-2: Krisenverlaufs-Matrix der A-Klasse-Krise

Recovery als Neustart	Lernen aus der Krise	Prävention	Früh-erkennung
❏ Mitte Dezember 1997 250 Neubestellungen pro Tag		❏ Ziel: zukünftige Vermeidung von Krisen	
	❏ 9. Konzernseminar ab Januar 98 zur Analyse der Krise und ihrer Ursachen sowie Vergleich mit Krisen in anderen Unternehmen ❏ Quality Gates als definierte umfassende Check-ups mit Frühwarnfunktion ❏ Präventives Issue Management und Entwicklung potentieller Krisenszenarien für Neuprodukte ❏ Internet-Absuche zum früheren Erkennen negativer öffentlicher Meinungen		
❏ 08.12.97 Fahrtests in Idiada/Spanien mit Experten ❏ 19.-30.01.98 Fahrworkshop „Real Life Safety" für 450 Journalisten ❏ Anfang Februar 1998 Wiederhochfahren der Produktion mit allen Verbesserungen/ Neuerungen ❏ 26.02.98 Wiederauslieferung der A-Klasse	❏ Laut „Focus" vom 8.12.97 sagte Schrempp: Überprüfen der gesamten Organisationsstruktur, um neue Krisen zu vermeiden und um vor allem sicherzustellen, daß schlechte Nachrichten im Unternehmen genauso schnell weitergegeben werden wie gute ❏ Überprüfung von Entwicklung, Produktion und Vertrieb ❏ Organisatorische Zuständigkeit für Krisenmonitoring ❏ Lagezentrum		
❏ Anzeige „Endgültig" nach Elchtest nur von Experten als arrogant und nicht kundenbezogen bewertet ❏ Die neue Anzeigenserie direkt nach dem Lieferstopp geht in die richtige Richtung, kommt aber deutlich zu spät ❏ 10.12.97 Anzeige „Testimonial in Idiada/Spanien" ❏ 15.12.97 Anzeige „Das tut ESP." ❏ 12.01.98 Pressemitteilung „Die neue A-Klasse" ❏ Zugeben von Fehlern in der neuen Anzeigenkampagne im Februar/März 98 mit Boris Becker-Moti-ven und damit offene Be-handlung der Probleme	❏ Kommunikation mit den Medien/Kommunikationsnetzwerk ausbauen		
❏ 26.11.1997 forsa-Umfrage: 50% halten die A-Klasse trotz Elchtest-Krise für ein sicheres Fahrzeug			

          Kernfelder pro Phase

- Die Kommunikation mit den Medien und die Pressekonferenz am 29. Oktober 1997
  (⇒ Krisenkommunikation)

- Die Anzeigenmotive, inneren Bilder und Imagewirkungen
  (⇒ Krisenkommunikation)

- Die Stellung, Aufgabe und Unterstützung des Vorstandes
  (⇒ Krisenmanagement)

- Die Frage personeller Konsequenzen
  (⇒ Krisenmanagement)

- Der Auslieferungsstopp und die Produktverbesserungen
  (⇒ Krisenmanagement)

- Die Kommunikation mit den Mitarbeitern und den Kunden
  (⇒ Krisenkommunikation)

Diese Themenschwerpunkte werden jeweils im Gesamtzusammenhang mit den entsprechenden Auswirkungen auf alle betroffenen Ebenen und deren Vernetzung über die Phasen dargestellt.

Sie sind so gebildet, daß sie vor allem das Krisenmanagement und die Krisenkommunikation als zentrale Ansatzpunkte zur Bewältigung einer Krise in Details ausführen und in ihrer geforderten Verzahnung analysieren. Aus der obigen Auflistung läßt sich nachvollziehen, welchem der beiden Kernbereiche die einzelnen Themenkomplexe zuzuordnen sind.

Bewertung der Reaktionszeit

Bevor jedoch auf die einzelnen Themenkomplexe näher eingegangen wird, erfolgt eine Bewertung der Reaktionszeit. Kurze Reaktionszeiten und gleichzeitig hohe inhaltliche Anforderungen sind die grundlegenden Kennzeichen einer erfolgreichen Krisenbewältigung. Diese Situationsdeterminanten lagen auch bei der A-Klasse zugrunde. Die Situation gestaltete sich aber dadurch noch schwieriger, daß es keine ausreichende und vor allem wirkungsvolle Krisenprävention gab. Somit konnte auf kein im Vorfeld zusammengetragenes Wissen oder auf bereits dokumentierte Erfahrungen aus der Vergangenheit zurückgegriffen werden.

Alle einzelnen Aktivitäten mußten schnell durchlaufen werden, um nach einer notwendigen, tiefgehenden Analyse sofort über mehrere Handlungsalternativen zu einer Entscheidung zu kommen. Hinzu kam, daß auch Ereignisse eintraten, die nicht in das vorgedachte Raster paßten und von daher den Zeit- und Handlungsdruck noch erhöhten. Besonders schwierig wurde die Krise in den Situationen, in denen vom Unternehmen falsch oder schlecht reagiert wurde, wie beispielsweise einzelne undiplomatische Aussagen gegenüber der Presse, die dann anders interpretiert wurden. Der Überraschungseffekt und die nicht vollzogene Vorbereitung waren ein Grund, warum die Kräfte auf die wesentlichen Aktivitäten konzentriert werden mußten. Damit konnte die Krise nicht in jeder Hinsicht elegant gemeistert werden. Bei der Darstellung der folgenden inhaltlichen Schwerpunkte wird hierauf an verschiedenen Stellen eingegangen.

Der Zeit- und Inhaltsdruck bezogen auf die umzusetzenden Maßnahmen wurde zusätzlich dadurch verstärkt, daß die Aktie der Daimler-Benz AG nach dem Kriseneintritt durch den nicht bestandenen Elchtest vorübergehend 14% ihres Wertes verlor.[3] Damit wird noch einmal offenkundig, daß durch die Krise nicht nur eine Verunsicherung der Mitarbeiter und Kunden ausgelöst wurde, sondern offensichtlich auch an den Finanzmärkten, also bei den Aktionären. Dadurch wird zugleich klar, daß die Investor Relations bei jeder Krise eine hohe Bedeutung einnehmen. Denn von der Öffentlichkeit wird die Auswirkung auf den direkt wahrnehmbaren Börsenkurs als Indikator für die Schwere der Krise gewertet.

Um zu einem Urteil bezüglich der Schnelligkeit der Reaktion zu kommen, ist sie am besten im Verlauf der Zeitschiene zu betrachten. Am 21. Oktober 1997 wurde der Elchtest nicht bestanden. Am 29. Oktober 1997 fand die erste Pressekonferenz statt. Diese Zeitspanne von einer Woche ist unter zweierlei Aspekten zu bewerten:

Zum einen sind acht Tage nach dem Krisenfall eine lange Zeitspanne. Dies gilt auch unter dem Aspekt, daß die Kommunikation über den Krisenfall in Deutschland erst ca. am 23. Oktober 1997 einsetzte. Das Problem ist, daß eine derartige Krise, auf die sich das Unternehmen nicht sofort und intensiv zu Wort meldet, dann in der Presse dazu führt, daß zahlreiche Spekulationen angestellt werden. Von daher entstand die Situation eines Vakuums, das durch die Presse selbst mit „Nachrichten" ausgefüllt wurde.

Zwar wurden zur Aufklärung des Vorfalls von Daimler-Benz eine Reihe von Tests nach dem 21. Oktober 1997 mit der A-Klasse durchgeführt. Allerdings waren zu Beginn nur eingeschränkte interne Tests möglich, denn die Entwicklungsingenieure der A-Klasse waren auch in Tokio. Ab dem 23. Oktober 1997 wurde unter der Leitung des Projektleiters A-Klasse nahezu rund um die Uhr getestet. Am 25. Oktober 1997 flogen Entwicklungsvorstand H. Petri und Pressesprecher W. Inhester morgens zu den laufenden Tests nach Papenburg. Um 0.45 Uhr am Sonntag, dem 26. Oktober 1997, fuhr W. Inhester erstmals eine A-Klasse mit ESP und plädierte anschließend vehement für den Serieneinbau. In einem Telefonat um 7.45 Uhr mit J. Hubbert sagte er: „Damit haben wir das sicherste Auto in dieser Klasse und sind auch vor möglichem Mißbrauch geschützt. Denn wenn das Spiel heißt ‚Autos umwerfen‘, haben wir keine Chance.“

Da es an diesem Sonntagmorgen in Papenburg regnete, flog das gesamte Testteam am frühen Morgen nach Idiada bei Barcelona, um dort weiter zu testen. Noch in der Nacht wurden mehrere A-Klassen nach Idiada in Marsch gesetzt und der Leiter der ESP-Entwicklung nach den erfolgreichen Tests in Papenburg um 1:30 Uhr angerufen und ebenfalls nach Spanien beordert. Mit dabei waren auch zwei TÜV-Experten, ein Kamerateam und ein Fotograf, um die TÜV-Tests mit serienmäßigen A-Klassen zu dokumentieren.

J. Hubbert wurde den ganzen Tag über telefonisch informiert. Gegen 21.30 Uhr, unmittelbar nach der Rückkehr aus Idiada, trafen sich J.E. Schrempp, die PKW-Vorstandsmitglieder und W. Inhester in Stuttgart-Möhringen, um die Testergebnisse gerade im Hinblick auf den Einsatz des ESP zu diskutieren. Dabei wurden die Einberufung der Pressekonferenz und die Einsetzung einer Task Force beschlossen. W. Inhester und der Assistent von J. Hubbert bekamen den Auftrag, für den kommenden Tag die definierten Mitglieder zur ersten Sitzung einzuladen. Die aus Tokio am 24. Oktober 1997 abgereisten Ingenieure und Pressesprecher waren fast 60 Stunden ununterbrochen im Einsatz.

In keinem bis dahin von Daimler-Benz durchgeführten Test kippte oder fiel die A-Klasse um, so daß die Ursache für das Umfallen in Schweden schwieriger nachzuvollziehen war. Dies hatte wiederum einen Einfluß auf die

Reaktionszeit. Allerdings ist zu berücksichtigen, daß eine pressewirksame Reaktion des Unternehmens vor allem nur dann Sinn macht, wenn bei dieser Pressekonferenz detailliert über Maßnahmen berichtet werden kann, die ergriffen werden. Dies setzte voraus, daß diese Maßnahmen in ihrer Wirksamkeit und vor allem auch in der zeitlichen Umsetzbarkeit vorher getestet wurden, bevor sie kommuniziert wurden. Dies galt insbesondere nicht nur für die Veränderungen am Fahrzeug der A-Klasse, sondern auch für den Einbau des ESP. Bei der Pressekonferenz am 29. Oktober 1997 ist also diese Analyse bereits vorher vollzogen worden. Unter diesem Blickwinkel war eine Reaktionszeit von acht Tagen sehr kurz und damit die Reaktion insgesamt sehr schnell.

Am 11. November 1997 erfolgte dann die Bekanntgabe des Auslieferungsstopps. Zugleich war dies mit einer zeitlich präzisen Ankündigung der Wiederaufnahme der Auslieferung verbunden. Das Unternehmen bezifferte den Zeitraum von 12 Wochen, um das Problem zu lösen. Auch diese Zeitspanne ist vorher daraufhin geprüft worden, ob alle vorgesehenen Verbesserungen in dieser Zeit durchgeführt werden konnten. Unter diesem Blickwinkel war also auch diese Zeitspanne relativ kurz. Die schnelle Umsetzung des Einbaus von ESP während des Auslieferungsstopps von – angekündigten – drei Monaten ist jedoch vor dem Hintergrund zu sehen, daß von vornherein ESP für die A-Klasse als Zusatzausstattung gegen Preisaufschlag vorgesehen war. Von daher waren die technischen Voraussetzungen geschaffen, ESP einzubauen. Dies bedeutet, unter „normalen" Bedingungen hätte Daimler-Benz für die entsprechenden, noch durchzuführenden Entwicklungen bis zur endgültigen Einbaureife des ESP gut ein Jahr benötigt.

Fazit ist also: Die Zeitspanne vom 21. Oktober bis 11. November 1997, demnach von drei Wochen, ist aus Sicht der Presse und der Öffentlichkeit sehr lang gewesen. Aus Sicht des Unternehmens, und das heißt, hinsichtlich der auf Umsetzbarkeit geprüften Maßnahmen, war die Zeitspanne sehr kurz; zumal, wenn man bedenkt, daß für die Überarbeitung eines Fahrwerks in der Regel über zwölf Monate veranschlagt werden.

Auf der anderen Seite muß jedoch auch ins Feld geführt werden, daß sich eine erste inhaltlich gehaltvolle Reaktion des Unternehmens nach dem Kriseneintritt hätte darauf konzentrieren können, das entstandene Problem

nicht nur zuzugegeben, sondern zugleich – als erste und wichtigste Aktion –
eine lückenlose Aufklärung der Sachverhalte und Ursachen beispielsweise
durch ein internationales Expertengremium anzukündigen, ohne daß dies
als Eingeständnis fehlender eigener Kompetenz ausgelegt werden darf. Als
ein Schritt in diese Richtung wurde von W. Inhester – wie bereits angesprochen – noch in Tokio der TÜV-Automotive in München beauftragt, am 25.
und 26. Oktober 1997 die A-Klasse intensiv zu testen und dies zu dokumentieren.

Es versteht sich von selbst, daß diese externe Unterstützung nicht so angelegt sein darf, daß dem Unternehmen dadurch die eigene Fachkompetenz
abgesprochen wird. Vielmehr geht es darum, Offenheit und Transparenz zu
demonstrieren.

Zusätzlich ist die Frage im konkreten Einzelfall zu prüfen, ob das Unternehmen gleich eine Reaktion in Richtung „We care" zeigen soll oder ob es den
„ersten Sturm" über sich „hinwegfegen" läßt. Der Grund wäre, daß gegen
diesen ersten Sturm in der Presse nach dem Kriseneintritt grundsätzlich
keine wirkungsvolle Kommunikation möglich ist. Erst danach könnten
klare Botschaften und vor allem auf Umsetzung geprüfte Maßnahmen mit
einem hohen Wirkungsgrad ergriffen werden. In der Tendenz spricht jedoch
nichts gegen die sofortige Ankündigung einer lückenlosen Aufklärung mit
externer Unterstützung.

Die erste Reaktion

In einer ersten Analyse in Tokio wurden von PKW-Sprecher W. Inhester
vier Wellen der Berichterstattung vorausgesehen.

- Skandal bei Mercedes-Benz?
- Wie konnte es dazu kommen?
- Wer ist schuld?
- Wer wird entlassen?

Um dieser Berichterstattung entsprechend zu reagieren, wurde in Tokio als
erste Reaktion ein Sechs-Punkte-Programm initiiert, wie im folgenden reagiert werden sollte:

1. Beauftragung eines Unfallforschers, den Vorfall zu untersuchen

2. Recherche vor Ort in Schweden

3. Einberufung einer Vorstandssitzung in Tokio

4. Beauftragung des Lagezentrums zur Überspielung der TV-Berichte

5. Aufzeichnung des Krisen-Szenarios

6. Sofortige Medienstatements nach Abstimmung mit dem Vorstand.

Bis hierhin wirkt die Reaktion durchdacht und strukturiert, allerdings wurden die angeforderten Berichte vom Lagezentrum erst am 23. Oktober 1997 nach Tokio überspielt, und bei den ersten zwei Medienstatements in Tokio gab es bereits einige Probleme bei der Kommunikation mit der Presse. Es kam zu Fehlinterpretationen, die später im „Stern" und „Spiegel" publiziert wurden.

Das nach dem Kriseneintritt durchgeführte Krisenmanagement und die jeweilige Krisenkommunikation werden nun nach den vernetzten Themenkomplexen auf ihre Stärken und Schwächen hin analysiert.

7.2.1. Die Task Force

Die Task Force stellte das wichtigste organisatorische Instrument zur Krisenbewältigung bei der A-Klasse dar. Da es bei dem A-Klasse-Krisenfall nur eine geringe Prävention und Früherkennung gab, kam der Arbeit der Task Force, die zur Bewältigung der Krise bei Daimler-Benz eingesetzt wurde, eine herausragende inhaltliche Bedeutung zu. Im folgenden werden die wichtigsten Entscheidungen dargestellt und bewertet.

Bereits in Tokio wurde die Kommunikations-Task-Force ins Leben gerufen. Dieses Gremium reagierte auf den ersten Presseansturm. Allerdings war dies noch keine „Organisationseinheit", welche die gesamte Verantwortung für die Krisenbewältigung übertragen bekommen hatte. Dafür war auch die Einschätzung der Anwesenden in Tokio bezüglich möglicher Auswirkungen der gekippten A-Klasse noch zu vage. Die Presseaufmerksamkeit dieses Krisenthemas erhöhte sich im Zeitablauf. Der Öffentlichkeitsdruck nahm für Daimler-Benz stetig zu.

Dies führte im Unternehmen dazu, daß mit zunehmender Krisenintensität am 26. Oktober 1997 eine Task Force gegründet wurde, die anfänglich die Bezeichnung „A-Team" hatte. An diese Task Force wurde die Kommunikations-Task-Force angegliedert. Die Task Force war bei dem für das betroffene Geschäft Gesamtverantwortlichen organisatorisch verankert. Das Ziel der Task Force bestand vor allem darin, die Vorstandsmitglieder des Geschäftsfeldes Personenkraftwagen (GFP) zu entlasten, indem ein Team aus den Bereichen Entwicklung, Produktion, Vertrieb, Kommunikation und Controlling das Problem analysieren und eine entsprechende Lösung finden sollte. Die konkrete Aufgabenstellung beinhaltete die Planung, Steuerung und Verfolgung der erforderlichen Aktivitäten zur Umsetzung der Optimierungsmaßnahmen in den betroffenen Bereichen Entwicklung, Produktion und Vertrieb. Des weiteren gehörte hierzu das Initiieren und Abstimmen der internen und externen Kommunikation mit den Abteilungen PR und Marketing sowie die laufende Information des Vorstands über den Stand der Umsetzung und eventuell zu treffende Entscheidungen. Das Team sollte sich durch gemeinsames konzentriertes Handeln mit großer „Schlagkraft" und Durchsetzungsfähigkeit auszeichnen. Mit der Aufgabendefinition war klar, daß die Task Force das Ziel zu verfolgen hatte, die A-Klasse wieder an den Markt zu bringen, und somit von der Krisenbewältigung bis zum Recovery der A-Klasse aktiv sein würde. Hier zeichnete sich schon – in den Begriffen der Krisenverlaufs-Matrix – ab, daß nicht nur die „organisatorische Ebene" eine wichtige Rolle im Sinne der Koordination spielen würde, sondern daß die Kommunikation und die Auswirkungen auf der „psychologischen Ebene" ebenfalls sehr wichtig sein würden.

Die Leitung der Task Force wurde am Nachmittag des 26. Oktober dem Leiter Services weltweit PKW/NFZ, Volker Stauch, übertragen. Die übrigen Task-Force-Mitglieder wurden dann vom GFP-Vorstand bis zum nächsten Morgen 8.00 Uhr benannt. Diese waren der Entwicklungsverantwortliche der A-Klasse, der Logistikverantwortliche aus der Produktion, ein Controller, der Verantwortliche für den Vertrieb PKW, der A-Klasse Projektleiter, ein Materialwirtschaftler, der Assistent des Vorstandsmitglieds J. Hubbert, der Verantwortliche für PKW-Technik und Service als technischer Gegenpart zu V. Stauch sowie W. Inhester als Verantwortlicher für Kommunikation. Allen Beteiligten war bereits zu Beginn der Krise klar, daß es sich um ein zweischichtiges Problem handelte. Die Krise mußte zum einen technisch gelöst werden, und zum anderen mußte das Unternehmen die entsprechenden Vorgänge kommunizieren, so daß Öffentlichkeitsarbeit und Marketing ebenfalls eine wichtige Rolle einnahmen. Allerdings bestand nach Aussagen des Leiters der Task Force V. Stauch zuerst die Einschätzung, daß sich die inhaltliche Arbeit der Task Force zu 90% mit technischen Fragen und nur zu 10% mit Öffentlichkeitsarbeit beschäftigen würde.

Im Rückblick bewertete V. Stauch diese Angabe als Fehleinschätzung. Der Anteil der Öffentlichkeitsarbeit betrug im nachhinein 70%, und den technischen Inhalt bei der Bewältigung der Krise beurteilte V. Stauch mit 30%. Nichts war wichtiger als die Öffentlichkeit kontinuierlich in diesen Prozeß einzubeziehen und den Kunden sowie der Öffentlichkeit mitzuteilen, wie die Grundhaltung des Unternehmens zu diesem Thema war und wie das Unternehmen gedachte vorzugehen und fortzufahren.

Betrachtet man die Zusammensetzung der Task Force, so spiegelt sich in der Besetzung die anfängliche Einstellung wider. Nur W. Inhester als Pressesprecher war als Vertreter Kommunikation und Marketing integriert. Die personelle Vertretung der Kommunikation im Task-Force-Team war für den Leiter der Task Force sehr wichtig, denn so bekam der Pressesprecher die inhaltlichen Entwicklungen und möglichen Veränderungen im Problemlösungsprozeß mit und konnte diese der Presse und den anderen Kommunikationsbereichen gegenüber kommunizieren. Mit einem inhaltlichen Background kann dieser grundsätzlich auf Fragen von Journalisten nicht nur stereotyp, sondern substantiell und viel spezifischer antworten, als wenn er Wissen „angeworfen" bekommt und damit nur in der Lage ist, allgemeine Statements abzugeben.

Hinter jedem Mitglied der Task Force stand wieder eine bereichsbezogene Task Force. Die Task Force Kommunikation beispielsweise, bestehend aus Unternehmenskommunikation, PKW-Presse, Interne Kommunikation und Öffentlichkeitsarbeit des Werkes Rastatt, wurde in einer Telefon-Konferenzschaltung von W. Inhester jeden Morgen über die Ergebnisse der vorabendlichen Task-Force-Sitzung informiert. In diesem Kreis und bei weiteren Sitzungen wurden die möglichen Kommunikationsmaßnahmen diskutiert und verabschiedet.

Mit der Erkenntnis, daß der Anteil der Öffentlichkeitsarbeit doch sehr viel wichtiger war als ursprünglich angenommen, wurde z.B. auch noch J. Pläcking als Leiter der Abteilung Marketing-Kommunikation zu den entsprechenden Themen in die Task Force eingeladen. Dieser bekam über den ständigen Kontakt zu der Werbeagentur Springer & Jacoby, die für die Umsetzung der Marketingkommunikation zuständig war, wiederum eine Reflektion von Außenstehenden.

Die nach dem Kriseneintritt eingerichtete Task Force tagte täglich ab 19.00 Uhr in Stuttgart-Untertürkheim im Vorstandszimmer von J. Hubbert. Durch diese örtliche Nähe bestand eine enge Anbindung an den Vorstand. Von jedem Mitglied der Task Force wurde während des Tages die ihm generell übertragene Aufgabenstellung wahrgenommen und erfüllt. Erst abends ist die Task Force jeweils in einer bereichsübergreifenden Besetzung aktiv geworden. Die Sitzungen fanden jeden Abend ab 19.00 Uhr statt, wobei das Ende der Sitzung offen war, manchmal wurde bis 4.00 Uhr getagt. Die in den Sitzungen getroffenen Entscheidungen sind am folgenden Morgen jeweils in das Unternehmen weitergegeben und damit in das System eingespeist worden. Am Abend des gleichen Tages erfolgte jeweils bereits eine Ergebnisrückmeldung über den Umsetzungsstand aus den mit der Umsetzung der Entscheidung beauftragten Abteilungen. Darüber hinaus teilten die Unternehmensbereiche mit, ob Entscheidungen auf der Basis des vorgegebenen Zeitplans überhaupt realisierbar waren.

Die örtliche Anbindung an den Vorstand machte den Vorstand ein Stück weit zu einer „Review-Instanz". Einerseits bekam J. Hubbert jeden Abend ein kurzes Resümee, um den Vorstand „auf dem Laufenden zu halten" und um dessen Feedback zu erhalten. Hierbei ging es jedoch nicht um die Absegnung zu treffender Entscheidungen. Die Task Force war sich der Rückendeckung des Vorstandes sicher und traf fast ausschließlich ihre Entscheidungen selber. Dieses war ein psychologisches Moment, das die Rückenstärkung durch den Vorstand immer wieder betonte. Andererseits hatte die Task Force für schwierige Entscheidungen sofort den Zugang zum Vorstand und konnte sich dessen Unterstützung einholen. Diese zwei Aspekte sind besonders wichtig, wenn man berücksichtigt, unter welcher enormen physischen und psychischen Anspannung die Task-Force-Mitglieder insbesondere in dem Zeitraum zwischen dem 26. Oktober und dem 11.

November 1997 standen, also bis zu dem Tag, an dem der Auslieferungsstopp verkündet wurde, aber zugleich die erforderlichen Verbesserungsmaßnahmen bereits auf Realisierbarkeit geprüft waren.

Bei der ersten Sitzung der Task Force am 27. Oktober 1997 ist ein Commitment unter den Task-Force-Mitgliedern getroffen worden. Dieses Commitment spiegelt sich in dem von W. Inhester formulierten Ziel „Wir werden aus der A-Klasse wieder eine Ja-Klasse machen" wider. Dieser einfache Satz wirkt heute aus der Distanz sicherlich anders und weniger überzeugend als in der damaligen Situation der emotionalen Betroffenheit aller im Unternehmen, insbesondere auch der Mitglieder der Task Force. Es entwickelte sich ein Ehrgeiz der Task Force, das Auto zu dem Besten seiner Klasse zu machen. V. Stauch: „...Und sie können das Auto heute mit einer extremen Geschwindigkeit über den Flugplatz fahren, mit 100 km/h rechtwinklig abbiegen – es raucht, es quietscht, es reißt ein paar Reifenfetzen raus und hinterher, wenn der Nebel vergangen ist, steht da die A-Klasse wie eine Eins. Das haben wir dann letztendlich mit Brachialgewalt umgesetzt, weil wir immer Angst hatten, daß das noch mal passiert."

Das Commitment trug zusätzlich zu der Definition der Rolle des Leiters der Task Force mit bei. Nach Aussagen von V. Stauch wußte er manchmal nicht: „War ich der Leiter, oder war ich der Moderator". In einer derartigen Situation ist es von Vorteil, wenn eine Gruppe eine eigene Motorik entwickelt und damit zu einer Dynamik kommt, in der der Leiter nur noch die Richtung vorgibt. Die Freiheit der Gruppe setzt ein größeres Ideenpotential frei als in einer autoritär geführten Gruppe und dient somit dem Ziel der Lösungsfindung, die unter starkem Zeitdruck zu erfolgen hat.

Insgesamt traf sich die Task Force in den nächsten Wochen in 55 Sitzungen. Sie hat über 1.000 Einzelentscheidungen getroffen. Die Mitglieder griffen bei speziellen Fragestellungen auf mehrere 100 Experten, Führungskräfte und Mitarbeiter im Unternehmen zurück. Das wichtigste Ergebnis der Arbeit der Task Force war, daß sie den Auslieferungsstopp vom 11. November 1997 durch eine Detailplanung so vorbereitete, daß zugleich die inhaltliche Lösung und der dafür erforderliche Zeitraum verkündet werden konnten.

Die aus der Task Force heraus entstandene Lösung des „Auslieferungs-stopps" und dessen Umsetzung ging mit einer speziellen Vorgabe durch den Vorstand einher. Der Relaunch mußte in drei Monaten erfolgen, denn das Auto war zur Markteinführung so stark beworben worden, daß ein längerer Zeitraum nicht vertretbar erschien. Auch nach Meinung der Task-Force-Mitglieder galt: Je länger der Relaunch dauert, desto mehr Schaden trägt das Fahrzeug davon. Somit wurde diese Vorgabe zur Kernprämisse.

Zusätzlich zu der technischen Lösung gehörte vor allem die Lösung des mit dem Auslieferungsstopp einhergehenden logistischen Problems, um die ins-gesamt 18.000 Fahrzeuge umzurüsten. Ein Beispiel für den Ideenreichtum der Task Force zu dieser Zeit war die vorgeschlagene Lösung bezogen auf das Motorsteuergerät. Das ursprüngliche Steuergerät mußte mit dem Einbau des ESP ausgetauscht werden. Problematisch war dabei, daß die Fahrzeuge von dem Produktionswerk Rastatt zum Einbau des ESP nach Kippenheim transportiert werden mußten, und dies ging nur mit einem Motorsteuergerät. Jedes Auto mußte vom Produktionsband auf den Trailer für den Transport nach Kippenheim und wieder herunter gefahren werden. Da die Umrüstung des ESP aber erst in Kippenheim vorgenommen wurde, konnte das für das ESP benötigte Steuergerät noch nicht eingebaut werden. Somit stand für diesen Zweck nur noch das ursprüngliche Steuergerät zur Verfügung. Um jedoch nicht 18.000 Steuergeräte à 1.000 DM nur für den Transport nach Kippenheim einbauen zu müssen, war die Idee, ein Steuergerät in Rastatt in das Fahrzeug provisorisch einzubauen und dieses in Kippenheim vom LKW-Fahrer, der auf seinem Trailer die A-Klasse-Fahrzeuge dorthin trans-portiert hat, gleich wieder ausbauen zu lassen und zurück nach Rastatt zu bringen, damit es dort in das nächste Auto eingebaut werden konnte. Somit waren für die insgesamt 18.000 umzurüstenden Autos nur einige 100 Steu-erungsgeräte nötig. Dies führte zu eine Kosteneinsparung von rund 18 Mio. DM.

Neben der Harmonie bei guten Ideen und Erfolgen gab es aber in den täg-lichen bzw. nächtlichen Streßsituationen der Task Force nicht selten auch unterschiedliche Meinungen, die ein hohes Konfliktpotential enthielten. Durch die intensive Zusammenarbeit in den 55 Sitzungen im Krisenteam kannte jeder bereits nach kurzer Zeit die Stärken und Schwächen der ande-ren „in brutalster Art und Weise", wie es ein Task Force-Mitglied formulierte. Diese psychologischen Anforderungen und Auswirkungen sind bei der Einrichtung, organisatorischen Anbindung, personellen Besetzung und auch Betreuung eines Krisenstabs frühzeitig und umfassend zu berücksichtigen.

Nach der Einrichtung der Kommunikations-Task-Force direkt nach dem 21. Oktober und der Einrichtung der Task Force am 26. Oktober 1997 sind fünf Tage verstrichen, an denen es „nur" die Zuständigkeit des Vorstandes und der von ihm beauftragten Führungskräfte gab. Was fehlte, war die geballte bzw. konzentrierte Mannschaft, die gemeinsam diese Aufgabe zur Bewältigung des Krisenfalls zu meistern hatte. Aufgrund eines fehlenden Krisenplans gab es also nicht sofort mit Kriseneintritt eine bereits im Vorfeld definierte Maßnahme „Task Force einrichten", sondern dies ist erst aus dem „Leidensdruck" heraus entstanden. Von daher mußte und konnte also erst in der Krisensituation über die Besetzung der Task Force entschieden werden, auch wenn die genaue personelle Besetzung generell erst nach dem Kriseneintritt möglich ist.

Anhand der beschriebenen Details wird deutlich, daß die Task Force als „harte Aufgabe" den Krisenprozeß in allen inhaltlichen Phasen zu steuern und zu bewältigen hatte. Hierzu waren – wie die in Abbildung 7.2.-1 aufgeführten Pfeile für die Verbindungen zwischen den Ebenen und Phasen andeuten – wesentliche inhaltliche Informationen zu Krisenursachen und zu erwartenden Folgen von Verbesserungsmaßnahmen zu erarbeiten. Zusätzlich bewirkte die Task Force Maßnahmen und Ergebnisse auf der Kommunikationsebene und der psychologischen Ebene, die sie zum Teil auch für ihre Eigenmotivation benötigte. Die originäre Aufgabe der Kriseneindämmung war immer mehr in eine Aufgabe des Lernens aus der Krise und damit verbundener Maßnahmen überführt worden.

Im einzelnen wurden in dieser Zeit folgende technischen Maßnahmen von der Task Force in ihrer Umsetzung gesteuert:

- 17. November 1997 Endgültige Festlegung der Umfänge an Veränderungen des Fahrwerks

- 8. Dezember 1997 Produktionsstart der modifizierten A-Klasse im Werk Rastatt (ohne ESP-Steuergerät)

- 12. Januar 1998 Produktionsstart der modifizierten A-Klasse mit Qualitätsmaßnahmen

- 2. Februar 1998 Start der Umrüstaktion in Kippenheim

- 9. Februar 1998 Auslieferungsbeginn der „neuen A-Klasse" aus Rastatt

- 26. Februar 1998 erstes ausgeliefertes Fahrzeug aus Kippenheim.

Hierdurch konnte am 3. März 1998 die Präsentation der modifizierten A-Klasse auf dem Automobilsalon in Genf erfolgen.

Die bereits an früherer Stelle formulierte Frage galt auch für die A-Klasse-Krise, nämlich wie lange das Krisenmanagement-Team bestehen sollte. Für Daimler-Benz war am 9. Februar 1998 die aktuelle Krise dadurch beendet, daß alle Verbesserungen umgesetzt waren und die Produktion umgestellt war. Danach konnte die Auslieferung am 26. Februar 1998 wieder aufgenommen werden. Die Task Force wurde deshalb Ende Februar aufgelöst, allerdings mit der Maßgabe, daß die Verantwortung für die weiteren Aktivitäten dem Service-Bereich übertragen wurden. Interessant ist dabei die Tatsache, daß V. Stauch als der Leiter der Task Force zugleich auch die verantwortliche Führungskraft für den gesamten Service-Bereich des Unternehmens war. Von daher war also eine personelle Identität während der akuten Krise und für die Zeit danach gegeben, da der Servicebereich ein hohes Maß an Kundenorientierung garantierte.

7.2.2. Die Kommunikation mit den Medien und die Pressekonferenz am 29. Oktober 1997

Nachdem die Task Force im vorstehenden Kapitel als wesentliches internes Instrument des Krisenmanagement analysiert wurde, folgt nun die nach außen gerichtete Krisenkommunikation mit den Medien.

Die Kommunikationsabteilungen Unternehmenskommunikation und Marketing-Kommunikation sind organisatorisch getrennt, aber im Krisenfall der A-Klasse lag die Besonderheit darin, daß diese beiden Abteilungen von Anfang an eng zusammengearbeitet haben. Durch diese enge organisatorische Verbundenheit hatte das Unternehmen die Möglichkeit, in der A-Klasse-Krise nicht nur schneller und nachhaltiger, sondern auch mit „den Mitteln des Marketing" zu kommunizieren. In einer Krisensituation sichert dies eine widerspruchsfreie Darstellung des Unternehmens nach außen.

Die meisten Informationen, die für die Öffentlichkeit bestimmt sind, werden über die Presse verbreitet. Somit nimmt die Öffentlichkeit – abgesehen von Internet-Aktivitäten – auch nur das wahr, was die Presse berichtet. Im Umgang mit der Presse stellte Daimler-Benz schnell fest, daß es zu einer Verzerrung zwischen den vom Unternehmen kommunizierten Fakten und dem, was die Presse berichtete, kam. Der Konzern konnte die Informationen, die an für das Unternehmen wichtige Anspruchsgruppen gingen, nicht mehr steuern. Diese Unzulänglichkeit basierte nicht nur auf einer „sensationsgierigen" Berichterstattung mit dem Foto der kippenden A-Klasse, sondern auch auf einem zu Anfang relativ ungeschickten Umgang mit der Presse. Die fehlenden, genauen Informationen aus Schweden waren dabei nur ein Grund.

Dies verdeutlichen insbesondere folgende Beispiele: Als erstes ist die Aussage des Pressesprechers PKW, W. Inhester, in Tokio in diese Richtung zu analysieren. Sie enthält einen Teil, der für die Presse als wörtliches Zitat interessant war, nämlich „...nur weil irgendwo auf der Welt ein Auto umgefallen ist" (siehe Kapitel 1). Der erste Teil der Botschaft ist dann von der Presse verändert worden: W. Inhester sagte, daß der Vorstand zu diesem Zeitpunkt kein Statement geben kann. In der Presse war zu lesen, daß der Vorstand es nicht für nötig hält, ein offizielles Statement abzugeben, nur weil irgendwo ein Auto umgekippt ist.

Die ebenfalls in Tokio gemachte Aussage von J. Hubbert ist ebenfalls im 1. Kapitel zitiert worden. Sie bezog sich auf die Frage eines Journalisten, ob nach dem nicht bestandenen Elchtest nicht die gesamte Produktion der A-Klasse gestoppt werden müßte: „Aufgrund der Daten, die ich im Moment zur Verfügung habe, eine so weitreichende Entscheidung zu treffen, die Produktion in Rastatt stillzulegen, wäre hirnrissig." Das für die Presse wichtigste Wort und damit das „Buzz-Word" war „hirnrissig". Die Darstellung in der Presse war eine andere: „Zu denken, wir würden unseren Kunden ein unsicheres Fahrzeug anbieten – das ist hirnrissig."[4]

Ähnlich wurden reale Sachverhalte bezogen auf die Aussage „das Problem wird zur Chefsache" von der Presse nicht zutreffend wahrgenommen bzw. konnten nicht zutreffend wahrgenommen werden. Denn diese Information war ausschließlich nach innen gerichtet. Die Presse hat nur aufgrund nachvollziehbarer Sachverhalte darauf geschlossen. Fakt ist: Die nach innen gerichteten starken Aktivitäten wurden nach außen nicht ausreichend kommuniziert, da der Vorstand die Auffassung vertrat, ohne genaue Fakten nicht extern kommunizieren zu wollen. Die Konsequenz ist dann eine in einer derartigen Situation von der Presse üblicherweise vorgenommene Interpretation der nachvollziehbaren Sachverhalte. So war J.E. Schrempp in den ersten Tagen nach der A-Klasse-Krise in der Presse nicht aufgetreten. Als Kommentar zur Pressekonferenz vom 29. Oktober 1997 schrieb eine Zeitung am 30. Oktober 1997: „...Daimler-Vorstandschef Jürgen Schrempp glänzt übrigens durch Abwesenheit...“[5] . Nachdem dieser in einem Interview sagte: „Wir können uns keine Fehler mehr erlauben. Was wir anbieten muß das Beste seine Klasse sein – es gibt keine Kompromisse mehr.“[6], war in der Presse zu lesen, daß die A-Klasse aufgrund des Imageschadens zur Chefsache gemacht wurde.

Aus diesen Sachverhalten ist folgender Grundsatz für den Umgang mit der Presse abzuleiten: In einer Krise kommt es darauf an, gegenüber der Öffentlichkeit nicht die Nerven zu verlieren, den vorgesehenen Kurs zu halten und auf jeden Fall „Buzz-Words" als starke Aussagen gegenüber der Presse zu vermeiden. Zum einen haben sie einen hohen Kommunikationswert für die Presse, und zum anderen überstrahlen sie oft Sachinformationen und bieten die Möglichkeit der bewußten Verfälschung oder Fehlinterpretation.

Die Pressereaktionen

Eine Besonderheit bestand bei der Pressereaktion nach dem Krisenfall. Das Umkippen der A-Klasse wurde über die Nachrichtenredaktionen publiziert und nicht nur durch die Auto-Presse. Die Journalisten der Auto-Presse waren im Vorfeld der Markteinführung wie üblich eingeladen worden, das neue Fahrzeug zu fahren. Diese Einladung ist von 1.200 Journalisten angenommen worden, und das Ergebnis der insgesamt 400.000 Testkilometer war überwiegend positiv: Die A-Klasse wurde als sicheres und verkehrstüchtiges Fahrzeug von der Auto-Presse eingestuft. Von daher ist zu vermuten, daß die Journalisten der Auto-Presse dem Vorfall des nicht bestandenen

Elchtests eher weniger Bedeutung beimaßen, da sie sonst ihr eigenes positives Urteil über die A-Klasse hätten relativieren müssen. Denn dies hätte bedeutet, daß sie selbst als Experten bei der Testfahrt wesentliche Mängel des Fahrzeuges nicht erkannt hätten. Die Zeitschrift „auto motor und sport" hatte eine Woche vor dem Elchtest in Schweden die A-Klasse einem 14-Tage-Test unterzogen. Unter ein Foto einer Slalom-fahrenden A-Klasse schrieben sie: „Kurven umrundet der A 160 in kräftiger Schräglage. Angst vorm Kentern ist aber unbegründet."[7]

Interessant ist dabei also folgender Aspekt: Die verhaltene bzw. geringe Resonanz der Auto-Presse auf den nicht bestandenen Elchtest wurde völlig überlagert durch die starke und kritische Resonanz der aktuellen Nachrichtenredaktionen. Von daher wurde also die Meinung der Öffentlichkeit nicht durch das Urteil der Experten, sondern primär durch das Urteil der „Nicht-Experten" geprägt. Die Presseabteilung von Daimler-Benz hatte sich hierauf einzustellen.

Pressekonferenz am 29. Oktober 1997

Der Mediendruck war zu diesem Zeitpunkt bereits so stark, daß Daimler-Benz das Ziel hatte, bis zum Dienstag, dem 28. Oktober 1997, und damit rechtzeitig zur Pressekonferenz, mögliche Lösungen vorlegen zu können. Dienstag morgen bis gegen 4.00 Uhr war aber noch keine vollständige Lösung gefunden. Die Verbesserungen am Fahrzeug, die auf der Pressekonferenz vorgestellt werden sollten, waren noch unklar, denn die technischen Tests brachten bisher keine Ergebnisse. Bei den Daimler-internen Tests kippte die A-Klasse nicht um. Die einzige Erkenntnis, welche die Daimler-Benz-Ingenieure zu diesem Zeitpunkt hatten, war, daß sich ein Reifentyp bei der Slalom-Fahrt von der Felge zog.

Daimler-Benz plante den „Befreiungsschlag" durch die Mitteilung auf der Pressekonferenz, daß das ESP serienmäßig in die A-Klasse eingebaut werden sollte. Der Einbau von ESP war nicht nur eine rein technische Entscheidung, sondern er stand zugleich für eine wichtige Botschaft an die Kunden und Interessenten der A-Klasse: Dies ist eine Investition, die das Vertrauen der Kunden in die Marke stärken soll. Auf der Pressekonferenz konnten dann bereits Aussagen zum Einbau und zu den Kosten des ESP gemacht werden.

Die Vorbereitung auf diese Pressekonferenz war damit so ausgerichtet, daß viele Sachinformationen an die Journalisten weitergegeben werden sollten. Diese sollten dazu dienen, die Diskussion in der Öffentlichkeit auf einer sachlich-technischen Ebene zu führen und die bereits emotional geführte, angeheizte Diskussion zu entschärfen. Daimler-Benz wurde jedoch kurz vor der Pressekonferenz mit Bildern konfrontiert, die eine auf zwei Rädern fahrende A-Klasse zeigten. Am Vorabend zeigte der Fernsehsender PRO 7 die Bilder, die in voneinander unabhängigen Testsituationen zum einen von der Zeitschrift „Stern" in Zusammenarbeit mit der „Auto-Zeitung" und zum anderen von „Auto Bild" aufgenommen worden waren. Außerdem hatte sich bei den Tests von „Auto Bild" eine A-Klasse überschlagen und ein weiteres Fahrzeug hatte bei einer Slalom-Fahrt auf einer Seite abgehoben.

Diese Bilder gingen in den folgenden Tagen durch die Presse und wurden bei der Öffentlichkeit zu einer Art „Symbolbild". Zwei Tage später stellte sich jedoch heraus, daß der Test von „Auto Bild" mit ungleichen Reifen durchgeführt wurde. Dies machte die Bilder im nachhinein unglaubwürdig. Dennoch hatten sie bis dahin bereits ihre Wirkung in der Öffentlichkeit als Sensation getan. Die Absicht auf dieser Pressekonferenz zu sagen, eine wesentliche Ursache für das Problem seien die Reifen und der zusätzliche Einbau von ESP solle eine hohe Fahrstabilität sichern, wurde von der Presse also unterlaufen.

Nach Auffassung von Daimler-Benz kam man mit Reaktionen wie „Wir nehmen das Problem ernst", „Wir kümmern uns darum" und „Macht Euch keine Sorgen" nicht weiter. Das Unternehmen mußte Fakten bringen. Von daher war bereits im Vorfeld der Pressekonferenz klar, daß eine aus Sicht des Unternehmens „normale Behandlung der Krise" nicht mehr ausreichte.

Auf der Pressekonferenz bestätigte der TÜV Süddeutschland, daß die A-Klasse verkehrssicher ist. Es wurde ein Video gezeigt, auf dem zu sehen war, wie die A-Klasse ohne ESP den Elchtest mit 78 km/h bestand. Dieses Video wurde vom TÜV-Automotive-Chef persönlich kommentiert. Der TÜV-Experte war bei dieser Pressekonferenz aus Sicht von Daimler-Benz als unabhängige Prüfinstanz die „Verteidigungslinie". Aufgrund der neuen – oben angesprochenen – Bilder einer kippenden A-Klasse wurde der TÜV-Experte in dieser „Sensationssituation" jedoch nicht mehr ernst genommen.

Der TÜV als neutrale externe Institution mit Expertenrang fand also kein Gehör.

Neben dem im Ergebnis nicht so medienwirksamen TÜV-Test, hätte es sich bereits in dieser Situation angeboten, ein internationales Team von Experten mit hoher Medienwirkung einzuberufen, das die erneuten Fahrtests durchführt und bewertet.

Trotz des Beweises durch die TÜV-Bilder hatte der PKW-Vorstand J. Hubbert zugestanden, daß die A-Klasse eine Schwäche hatte. Diese Aussage, die für Daimler-Benz sozusagen die emotional faktische Komponente in dieser Phase der Krise war, wurde zum einen durch die Bilder von „Auto Bild" und „Stern" als Untertreibung nicht mehr ernst genommen. Zum anderen trugen zu der Unglaubwürdigkeit dieser Aussage die weiteren Ausführungen von J. Hubbert bei. Gleich nachdem er die Schwäche der A-Klasse zugab, fügte er hinzu, daß die A-Klasse auch ohne Verbesserungen im Alltagsverkehr bereits sicher sei. Mit diesem – zumindest für die Öffentlichkeit vorhandenen – Widerspruch in der Aussage und den negativen Ergebnissen der Tests konnte die Presse sich nicht zufrieden geben. Sie ging dazu über, ein Fahrwerksproblem zu unterstellen. Zu diesem Zeitpunkt hatte Daimler-Benz das Thema Fahrwerk als möglichen Problembereich noch nicht so umfassend getestet, daß bereits Aussagen zur Veränderung des Fahrzeugs möglich waren. Man konnte somit auch nicht sagen, ob es ein Fahrwerksproblem gab. Bei den internen Tests von Daimler-Benz „fiel die A-Klasse einfach nicht um", wie der Pressesprecher PKW beim Interview sagte.

Auf die Frage von Journalisten bei der Pressekonferenz am 29. Oktober 1997, ob noch weitere Veränderungen gemacht werden müßten außer dem Auswechseln der Reifen und dem Einbau von ESP, hatte H. Petri, Vorstandsmitglied Entwicklung PKW, folgendes gesagt: „Wir werden jede Schraube angucken. Wir werden alles testen. Wir werden auch das Fahrwerk untersuchen, und wir sind hier noch nicht am Ende der Untersuchung." Damit hatte H. Petri auf der Pressekonferenz die Tür geöffnet, daß Daimler-Benz noch weitere Veränderungen durchführen würde. Ziel war, von der Presse anerkannt zu bekommen, daß Daimler-Benz innerhalb einer Woche in einer derart komplexen Situation noch keine vollkommene Lösung präsentieren konnte. Signalisiert werden sollte, daß das Unternehmen sich jedoch sicher war, daß die Modifikationen, die genannt wurden, die A-Klasse sicherer machen würden. Die Analyse zeigt also: Statt einer frühen Ergebnisinformation „Wir haben die Lösung", die Daimler-Benz zu diesem Zeitpunkt noch nicht geben konnte, wäre es erwägenswert gewesen, in noch stärkerem Maße Prozeßinformationen zu kommunizieren in dem Sinne „Wir arbeiten sehr intensiv an Verbesserungen, und wir sind augenblicklich bei der Lösungssuche in diesem Stadium". Die Informationen von H. Petri als zuständigem Vorstandsmitglied sind von der Presse und der Öffentlichkeit kaum wahrgenommen worden.

Das eigentliche Ziel der Pressekonferenz, die öffentliche Meinung durch Sachinformationen in den Griff zu bekommen und damit den Mediendruck gegen das Unternehmen abzubauen, war dadurch nicht erreicht worden. Als ein weiterer erschwerender Faktor kam hinzu, daß es sich um eine Pressekonferenz und damit um eine öffentliche Veranstaltung für alle Pressevertreter handelte. Dadurch war auch R. Collin, der Fahrer des ersten Elchtests, anwesend. Naturgemäß fand er ein herausragendes Interesse der dort versammelten Journalisten. Nach Aussagen des Kommunikationschefs der Daimler-Benz AG gab R. Collin „eine Pressekonferenz auf der Pressekonferenz". Eine Zusammenarbeit zwischen dem Unternehmen und R. Collin schied von vornherein aus. In der Pressekonferenz hatten die Daimler-Benz-Vertreter nicht genügend schlagkräftige Argumente auf die Vorhaltungen von R. Collin, daß das Fahrzeug eine Reihe weiterer technischer Mängel aufweise.

Die Daimler-Benz-Verantwortlichen glaubten damals, proaktives, auf eine breite Adressatengruppe von Journalisten ausgerichtetes Handeln gegenüber den Medien sei positiv. Dies erwies sich im nachhinein als nicht zielführend. Es hätte zu diesem Zeitpunkt statt dessen ein enger ausgesuchter Kreis von Journalisten eingeladen werden müssen im Gegensatz zu der durchgeführten offenen Pressekonferenz. In jedem Falle bedarf eine offene Kommunikation einer intensiven und vor allem auch strategischen Vorbereitung, die aber in einer Krisensituation zeitlich oft nicht erreichbar ist, zumindest zu einem so frühen Zeitpunkt noch nicht gegeben ist.

Eine weitere Frage ist die Entscheidung zwischen einer Politik des Vertuschens und Abwiegelns oder einer weitgehend uneingeschränkten Offenheit. Im nachhinein beurteilt, ist in der Presse dargestellt und von der Öffentlichkeit wahrgenommen worden, daß bei der A-Klasse nicht von Anfang an, und zwar bereits bei den ersten Pressereaktionen, eine Politik der offenen Aktionen verfolgt worden war. Aus Sicht dieser Adressaten war eine Politik des Abwiegelns bzw. vielleicht sogar Abstreitens erst relativ spät beendet worden. Dies ging dann einher mit der schrittweisen Aufklärung und damit einer besseren Zusammenarbeit mit der Presse, auch wenn diese Phase aus Sicht des Unternehmens bereits von Anfang an eingeleitet worden war. Hier bestätigt es sich also wiederum: Entscheidend sind nicht die Fakten, sondern die Wahrnehmung dieser Fakten.

Nachrichten mit konkreten Inhalten konnten im Rahmen dieser besseren Kommunikation in den folgenden Tagen mit der Presse in immer stärkerem Maße transportiert werden und ersetzten Gerüchte sowie Halbwahrheiten. Von daher hat sich nach den ersten drei Wochen der Krise die Zusammenarbeit mit der Presse im Sinne eines intensiveren Informationsaustausches deutlich verbessert. In mancher Hinsicht ist sogar – gerade mit den Automobil-Zeitschriften – eine gemeinsame Aufklärungsstrategie verfolgt worden. Dabei ist zu berücksichtigen, daß die Ziele und auch die Berichterstattung der Automobil-Presse sich deutlich unterscheiden von denen der allgemeinen Nachrichten- und Wirtschaftspresse. Die umkippende A-Klasse war auch ein wichtiges Thema für die Nachrichten- und Wirtschaftspresse. Die anschließenden Verbesserungsmaßnahmen wurden wieder – wie zu Beginn die Tests der A-Klasse – das Thema für die Automobil-Presse.

Am Anfang, also unmittelbar nach dem Kriseneintritt, hatten sich die Stellungnahmen des Unternehmens besonders stark auf den Test selbst und seine subjektiven, nicht objektivierbaren Bedingungen konzentriert. Bereits nach kurzer Zeit wurde der Test vom Unternehmen nicht mehr generell als „unfair" in Frage gestellt. Die Maßnahmen sind darauf ausgerichtet worden, auch bei derart extremen Fahrsituationen stabiles Fahrverhalten zu demonstrieren. Damit ist das Unternehmen in seiner inhaltlichen Argumentation gegenüber der Öffentlichkeit nicht gegen „Windmühlenflügel" angetreten, weil die Meinung der Öffentlichkeit durch das innere Bild der kippenden A-Klasse verfestigt war und dies nur durch ein anderes, und zwar nachhaltig positives Bild ablösbar war. Hierauf wird in Abschnitt 7.2.3. noch näher eingegangen.

Nach der Pressekonferenz am 29. Oktober 1997 ist ein Investor Relations Conference Call durchgeführt worden, um Analysten und Fonds-Investoren die Sachlage und die ergriffenen Maßnahmen zu erklären. Ein zentrales Thema waren die für die Krisenbewältigung erforderlichen Kosten.

Test in Spanien am 8. Dezember 1997

Das Versprechen, das von Daimler-Benz in der Pressemitteilung und der Anzeige „Endgültig" am 11. November 1997 gegeben wurde, mußte gehalten werden. Eine Zwischenbilanz zur Einlösung des Versprechens „Wir haben die Lösung gefunden und umgesetzt" sollte durch einen bestandenen Test noch vor Weihnachten gezogen werden. Die eingeladenen Tester waren unter anderem die vier Journalisten, welche die A-Klasse vorher zum Kippen bzw. einseitigen Abheben gebracht hatten. Dies waren:

- Jochen Albig von „auto motor und sport"
- Dirk Vincken von „Auto Zeitung"
- Michael Specht von „Auto Bild"
- Robert Collin von „Teknikens Värld".

Mit der Auswahl dieser vier Tester wurden mehrere strategische Ziele verfolgt:

1. Erreichen der größtmöglichen Glaubwürdigkeit über die Sicherheit der A-Klasse in der Öffentlichkeit.
2. Bei positivem Ausgang können diese Tester, also vor allem auch R. Collin, und deren Presseorgane die A-Klasse nicht mehr kritisieren. Und damit wird auch die übrige Presse eher davon Abstand nehmen.
3. Das Unternehmen zeigt, daß es auch seine größten Kritiker respektiert.

Zusätzlich war Niki Lauda eingeladen worden, der aufgrund seiner Bekanntheit und Expertise für die anschließende Kommunikation wichtig war. Er hatte die Funktion als Fahrer und Beifahrer bei diesen Tests. Durch einen so bekannten Tester wie N. Lauda war zugleich das angestrebte umfassende Medienecho garantiert. Dieser Test wurde damit zu einer integrierten Marketing- und Presseaktivität.

Der 8. Dezember 1997 wurde von Daimler-Benz als Termin für den Test festgelegt. Eine wichtige Voraussetzung für den Testort war trockenes Wetter. Deshalb gab es vier Optionen für einen „neutralen" Ort, an dem der Test stattfinden konnte:

- Papenburg
- Malmsheim bei Stuttgart
- Nardo in Italien
- Idiada in Spanien.

Die Entscheidung, den Test in Spanien durchzuführen, wurde getroffen, da dort das Wetter am besten geeignet war. Am Sonntag, dem 8. Dezember 1997, trafen sich insgesamt 60 Personen der Presseabteilung, des Marketing und der Agentur Springer & Jacoby in Stuttgart und flogen gegen 14.00 Uhr in Richtung Spanien. Ursprünglich war ein Testimonial mit mehr Journalisten geplant. Da jedoch nicht genügend modifizierte A-Klasse-Fahrzeuge vorhanden waren, konnten zu diesem Zeitpunkt im Dezember nicht mehr Journalisten eingeladen werden.

Aufgrund der kurzfristigen Entscheidung des Testortes, wurden Testfahrzeuge der A-Klasse zentral so in Europa bereitgestellt, daß sie schnellstmöglich an jeden der vier möglichen Testorte gebracht werden konnten. So hätten sie über Nacht sowohl nach Spanien als auch nach Italien gefahren werden können. Hierzu war eine umfangreiche Logistik erforderlich.

Das Resultat der Tests war eindeutig: Eine Kippgefahr bestand beim Elchtest nicht mehr, weil, wie „auto motor und sport" später berichtete, „die Wankneigung der Karosserie durch das Tieferlegen und die strafferen Federn reduziert wurde und das ESP die Räder beim Spurwechsel automatisch so abbremst, daß der Fronttriebler nicht mehr über-, sondern untersteuert"[8].

Nach den Testfahrten wurden Interviews mit den vier eingeladenen Journalisten aufgezeichnet. Mit ihnen wurde vorher vereinbart, daß die Aussagen, die sie dort machten, mit ihrer Autorisation in der Kommunikation von Daimler-Benz nach außen verwendet werden durften. R. Collin behauptete später, er wäre zu Werbezwecken mißbraucht worden.

Beim Test war auch ein firmeneigenes Fernsehteam anwesend. Die aufgenommenen Bilder wurden nach Deutschland geschickt und dort bearbeitet. Drei Alternativen wurden dann dem Vorstand zur Freigabe vorgestellt. Die Daten wurden, um eine schnelle Übermittlung des Filmmaterials zu gewährleisten, einen Tag später als Satelliten-Downloads für die Medien zur Verfügung gestellt. Dies entsprach einer Art „Cafeteria-System", aus dem sich die Medien entsprechend bedienen konnten. Daimler-Benz hatte, wie allgemein üblich, alle Kosten des Satelliten-Downloads getragen.

Um die Nachricht des „bestandenen Elchtests" zu verbreiten, mußte ein grundsätzliches Problem umgangen werden: „Good news" dieser Art werden von der Presse in der Regel nicht mit dem gleichen Interesse aufgenommen wie Sensationsmeldungen. Damit war die Wahrscheinlichkeit, daß diese Information zu den Kunden und Interessenten der A-Klasse durchdringen würde, sehr gering. Denn mit dieser Nachricht wurde eigentlich nichts anderes kommuniziert, als daß das Auto jetzt das war, was es schon immer hätte sein müssen – nämlich sicher. Der Chef der Konzern-Kommunikation Christoph Walther sagte damals hierzu: „Wir inszenieren das so, daß es für die Marketing-Kommunikation brauchbar ist, und die müssen es mit ihren Mitteln so kommunizieren, daß es hohe Beachtung findet."

Die Nachricht der kippenden A-Klasse als „Bad news" erreichte eine Durchdringung von 90%. Mit den „Good news" zum Auslieferungsstopp wurden noch 77% erreicht.[9] Ausschließlich mit einer Pressemitteilung über den Fahrtest in Idiada/Spanien hätte man schätzungsweise nur noch eine Durchdringung von 20% erreicht. Um eine hohe Durchdringung zu garantieren, mußte die Nachricht mit Marketingmaßnahmen „aufgebaut" und von Daimler-Benz stimuliert werden. Es wurden zwei Minuten Sendezeit vor oder nach der „Prime-Time" bei verschiedenen Fernsehsendern am 10. Dezember 1997 eingekauft, in denen die Nachricht gesendet wurde: 19.57 Uhr bei der ARD, also drei Minuten vor der Tagesschau, 19.17 Uhr beim ZDF sowie in gleicher Weise vor den Nachrichtensendungen von SAT.1 und RTL. Daimler-Benz hatte vor den wichtigen Nachrichtensendungen sozusagen „Zusatz-News" gekauft. Die Ergebnisse einer anschließenden Befragung im Auftrag von Daimler-Benz ergaben, daß diese nachrichtennahe, redaktionell gestaltete „Werbung" von vielen Betrachtern nicht von den eigentlichen Nachrichten unterschieden werden konnte.

Fahrworkshop vom 19. - 30. Januar 1998 in Montpellier/Südfrankreich

Das Ziel dieses Workshops war es, allen wichtigen europäischen Motor-Journalisten die Chance zu geben, die verbesserte A-Klasse auf Fahrsicherheit zu testen. Dies war für Daimler-Benz besonders wichtig, da im Vorfeld der Krise die Auto-Presse bereits das Fahrzeug gefahren hatte und diesen Journalisten nun erneut bestätigt werden sollte, daß sie mit ihrer Einschätzung „Daimler-Benz baut sichere Autos" recht hatten. Nach dem fast vollständigen Zurückdrängen der Motorjournalisten in den Redaktionen während der „heißen Phase" der A-Klasse-Krise im Oktober/November 1997 sollten nun erneut die auch von den Lesern und damit der Öffentlichkeit anerkannten Experten/Automobiltester ein abschließendes Urteil bilden und kommunizieren können. Insgesamt fuhren 450 Journalisten die Tests, das waren etwa 40 Journalisten pro Tag. Unter den elf verschiedenen Fahrtests (Real-Life-Szenarien) war auch der Elchtest vertreten. Beim Workshop, der offiziell unter dem Motto „Real Life Safety" stand, wurden die Tests unter folgenden Gesichtspunkten durchgeführt:

- Die fünf häufigsten Unfallursachen: Was kann die A-Klasse tun, um derartige Unfälle zu verhindern?

- Die fünf häufigsten Unfallarten: Was leistet die A-Klasse, damit der Mensch geschützt wird?

Die Tests wurden unter wissenschaftlicher Beratung durchgeführt. Die Strategie „Real Life Safety" wurde gewählt, um neben dem Bestehen des Elchtests nochmals das gesamte aktive und passive Sicherheitspotential der A-Klasse, umfassend und wissenschaftlich hinterlegt, herauszustellen. Es sollte dabei untermauert werden, daß die A-Klasse wesentlich mehr kann, als lediglich, ohne zu kippen, um Pylonen herumzufahren.

Eine Analyse der Presseberichterstattung, wie sie im zweiten Kapitel des vorliegenden Buches steht, ergab: Die überwiegende Anzahl der Nennungen nach den abgefragten Kategorien „bestandener Elchtest", „ESP-Einbau", „A-Klasse insgesamt" und „Kommentare" war positiv. Rund 400 der 450 Journalisten berichteten über die Veranstaltung. Dabei stellten ca. 50% die Sinnhaftigkeit des Elchtests in Frage und bestätigten der A-Klasse einen hohen Sicherheitsstandard. Im Gegensatz zur „heißen Phase" der Krise standen die Berichte jedoch nicht mehr auf den Titelseiten, sondern waren im Motorteil der Medien zu lesen. Mit diesem Workshop wurde aber die Reputation des Autos wieder weitestgehend hergestellt, was die Kritik verstummen ließ.

Für die veränderte Berichterstattung aufgrund zusätzlicher und vertiefender Informationen sei beispielhaft das Handelsblatt genannt: Am 30. Oktober 1997 lautete die Überschrift des entsprechenden Artikels „Der Baby-Benz mutiert zu Sorgenkind". Am 22. Januar 1998 wurde unter der Überschrift „Über den Sinn unsinniger Tests und die Folgen" berichtet.

Dieser Fahrworkshop ist ebenfalls als eine professionelle Kommunikationsmaßnahme gegenüber der Presse zu werten. Die Bedeutung zur Stabilisierung und Abrundung der Zusammenarbeit und Kommunikation mit der Presse ist dabei nicht zu unterschätzen.

Auch bei einem negativen Medienecho unmittelbar nach einem Kriseneintritt ist es wichtig, mit den Medien und insbesondere auch mit der Presse in einem engen Dialog zu bleiben. Nur dadurch kann vermieden werden, daß fehlende Informationen des Unternehmens durch Spekulationen der Presse ersetzt werden. Wurde vorher ein funktionierendes Mediennetzwerk aufgebaut, dann läßt sich dieser Grundsatz leichter realisieren. Daß dieses Netzwerk gegenüber den internationalen Motorjournalisten funktionierte, zeigte die Tatsache, daß neben den 450 Zusagen gleichzeitig ca. 200 weitere Anfragen aus Kapazitätsgründen abgesagt werden mußten.

7.2.3. Die Anzeigenmotive, inneren Bilder und Imagewirkungen

Mit den verschiedenen Anzeigenmotiven während der A-Klasse-Krise wurden unterschiedliche Wirkungen angestrebt. Dieser bildliche Teil der Krisenkommunikation nimmt generell eine wichtige Stellung beim Ablauf und der Bewältigung einer Krise ein, so auch bei der A-Klasse-Krise. Die enge Verzahnung besteht dabei, wie Abbildung 7.2.-1 gezeigt hat, zwischen der Kommunikation und der psychologischen Ebene.

Die besondere Situation und der besondere Stellenwert der Anzeigenmotive, inneren Bilder und Imagewirkungen bei der A-Klasse resultieren daraus, daß die eineinhalbjährige vorbereitende Einführungskampagne erfolgreich durchgeführt wurde und die beabsichtigten Wirkungen erbracht hatte: Über eine halbe Million potentielle Kunden besuchten die A-Motion-Tour in vierzehn deutschen und fünf europäischen Städten. Viele potentielle Kunden sind also informiert und emotional berührt worden. Der Bekanntheitsgrad des Produktes war in der Öffentlichkeit hoch. Eine positive Einstellung zu diesem neuen Mercedes-Benz-Modell war vorhanden. Das Involvement als positive Begleiterscheinung war ebenfalls gegeben. Der nicht beabsichtigte Effekt beim Kriseneintritt war damit, daß kein unbekanntes, gerade neu eingeführtes Produkt ein Problem hatte, sondern daß die umkippende A-Klasse ein Ereignis mit einer hohen Aufmerksamkeit in der Bevölkerung war. Dies war die Situation, in der die gesamte Kommunikation von Daimler-Benz agieren mußte.

Die Auswirkung auf das Image des Unternehmens wird vor allem davon beeinflußt, ob die Kernkompetenzen in ihrer Reputation durch das Krisenereignis beeinträchtigt werden. Im vorliegenden Fall, beim gescheiterten Elchtest, sind dies die Kernkompetenzen der Technologiebeherrschung sowie der Qualität und Sicherheit. Für die Marke Mercedes-Benz sind alle drei Bereiche Eckpfeiler des Markterfolges. Demnach ist das Unternehmen im Image der Kernkompetenzen unmittelbar beeinträchtigt worden. Dies sollte direkte Auswirkungen auf die erforderliche Krisenreaktion haben. Diese Zusammenhänge und diese Wirkungen waren den Hauptakteuren im Krisenmanagement von vornherein klar. Im Zeitablauf gab es jedoch unterschiedliche Möglichkeiten und auch Anforderungen der Kommunikation mit der Öffentlichkeit über Werbeanzeigen.

Bezogen auf die Wahrnehmung der Öffentlichkeit kommt damit dem Foto der kippenden A-Klasse – nicht zuletzt aufgrund der starken Verbreitung – die höchste Bedeutung zu. In den Köpfen der Menschen hatte sich dies als einprägsames inneres Bild festgesetzt. Damit war die negative Bewertung einer nicht ausreichenden Fahrstabilität und Sicherheit des Fahrzeuges verbunden, die zugleich auch auf die Marke Mercedes-Benz negativ ausstrahlte.

So konnte die Kinowerbung für die A-Klasse mit der Werbekampagne „Wir glauben an die nächste Generation" erst nach sechs Wochen gestoppt werden, weil es die technischen Möglichkeiten beziehungsweise die Vertragsgestaltung – nach Aussage des Konzerns – nicht anders zuließen. Dies hatte den Effekt, daß nach dem Krisenfall, wie bereits eingangs beschrieben, über diese Werbespots in den Kinos gelacht wurde. Heute ist ein derartiger Werbestopp bereits innerhalb von zwei bis drei Tagen umsetzbar, so daß hier auch eine deutlich kürzere Reaktionszeit vorliegt.

Nach dem Kriseneintritt hatte die Werbung mit einer verbalen und nonverbalen Kommunikation die Aufgabenstellung, die Phase „Kriseneindämmung und Schadensbegrenzung" möglichst schnell zu überwinden und den Übergang zur Phase „Recovery als Neustart" zu schaffen. Dies läßt sich an den Anzeigenmotiven nachvollziehen.

Die wissenschaftliche Analyse und die Theorie der Werbung sagen uns hierzu als Hintergrundwissen folgendes: Grundlage ist der sogenannte Imagery-Effekt. Dies bedeutet, daß auf einen bestimmten Reiz hin „innere Bilder" aktiviert werden. Innere Bilder bestehen bei Menschen zum einen aus Gedächtnisbildern mit einer konkreten Vorstellung über einen abwesenden Gegenstand. Zum anderen sind mit inneren Bildern neben dieser gedanklichen Wirkung auch emotionale Wirkungen verbunden. Die erste Zielsetzung mußte also dahin gehen, diesen sogenannten Imagery-Effekt, also die Fähigkeit, vorhandene und „festgesetzte" innere Bilder abrufen zu können, zu neutralisieren, noch besser, durch positive innere Bilder zu ersetzen.[10]

Nicht-verbale Eindrücke und emotionale Erlebnisse stehen damit in einem engen Zusammenhang. Emotional belegte innere Bilder beziehen sich auf die Einstellung zu einem Produkt und damit verbundenem Wissen; sie beeinflussen dadurch das Entscheidungsverhalten einer Person. Da derartige Imagery-Prozesse im Menschen nur mit einer geringen gedanklichen Kontrolle ablaufen, also mehr oder weniger unbewußt sind, lassen sie sich auch nur unvollständig in das sprachliche Bewußtsein überführen. Dies gilt sowohl für die einzelne Person als auch für das Unternehmen, das negative innere Bilder „bekämpfen" will. Die Beeinflussung dieser festgesetzten inneren Bilder ist damit also ausgesprochen schwierig. Wie sieht es nun mit dem inneren Bild der kippenden A-Klasse aus?

Es war für alle Experten im Krisenteam klar, daß sich diese inneren Bilder nicht durch eine rein sachlich orientierte Kommunikation neutralisieren respektive beseitigen lassen. Die Lösung konnte deshalb nur in die oben skizzierte Richtung gehen, daß nämlich kommunizierte negative Bilder nur durch nachhaltig positive Bilder abgelöst werden können. Diese positiven Bilder waren erst nach dem 8. Dezember 1997 durch den – unter Mitwirkung von N. Lauda als pressewirksamem Experten – erneut durchgeführten A-Klasse-Test in Idiada/Spanien verfügbar. Bereits mit den Meldungen zum Gewinn des „Goldenen Lenkrads" und des „Großen Automobilpreises von Österreich" sowie der Meldung „Wir haben die Lösung" begann dank zeitlicher Bündelung nicht nur die Kriseneindämmung, sondern auch die Recovery-Phase, die bereits zu einer Entspannung innerhalb der Medienlandschaft führte. Am 10. Dezember 1997 wurde dann in einer breiten Kommunikationsoffensive die Anzeige „A-Klasse hat Elchtest sicher bestanden. Wir haben dazugelernt." geschaltet mit dem Hinweis auf die Sendezeiten der TV-Spots. Abbildung 7.2.-3 zeigt diese Bilderabfolge. Außerdem wurden über 50.000 Videos des Idiada-Tests an Mitarbeiter, Händler und Kunden in ganz Europa verschickt.

Bewertet man die Qualität dieser Kommunikation, dann ist offensichtlich genau der theoretisch fundierte und oben erklärte Wirkungszusammenhang erkannt und entsprechend beeinflußt worden. Da die Anzeigen ganzseitig in der Presse waren, sind die sechs Fotos mit der sicher den Elchtest-Parcours absolvierenden A-Klasse deutlich größer. Die angestrebte nonverbale Wirkung ließ sich hierdurch eher erreichen.

Nun soll auf die Anzeigenmotive eingegangen werden, die bereits vorher veröffentlicht werden konnten: Die Foto-Folge des Tests von Idiada am 10. Dezember 1997 war die dritte Anzeige. Vorher gab es zwei Anzeigen, die am 12. November 1997 („Endgültig") und am 14. November 1997 („Goldenes Lenkrad") abgedruckt wurden. Die erste Anzeige war also direkt zum Auslieferungsstop veröffentlicht worden. Wie erinnerlich, war dieser am 11. November 1997 angekündigt worden und trat am 12. November 1997 in Kraft. Das erste Anzeigenmotiv war in starkem Maße rational ausgerichtet und sprach deshalb den Verstand und sachliche Argumente stärker an. Das zweite Anzeigenmotiv war eindeutig stärker emotional ausgerichtet, zumal es nicht nur Gefühl, sondern auch eine Portion Humor ausdrückte. Interessant ist also, daß alle drei Motive unterschiedliche Kategorien der Wahrnehmung anvisierten.

8. Dezember 1997, Idiada/Barcelona, Spanien

A-Klasse hat Elchtest sicher bestanden. Wir haben dazugelernt.

Und was haben Sie davon?

▶ Die A-Klasse ist jetzt das, was sie eigentlich von Anfang an sein sollte: das wohl sicherste Auto ihrer Klasse.

Wie Sie wissen, brachten einige Journalisten unsere A-Klasse bei einem extremen Fahrmanöver, dem sogenannten „Elchtest", zum Kippen.

Tatsache ist, wir haben einen Fehler gemacht. Aber wir haben ihn behoben und daraus gelernt. Vorgestern, am 8. Dezember, nahmen dieselben Journalisten, nämlich Robert Collin, Jochen Albig, Michael Specht, Dirk Vincken, sowie Niki Lauda die modifizierte A-Klasse wieder hart ran und fuhren erneut den Elchtest. Die A-Klasse bestand ihn souverän. Sie können es heute abend im Fernsehen sehen.

Die A-Klasse im Elchtest – heute im Fernsehen:
ARD 19.19 Uhr und 19.57 Uhr
ZDF 19.17 Uhr
RTL 18.39 Uhr und 21.39 Uhr
SAT.1 18.19 Uhr und 18.54 Uhr

Trotz bestandenen Elchtests sind wir Ihnen noch ein paar Antworten schuldig.

▶ Was haben wir an der A-Klasse verändert? Wir haben eine neue Fahrwerksabstimmung vorgenommen: Die Dämpfer und Federn wurden straffer ausgelegt, die Vorderachse mit stärkerem Stabilisator versehen. Die Spurweite hinten wurde verbreitert und die Karosserie tiefergelegt. Neue Niederquerschnitts-Breitreifen senken zudem den Fahrzeugschwerpunkt weiter ab. Außerdem wird die A-Klasse ab sofort serienmäßig mit dem Elektronischen Stabilitätsprogramm (ESP) ausgestattet. Ein High-Tech-Leckerbissen, der bisher nur Limousinen der Oberklasse vorbehalten war. Das Ergebnis ist eine erhebliche Steigerung der Fahrstabilität bei allen Fahrmanövern, besonders bei Eis, Glätte und Schnee.

▶ Was ist ESP genau? Die Buchstaben ESP stehen für Elektronisches Stabilitätsprogramm. Es beinhaltet die zur Zeit wirksamsten Fahrhilfen: Antiblockiersystem (ABS), Bremsassistent (BAS) und Antriebsschlupfregelung (ASR). Aber es kann noch mehr: Wann immer die Fahrzeugstabilität gefährdet scheint, kann ESP jedes Rad einzeln bremsen und sogar in die Motorsteuerung eingreifen. Gerade so, als hätten Sie vier Bremspedale und ebenso viele Füße.

▶ Ab wann gibt es die modifizierte A-Klasse? Wir liefern ab Februar 1998 aus. Früher geht leider nicht, da die Umstellung etwas Zeit braucht. Alle schon ausgelieferten A-Klassen werden kostenlos auf denselben technischen Stand gebracht, d. h., auch sie erhalten die modifizierte Fahrwerksabstimmung und ESP.

▶ Wie geht es weiter? Die Wellen gingen hoch und trübten die Sicht. Jetzt ebben sie ab. Bei ruhiger See kann man erkennen: Es gibt in der vergleichbaren Klasse kein Fahrzeugkonzept, das mit seinen verkehrsfreundlichen Außenmaßen mehr Raum, Variabilität, Komfort und Sicherheit bietet als die A-Klasse. Und es gibt wahrscheinlich jetzt auch kein Fahrzeug, das intensiver und kritischer getestet worden ist als die A-Klasse.

Wir möchten uns an dieser Stelle für die Loyalität unserer Kunden ganz herzlich bedanken. Sie haben uns die Chance gegeben, einen Fehler wiedergutzumachen.

▶ Wenn Sie noch weitere Fragen haben, stehen Ihnen unsere Experten Rede und Antwort. Am Telefon gebührenfrei unter 01 30/77 12. Informationen im Internet unter http://www.mercedes-benz.com.

Mercedes-Benz
Die Zukunft des Automobils.

Abbildung 7.2.-3: Anzeigenmotiv vom 10. Dezember 1997 zum Testimonial in Idiada/Spanien

Wie bereits erwähnt, ist die Zweckmäßigkeit und die Notwendigkeit einer Verbindung des Krisenmanagement und der Kommunikationsstrategie im Krisenfall von großer Bedeutung. Auch wenn hier nur ein Aspekt der Krisenkommunikation dargestellt wird, darf der Gesamtzusammenhang nicht aus den Augen verloren werden. In der Krisenkommunikation wird der größte Teil der Öffentlichkeit über die Presse erreicht. Sie ist neben der direkten Ansprache das wichtigste Element, um eine große Reichweite und Informationsdurchdringung zu erzielen, wie bereits in dem vorhergehenden Abschnitt verdeutlicht wurde. Aufgrund der Wahrnehmung und Interpretation durch die Pressevertreter beinhaltet sie jedoch immer einen Informationsfilter. Für eine integrierte Kommunikation ist die direkte Ansprache aber ein Schlüsselinstrument, mit dem ein „unverfälschter" Informationsfluß gewährleistet wird. Jeder gezielten Werbeaktivität in einer Krisensituation kommt hierdurch eine hohe Bedeutung zu.

Im folgenden soll eine Bewertung der von der Abteilung PKW Marketing-Kommunikation vorgeschlagenen und anschließend durchgeführten Anzeigenserie vorgenommen werden. Die in der Krisensituation geschalteten Anzeigen unterscheiden sich erwartungsgemäß völlig von der Kommunikation vor dem Elchtest, wie sie in Unterkapitel 4.2. dargestellt ist. Die Kommunikation nimmt den Krisenfall offensiv auf und durchläuft – zusammen mit den anderen Maßnahmen der Kommunikation – den folgenden „Dreisprung":

1. Phase: Betroffenheit durch die Krise zeigen und die Fähigkeit kommunizieren, mit der Krise und deren negativen Auswirkungen umgehen zu können. Erster Versuch: Aussage von J. Hubbert auf der Pressekonferenz am 29. Oktober 1997: „Wir haben eine Schwäche", die sich jedoch nur auf die spezifischen Anforderungen des Elchtests bezog. Dem schloß sich gleich eine Erklärung an, daß die A-Klasse für den Alltagsverkehr ohne jegliche Modifikationen bereits sicher ist. Mit dieser Offenlegung wird nicht vermittelt, daß mit den negativen Auswirkungen eines Fahrtests in Extremsituationen situationsgerecht umgegangen wird. Dies zeigt, daß vom Konzern das Problem der öffentlichen Meinung nicht ausreichend nachvollzogen und berücksichtigt wurde.

2. Phase: Wirkung in Form von nachvollziehbaren und für den Kunden wesentlichen Produktverbesserungen zeigen. Konkret: Insbesondere durch die Nachrüstung mit ESP wurde das Problem gelöst bzw. durch konkrete Kommunikationsinhalte vermittelbar gemacht.

3. Phase: Einsicht zeigen in der Form, daß ein positiver Imageträger, wie es Boris Becker ist, für die gleiche Botschaft genutzt wird: Wer aus Fehlern lernt, wird stärker und besser.

Damit wird erkennbar, daß diese Vorgehensweise dem theoretischen Konzept einer guten Kommunikation entspricht. Durch diese Phasenfolge wird folgendes möglich:

- Daimler-Benz arbeitet erkennbar die Krise in diesen drei Schritten auf.

- Die Öffentlichkeit kann die mentale Bewältigung der Krise durch das Unternehmen nachvollziehen.

- Für die Öffentlichkeit selbst besteht durch die Abfolge ebenfalls die Möglichkeit, die Krise und ihre Folgen besser zu verarbeiten.

Im Ergebnis bewirkt dies, daß die Glaubwürdigkeit der Krisenbewältigung und damit des gesamten Unternehmens erhöht wird.

In der Realität hat die Umsetzung dieser Zielsetzung mit dem vorgesehenen Dreisprung aber nicht reibungslos und gut geklappt. Das erste Motiv hat diese Empfindlichkeit der Situation nicht in vollem Maße berücksichtigt und war – wenn auch lediglich aus Sicht der Kommunikationsexperten – eher autoritär mit der Formulierung „Wir wollen die Diskussion um die Sicherheit der A-Klasse beenden. Endgültig." Es ist nicht ausreichend klar geworden, daß das Unternehmen damit meint: Wir tun alles, damit das Problem endgültig beseitigt ist. Vielmehr hat es eher so geklungen, daß man keine Nerven und keine Lust mehr hatte, darüber zu diskutieren, und daß jetzt ein endgültiger Strich gezogen wird. Offensichtlich war diese mögliche Fehlinterpretation aber nicht von den maßgeblichen Führungskräften so gesehen worden. In der Öffentlichkeit kam die Anzeige jedoch gut an.

Nun zu den Details: Nach dem Kriseneintritt und einer für das Unternehmen nicht sehr positiv verlaufenen Pressekonferenz am 29. Oktober 1997 wurde die erste von Daimler-Benz veröffentlichte Anzeige am 12. November 1997 geschaltet. Diese Anzeige, die in Abbildung 7.2.-4 zu sehen ist, wurde am 10. November 1997 von der Abteilung Marketing-Kommunikation vorgetextet und am 11. November 1997 von den Vorstandsmitgliedern gemeinsam redigiert. Bereits am Dienstag nachmittag wurde die Anzeige in die Anzeigenabteilung weitergereicht, um sie am Mittwoch, dem 12. November 1997, zum Tag des Auslieferungsstopps zu schalten.

Die Zielsetzung bestand darin, sehr schnell zu reagieren, gegebenenfalls auch ohne Perfektion. C. Walther hierzu: „Speed ist wichtiger als das alle befriedigende Wording." Im nachhinein zeigte sich aufgrund der Reaktion der Presse, daß die Formulierung des Anzeigentextes zu hart war. Maßgeblich waren hierfür mehrere Gründe:

- Das Wort „Endgültig" wurde im Sinne von „Gebt endgültig Ruhe" so interpretiert, daß das Unternehmen den Kunden die Reaktion vorschreiben will.

- Von der Presse und für die Presse hätte die Anzeige sehr schnell als „Maulkorb" interpretiert werden können.

- Das Wort „wollen" wurde ebenfalls als überheblich interpretiert. Besser wäre hier zweifellos eine Aussage „möchten" gewesen.

- Insgesamt wirkte demnach die Botschaft eher arrogant, da eine der Situation angemessene „Tonality" nicht gefunden wurde.

- Im Rückblick auf die damalige Situation, in der die Akteure unter nicht zu unterschätzendem psychischen und zeitlichen Druck standen, läßt sich hier schlußfolgern, daß die Verantwortlichen im Unternehmen, die in einer kleinen Gruppe diese Anzeige formulierten, selbst mit Nachdruck hier positive Botschaften an die Öffentlichkeit vermitteln wollten, die dann aber – insbesondere von Nicht-Mercedes-Benz-Kunden – nicht entsprechend verstanden und interpretiert wurden. Eine klare und direkte Wortwahl, die das Management gewöhnt ist, hatte hier zu Werbebotschaften geführt, die der Situation nicht angemessen waren. Sie wurden teilweise als zu unsensibel empfunden und reflektierten die Ausgangssituation, wie sie sich für die Öffentlichkeit darstellte, nicht genügend.

Daß die Anzeige überheblich wirkt, war vom Unternehmen nicht beabsichtigt. Sie sollte ausdrücken, daß das Unternehmen bereit ist, alles zu tun, um die eigenen Anforderungen und die der Kunden an die Sicherheit und Qua-

Wir wollen die Diskussion um die Sicherheit der A-Klasse beenden. Endgültig.

▶ Ob die A-Klasse auch den sogenannten Elch-Test besteht, ist schon keine Diskussion mehr: Am 26. 10. 97 und am 5. 11. 97 haben TÜV und ADAC die A-Klasse diesem Test unterzogen und bestätigt, daß unser Auto den Test genauso besteht wie alle anderen in dieser Klasse. Andere Fachleute sind inzwischen zum gleichen Ergebnis gekommen – teilweise mit eingebautem ESP (Elektronisches Stabilitätsprogramm), teilweise auch ohne. Bei einigen Tests ohne ESP, aber mit deutlich höherer Geschwindigkeit, kam es dagegen zu kritischen Situationen. Es geht hier nicht um die Frage, ob solche Extremtests überhaupt etwas bedeuten, wie andere Autos dabei abschneiden, ob das beim nächsten Test genauso ausgehen würde, ob ESP das verhindern kann usw.

Allein schon die Tatsache, daß die Sicherheit eines Mercedes angezweifelt wird, ist mit unserer Haltung grundsätzlich nicht vereinbar.

▶ Deshalb wollen wir jetzt die Diskussion beenden. Mit einer Lösung, wie sie sich für eine Marke wie Mercedes-Benz gehört: Wir haben eine völlig neue Fahrwerksabstimmung entwickelt, mit der die A Klasse jetzt auch extreme Tests so gut meistert wie alle anderen Fahrzeuge dieser Klasse.

▶ Und wir gehen noch einen Schritt weiter und rüsten die A-Klasse mit einem weiterentwickelten ESP aus. Damit besteht die A-Klasse dann auch Situationen, die kein anderes Fahrzeug dieser Klasse meistert: auf Eis, auf Schnee, auf Nässe. Denn jetzt nur auf das Sicherheitsniveau aller anderen zu kommen, erschien uns zuwenig. Von Mercedes-Benz erwarten Sie mehr – und das zu Recht.

▶ Daß wir in der Sicherheit bei der A-Klasse eine Schwäche gezeigt haben, daß unsere Tests in die Diskussion geraten sind, bedauert sicher niemand mehr als wir selbst. Jetzt bieten wir Ihnen aber eine Lösung an, die das Problem endgültig aus der Welt schafft.

▶ Um diese Lösung in Serie produzieren zu können, brauchen wir ca. 12 Wochen. Bitte geben Sie uns diese Zeit und haben Sie etwas Geduld – auch wenn Sie vielleicht unsere Maßnahmen für etwas übertrieben halten, da für Sie die A-Klasse schon jetzt in allen Verkehrssituationen vollkommen sicher ist (was uns übrigens die 1.400 Tester der Autopresse in der ganzen Welt schon vor Monaten bestätigt haben).

Trotzdem: Wir unterbrechen die Auslieferung der A-Klasse für diese kurze Zeit. Denn unsere Haltung verbietet es uns, ein Auto auszuliefern, von dem wir heute wissen, daß wir es besser machen können.

▶ Damit sind hoffentlich alle Diskussionen beendet, und Sie sehen bei der A-Klasse wieder das, was alle Welt an diesem Auto begeistert: die Ideen, die Form, die Technik und das Gefühl, hier ein Stück Zukunft des Automobils vor sich zu haben.

Mercedes-Benz

Abbildung 7.2.-4: Anzeigenmotiv zum Auslieferungsstopp am 12. November 1997

lität des Produktes „Endgültig" zu erfüllen. In der gegenwärtigen Situation mit den bestehenden Problemen läßt sich die Botschaft dieser Anzeige aber – wie angesprochen – auch „autoritär" verstehen. Dies führt als Konsequenz dazu, daß auch das Unternehmen autoritär wirkt, da es anscheinend nicht mehr bereit ist, über die Sicherheit der A-Klasse weiter zu diskutieren. Die Bewertung hängt also von der damit verbundenen Assoziation ab. Unbestritten ist, daß die Anzeige damit nicht nur eindeutig positive Botschaften in dieser schwierigen Situation transportierte.

Die Wirkung war demzufolge, daß die Anzeige insbesondere von Werbeexperten negativ bewertet wurde.[11] Die breite Gruppe der Adressanten hat sie jedoch nicht als problematisch angesehen. Anders herum wären die Auswirkungen für das Unternehmen aber schlimmer gewesen, wenn die eigentliche Gruppe der Adressaten die Anzeige als arrogant und „von oben herab" interpretiert und nur die kleine Gruppe der Experten die Anzeige als grundsätzlich gut beurteilt hätte.

Eine weitere Möglichkeit, die Wirkungen eines „Inneren Bildes" „aufzuweichen" und in seiner Auswirkung freundlicher zu gestalten, ist, dieses innere Bild mit Humor zu belegen. Wenn ein Unternehmen in der Lage ist, auf das Problemthema mit humorvollen Darstellungen und Witz zu reagieren, dann entschärft es die Krisensituation. Dies wirkt auf Außenstehende in der Regel ebenfalls eher „locker". Aus diesem Grund wird mit dieser Umgangsweise in Problemsituationen oft Sympathie verbunden. Im Krisenfall der A-Klasse hat das Unternehmen diese Vorgehensweise mit seiner zweiten Anzeige aufgegriffen. Daimler-Benz konnte nun die Krise für sich nutzen, und zwar mit der Anzeige „Goldenes Lenkrad" (siehe Abbildung 7.2-5), die ebenfalls wie die drei anderen Anzeigen in 180 Tageszeitungen geschaltet wurde.

In dieser schwierigen Zeit gab es für Daimler-Benz mehrere gute Nachrichten. Am 10. November 1997 wurde der Österreichische Automobilpreis für die A-Klasse verliehen. Ebenfalls am 10. November bestätigte der ADAC positive Testergebnisse mit der A-Klasse und am 12. November 1997 erhielt die A-Klasse das „Goldene Lenkrad", das von „Bild am Sonntag" verliehen wird. Diese Preisverleihung nutzte Daimler-Benz als Thema der oben

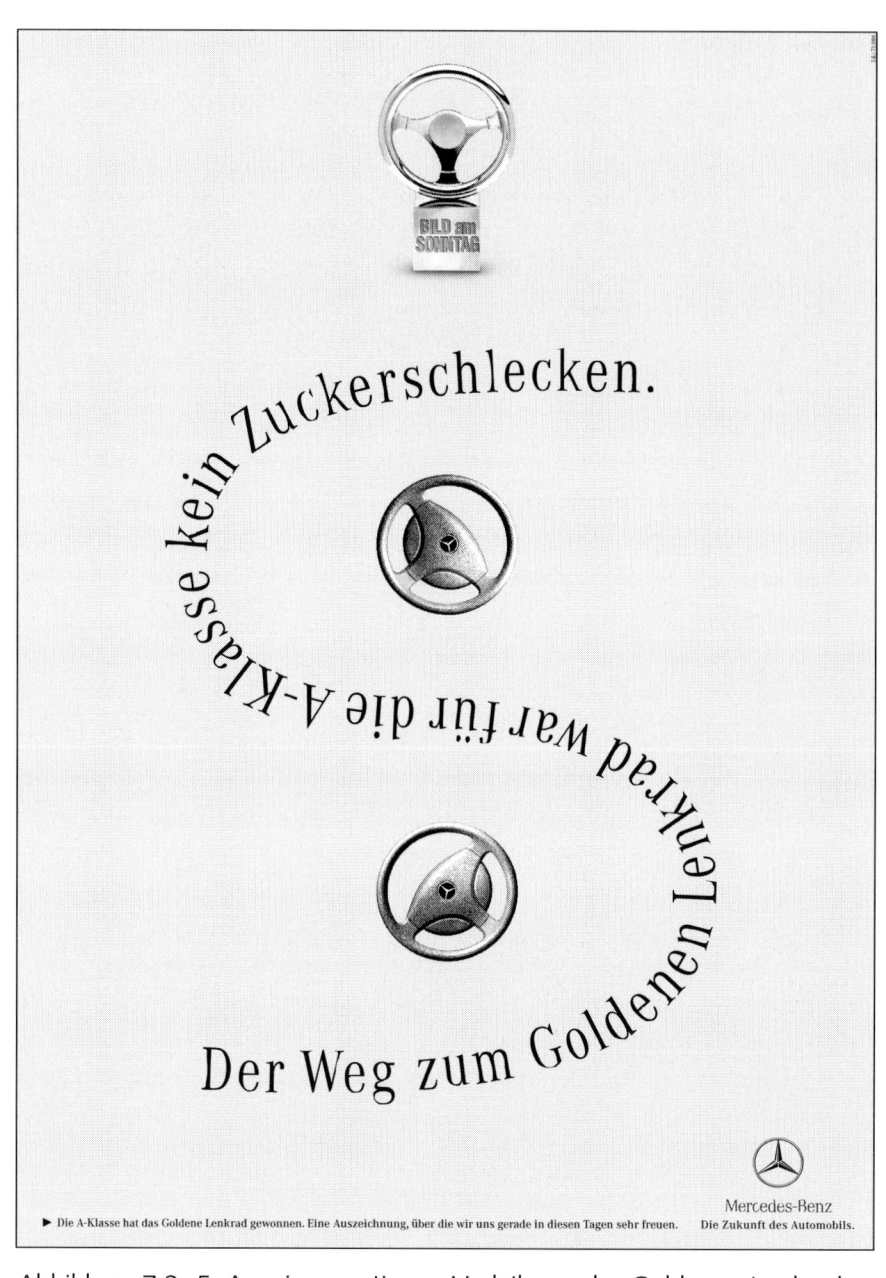

Abbildung 7.2.-5: Anzeigenmotiv zur Verleihung des Goldenen Lenkrads

angesprochenen Anzeige, welche die Phase der Kriseneindämmung nach Bekanntgabe der technischen Lösung auf eine humorvolle Weise abschließen sollte, wie Abbildung 7.2.-5 zeigt.

Dies war die Einleitung und Überleitung zum Recovery auf psychologischer Ebene, denn mit der Preisverleihung bestätigte nun auch die Presse, daß das Fahrzeug „so schlecht nicht sein kann", wobei eine Voraussetzung für die Vergabe des Preises notwendig war: Ein positiver Nachtest durch Rauno Aaltonen, einem ehemaligen Rallye-Fahrer, als Mitglied der Jury „Goldenes Lenkrad".

In der Phase „Recovery als Neustart" mußte die Öffentlichkeit darüber aufgeklärt werden, was ESP eigentlich ist und wie es funktioniert, denn eine Flut telefonisch nicht mehr zu bewältigender Anfragen brach über Daimler-Benz herein. Um diese zu beantworten, wurde eine weitere Tageszeitungs-Anzeige mit der Überschrift „Das tut ESP." geschaltet, die in Abbildung 7.2.-6 dargestellt ist.

Der Erfolg dieser Anzeige zeigte sich u.a. darin, daß die Anzeige den 1. Platz im Wettbewerb „1 PS für mehr Sicherheit" gewann.

Die Anzeigenmotive mit Boris Becker als Imageträger (siehe Abbildung 7.2.-7a und b) erschienen in der Zeit vom 24. Februar bis 16. März 1998. Diese Anzeigenserie über drei Wochen leitete den „zweiten Start" der A-Klasse ein. Am 25. Februar 1998, also einen Tag vor Beginn der Wiederauslieferung, hatte die „Bild-Zeitung" die Anzeigen-Kampagne vorgestellt. Parallel dazu gab es auch im Werk Rastatt zum Neustart der A-Klasse Presseaktivitäten mit bundesweiter Berichterstattung.

Die Wahl eines starken Imageträgers, der große Erfolge, aber auch schwere Niederlagen, erlebt hatte und der in seiner kommunikativen Kompetenz gewachsen war, steht als Symbol für die von Daimler-Benz durchlebte Krise. Die verwendeten Zitate waren Originalzitate von Boris Becker aus seiner aktiven Spielerzeit, die er weit vor dem Elchtest gesagt hatte. Die Aussagen standen also nicht in einem Zusammenhang mit der A-Klasse, ließen sich aber gut übertragen. Mit dieser Botschaft entschuldigte sich Mercedes-Benz respektive Daimler-Benz indirekt, allerdings erst nachdem

Das tut ESP.

▶ Ganz gleich, ob Sie auf einer trockenen, nassen, schmutzigen, schnee- oder eisbedeckten Fahrbahn unterwegs sind: In jedem Fall ist es gut, das Elektronische Stabilitätsprogramm ESP an Bord zu haben. Denn es korrigiert Schleuderbewegungen, die durch unvorhergesehene Fahrmanöver verursacht werden. Und zwar so effektiv, daß der Wagen erst gar nicht ausbricht, sondern weiter treu die Spur hält.

▶ Man kann sich ESP am einfachsten als einen elektronischen Copiloten vorstellen, der die Eigenschaften von Antiblockiersystem (ABS), Bremsassistent (BAS) und Antriebsschlupfregelung (ASR) miteinander vereint und jedes Fahrmanöver wachsam verfolgt. Droht der Wagen auszubrechen, bremst ESP blitzschnell eins oder mehrere Räder ab, um das Fahrzeug zu stabilisieren. (Das ist ungefähr so, als könnte man mit vier Füßen vier Bremspedale sicher bedienen.) Zudem paßt ESP, falls nötig, automatisch die Motorleistung an. All das führt zu mehr aktiver Sicherheit, sollte den Fahrer aber keinesfalls zur Unvernunft verleiten. Denn auch ESP funktioniert nur innerhalb der Grenzen der Physik.

▶ Rufen Sie uns doch an: 01 30/01 40. Und wir schicken Ihnen unseren ESP-Prospekt. Internet: http://www.mercedes-benz.com

Mercedes-Benz
Die Zukunft des Automobils.

Abbildung 7.2.-6: Anzeigenmotiv: „Das tut ESP."

alles vorbei war und die A-Klasse wieder ausgeliefert wurde. Die Wirkung der Anzeige mit Boris Becker als Sympathieträger schaffte Akzeptanz in der Öffentlichkeit.

Die Boris Becker Anzeigen wurden von „w&v" als Zeitungsanzeigen des Monats März 1998 ausgezeichnet und vom BDW bekamen die Anzeigenmotive „Gold".

Wie sind die Anzeigenmotive inhaltlich, vom Ablauf und vom jeweiligen Zeitpunkt der Schaltung zu werten? Insgesamt zeigt sich, daß von den hierfür verantwortlichen Führungskräften mit viel Sachverstand ein guter Spannungsbogen aufgebaut wurde. Dies gilt auch unter der Einschränkung, daß – wie dargestellt – die „Endgültig"-Anzeige bei der Fachwelt aufgrund des Wording keine Zustimmung fand. Konzeption und Umsetzung dieser Anzeigen wiesen viel Professionalität auf und waren damit ein wichtiger Baustein zur Krisenbewältigung.

Eine ganz andere Art von Anzeige als die vom Unternehmen veröffentlichten wurde von der Belegschaft, den Betriebsräten und Vertrauensleuten des Werkes Rastatt unter der Regie der IG Metall geschaltet. In welchem Maße die A-Klasse-Krise eine Wirkung auf die Mitarbeiter hatte, zeigt die Abbildung 7.2.-8. Für die Mitarbeiter stand im Vordergrund, daß eine „gute A-Klasse" ihre Arbeitsplätze und damit die Beschäftigung in der Region sichert. Deshalb war ihnen unter diesem Blickwinkel daran gelegen, daß das Vertrauen in die Kernkompetenz von Daimler-Benz zurückgewonnen wird. Dies sollte die Anzeige den Kunden vermitteln, mit dem Ziel, die Nachfrage nach dem Produkt zu erhalten.

Die Anzeige „A-Klasse sichert Beschäftigung in der Region" stellte damit auch einen „Schulterschluß" zwischen Belegschaft und Management dar. Dies ist also einer der Fälle gewesen, bei dem die Interessen der Unternehmensleitung offensichtlich unmittelbar mit den Interessen der Mitarbeiter, der Betriebsräte und auch der Gewerkschaften, in diesem Falle vertreten durch die IG Metall, harmonisierten. Dies war auch für die Medien ein Signal der Solidarität, das seinen Niederschlag in der Berichterstattung fand.

„Stark ist, wer keine Fehler macht. Stärker, wer aus seinen Fehlern lernt."

Boris Becker

Die A-Klasse ist wieder da.

▶ Man kann nur besser werden, wenn man fähig ist, aus seinen Fehlern zu lernen. Viele Sportler wären heute nicht an der Spitze, wenn sie diese Fähigkeit nicht besäßen. Aber auch in anderen Lebensbereichen wären viele außergewöhnliche Leistungen nie erbracht worden, wenn es nicht immer wieder Menschen gegeben hätte, die mit Ehrgeiz und Herzblut konsequent an ihrem Ziel festhielten. Nur durch ständiges Hinterfragen und Optimieren können neue, ungewöhnliche Lösungen entstehen. Wie bei der A-Klasse von Mercedes-Benz.

▶ Viele Jahre Entwicklungszeit und viel Liebe zum Detail haben dafür gesorgt, daß die A-Klasse voller Innovationen steckt, die das Autofahren angenehmer und sicherer machen. Aufgrund der Ereignisse der letzten Monate haben wir sie darüber hinaus mit ein paar technischen Errungenschaften ausgestattet, die sonst nur in unseren Ober-Klasse-Limousinen zum Einsatz kommen. Zum Beispiel ist die A-Klasse jetzt serienmäßig mit ESP® ausgestattet. Ein System, das u. a. die drei zur Zeit wirksamsten Fahrhilfen beinhaltet: das Antiblockiersystem ABS, die Antriebsschlupfregelung ASR und den Bremsassistenten BAS. Daneben sorgen eine andere Fahrwerksabstimmung und neue Niederquerschnittsreifen zusätzlich für eine verbesserte Straßenlage.

*ESP® (Elektronisches Stabilitätsprogramm) ist eine eingetragene Marke der Daimler-Benz AG.

▶ Die A-Klasse ist heute nicht nur ein Optimum an Platz, Komfort und Sicherheit: In der A-Klasse stecken viele Erfahrungen, die kommenden Autogenerationen helfen können, einen neuen Standard zu erreichen.

▶ Mehr über die A-Klasse und ihre Neuerungen erfahren Sie kostenlos unter Tel. 01 30/0 1 40 und im Internet: http://www.mercedes-benz.com. Oder direkt vor Ort bei einer Probefahrt. Ihr Mercedes-Benz Vertriebspartner freut sich auf Ihren Besuch. Wir glauben an die nächste Generation.

Mercedes-Benz
Die Zukunft des Automobils.

Abbildung 7.2.-7a: Anzeigenmotiv 1 mit Boris Becker

„Ich habe aus meinen Rückschlägen oft mehr gelernt als aus meinen Erfolgen."

Boris Becker

Die A-Klasse ist wieder da.

▶ Wer im Sport erfolgreich sein will, darf nie aufhören, an sich selbst zu arbeiten. Und muß bereit sein, aus seinen Fehlern zu lernen. Viele Sportler wären heute nicht an der Spitze, wenn sie diese Fähigkeit nicht besäßen. Aber auch in anderen Lebensbereichen wären viele außergewöhnliche Leistungen nie erbracht worden, wenn es nicht immer wieder Menschen gegeben hätte, die mit Ehrgeiz und Herzblut konsequent an ihrem Ziel festhielten. Nur durch ständiges Hinterfragen und Optimieren können neue, ungewöhnliche Lösungen entstehen. Wie bei der A-Klasse von Mercedes-Benz.

▶ Viele Jahre Entwicklungszeit und viel Liebe zum Detail haben dafür gesorgt, daß die A-Klasse voller Innovationen steckt, die das Autofahren angenehmer und sicherer machen. Aufgrund der Ereignisse der letzten Monate haben wir uns zusätzlich mit ein paar technischen Errungenschaften ausgestattet, die sonst nur in unseren Oberklasse-Limousinen zum Einsatz kommen. Z.B. ist die A-Klasse jetzt serienmäßig mit ESP® ausgestattet. Ein System, das u.a. die drei zur Zeit wirksamsten Fahrhilfen beinhaltet: das Antiblockiersystem ABS, die Antriebsschlupfregelung ASR und den Bremsassistenten BAS. Daneben sorgen eine andere Fahrwerksabstimmung und neue Niederquerschnittsreifen zusätzlich für eine verbesserte Straßenlage.

'ESP® (Elektronisches Stabilitätsprogramm) ist eine eingetragene Marke der Daimler-Benz AG.

▶ Die A-Klasse ist heute nicht nur ein Optimum an Platz, Komfort und Sicherheit: In der A-Klasse stecken viele Erfahrungen, die kommenden Autogenerationen helfen können, einen neuen Standard zu erreichen.

▶ Mehr über die A-Klasse und ihre Neuerungen erfahren Sie kostenlos unter Tel. 01 30/01 40 und im Internet: http://www. mercedes-benz.com. Oder direkt vor Ort bei einer Probefahrt. Ihr Mercedes-Benz Vertriebspartner freut sich auf Ihren Besuch. Wir glauben an die nächste Generation.

Mercedes-Benz
Die Zukunft des Automobils.

Abbildung 7.2.-7b: Anzeigenmotiv 2 mit Boris Becker

Abbildung 7.2.-8: „A-Klasse sichert Beschäftigung in der Region – Allen Elchen zum Trotz!"

Fast ein Jahr nach dem Krisenfall, im August 1998, stand die A-Klasse auf Platz 6 der Verkaufszahlenstatistik und war damit – wie im ersten Kapitel referiert – der meistverkaufte Mercedes-Benz zu diesem Zeitpunkt. Im gesamten Jahr 1998 wurden ca. 136.000 Fahrzeuge europaweit – und dies war zugleich auch weltweit – verkauft. Zusätzlich verkaufte sich auch das Elch-Stofftier in Stuttgart-Möhringen, dem Hauptsitz von Daimler-Benz, 11.000 mal, obwohl dort nur 3.500 Mitarbeiter beschäftigt sind. Auch dies läßt einen Rückschluß auf die von der Öffentlichkeit entgegengebrachte Sympathie gegenüber dieser „Geschichte" zu.

7.2.4. Die Stellung, Aufgabe und Unterstützung des Vorstandes

Bereits in Tokio, als alle dort anwesenden Führungskräfte von Daimler-Benz durch die Information und die übermittelten Bilder von der gekippten A-Klasse geschockt waren, sagte J.E. Schrempp – wie im ersten Kapitel dieses Buches ausgeführt, diese Krise dürfe jetzt nicht zu Resignation führen. Es sei klar, daß dabei trotzdem keiner das Ausmaß dieser Krise unterschätze. Nach kurzer Zeit hatte J.E. Schrempp die Frage gestellt, wo neben allen Problemen, die mit dieser Krise verbunden waren, für das Unternehmen zugleich die Chance dieser Krise stecke. Denn er war fest davon überzeugt, daß jede Krise eine Chance in sich berge. Man müsse nur in der Lage sein, sie zu suchen und zu finden.

Dies war damals zwar eine Leitlinie, aber durch die Probleme der Realität hatte sie am Anfang nicht im Vordergrund gestanden. Für ein gutes Krisenmanagement ist diese Sichtweise aber unerläßlich. Anderenfalls wird Negatives immer eher nur neutralisiert und nicht durch weitergehende Maßnahmen in einen Erfolg umgedreht. Die Aufgabenstellung ist also gerade für die Unternehmensleitung, zu erkennen und zu unterstützen, wie aus „Minus" „Plus", also aus einem Problem ein Erfolg gemacht werden kann.

Nach der Rückkehr nach Deutschland hatte J. Hubbert als das für das Geschäftsfeld PKW zuständige Vorstandsmitglied zunächst die Kommunikation mit den Medien geführt.

Betrachtet man die Stellung und die Aufgabe des Vorstandsvorsitzenden in einer Krisensituation stellt sich die Frage, ob sich J.E. Schrempp als Vorstandsvorsitzender nicht früher nach Eintritt des Krisenfalls in die Krisenbewältigung und externe Krisenkommunikation hätte einschalten sollen. Hierfür gibt es positive und negative Argumente. Das stärkste positive Argument ist, daß nach außen gerichtet, also für die Kunden und die Öffentlichkeit, aber auch nach innen gerichtet für die Mitarbeiter nachvollziehbar gewesen wäre, daß die Unternehmensspitze die Krise als so wichtig ansieht, daß sie das Krisenmanagement selbst in die Hand nimmt. Tatsächlich war J.E. Schrempp zu jedem Zeitpunkt der Krise intern in das Geschehen des Krisenmanagement involviert, für die Öffentlichkeit war dies jedoch nicht deutlich.

Dieser positiven Sichtweise stehen aber eine Reihe von negativen Wirkungen gegenüber: Zum einen wäre – für jeden nachvollziehbar – das Management des zuständigen Geschäftsbereichs unmittelbar und nachhaltig „entmachtet" worden. Denn nach dem Prinzip des Management by Exception hätte der Unternehmensführer beim Auftauchen eines gravierenden Problems die Leitung selbst in die Hand genommen. Außerdem wäre der Sachverstand der Geschäftsbereichsleitung nicht mehr in vollem Maße eingebracht bzw. genutzt worden. Hinzu kommt, daß die Geschäftsbereichsleitung bei einer Nichteinmischung des Vorstandsvorsitzenden die Verantwortung für die Krisenbewältigung behielte. Wenn der Krisenfall in den Verantwortungsbereich der Geschäftsbereichsleitung gehört, dann sollte auch ihr Know-how ideenreich und konstruktiv zur Kriseneindämmung genutzt werden. Dieses kann aber nur dann geschehen, wenn die Geschäftsbereichsleitung nicht das Gefühl eines Verantwortungsentzugs vermittelt bekommt.

Ein weiteres starkes Argument ist darin zu sehen, daß das Eingreifen des Vorstandsvorsitzenden die höchste Instanz im Unternehmen in die Krisenbewältigung mit einbezieht. Damit ist im Falle des Scheiterns eines Krisenmanagement die Reputation des Vorstandsvorsitzenden in direktem Maße beeinträchtigt. Dann ist auch der Schaden für das gesamte Unternehmen deutlich größer.

Allerdings gibt es auch Krisenfälle, bei denen der Vorstandsvorsitzende sofort auftreten und gegebenenfalls auch eingreifen muß, um die Bedeutung und Betroffenheit des Unternehmens durch die Krise und die Glaubwürdigkeit bei der Krisenbewältigung zu dokumentieren. Dies gilt vorwiegend für Krisen, die mit einem hohen Schaden an Menschenleben verbunden sind.

Ein Mittelweg ist die im A-Klasse-Krisenfall gewählte Vorgehensweise: Der Vorstandsvorsitzende bezog öffentlich eine Position zum Stellenwert der Krise und zur notwendigen schnellen Krisenbewältigung erst, nachdem die technische Lösung feststand und sich die Position des Unternehmens gegenüber der Presse damit wieder verbesserte. Nach innen stärkte er dem zuständigen Management des Geschäftsbereichs von Krisenbeginn an den Rücken hinsichtlich ihrer Entscheidungen, vereinbarte mit ihnen aber gleichzeitig Zeit- und Ergebnisvorgaben.

Diese Form der „Einmischung" des Vorstandsvorsitzenden in die Krisenbewältigung hat eine positive Auswirkung auf die Berichterstattung der Medien und auf die öffentliche Meinung. Daß die Krise offensichtlich aus Sicht der Medien zur „Chefsache" wurde, war eine wichtige positive Nachricht für sie. Weiterhin führten die Diskussion und die Spekulation über einen möglichen Auslieferungsstopp - wenn wie bei der A-Klasse die Krise innerhalb von 14 Tagen nicht lösbar war - dazu, daß für die vorgesehene Richtung der Krisenbewältigung und damit für das Unternehmen eine positive Grundstimmung erzeugt wurde. Denn hierdurch wird erkennbar, daß das Unternehmen die Krise sehr ernst nimmt und eine sehr umfassende Lösung durchführen will.

Um zu den bestmöglichen Lösungen zu kommen, setzt J.E. Schrempp sogenannte „Blue Teams" und „Red Teams" ein, die unterschiedliche Positionen erarbeiten und vertreten sowie dann gegeneinander mit ihren jeweiligen Argumenten antreten. Der Vorstandsvorsitzende bildet sich auf dieser Basis ein breites Meinungsbild und kommt auf diese Weise zu einer ausgewogenen Entscheidung. Auch in dem A-Klasse-Krisenfall beriet sich J.E. Schrempp nach dem gleichen Prinzip mit verschiedenen Personen als „Sounding Board", um zu einer optimalen Lösung zu kommen. Er sagte gegenüber dem Krisenteam: „Wir müssen das Problem in den Griff bekommen. Wir dürfen uns nicht treiben lassen. Wir müssen weiter springen als der Moment. Wenn die Medien erst fordern, daß wir springen, dann ist es zu spät."

Am Sonntag, dem 9. November 1997, sind bei der Besprechung im Privathaus von J.E. Schrempp die Mitglieder des „Sounding Board" festgelegt worden, mit denen am folgenden Montagmorgen die geplanten Maßnahmen besprochen und deren Bewertung und Urteil eingeholt werden sollten. Zur Diskussion und Bewertung wurden den einzelnen Teilnehmern des „Sounding Board" vor allem die drei unterschiedlich weitreichenden Szenarien als mögliche Lösungswege vorgestellt, um eine externe Einschätzung der besten Lösung zu bekommen.

Das „Sounding Board", das vor allem auch aus neutralen, also nicht mit dem Unternehmen direkt verbundenen Personen zusammengesetzt war, diente dazu, deren ganz persönliche Meinung zu erfahren, ob aus deren Sicht die vorgesehenen Maßnahmen und Problemlösungen richtig gewählt worden waren. Dies ermöglichte bei guter Auswahl der Teilnehmer ein breites, wenn auch subjektives und nicht repräsentatives Meinungsbild. Denn das Marketing-Team und das Entwicklungs-Team waren durch den Krisenfall so stark emotional betroffen, daß sie selbst befürchteten, nicht ausreichend objektiv zu sein. Von daher fungierte das „Sounding Board" für J.E. Schrempp und andere Vorstandsmitglieder als „letzte Instanz", bevor die endgültige Entscheidung getroffen wurde.

Am Morgen des 10. November 1997 wurde – wie bereits an früherer Stelle erwähnt – das „Sounding Board" mit folgenden Personen bzw. Positionen einberufen:

- Stellvertretender Chefredakteur eines Wirtschaftsmagazin (Journalist)
- Chef einer Werbeagentur (Marketing/Werbung)
- Unternehmensberater (Marketing/Umsetzung)
- Managing Director einer Investment Bank (Börsenspezialist)
- Kommunikationsberater (Public Relations/Medien)
- Niederlassungsleiter von Mercedes Benz (Verkauf/Vertrieb).

Die drei in Kapitel 1 angeführten Alternativen zum weiteren Vorgehen wurden vorgestellt und führten zu einer sehr interessanten Diskussion. So schlug einer der technikorientierten Teilnehmer vor, mit einem Forschungsinstitut zusammenzuarbeiten, um einen Dritten als Quelle der Glaubwürdigkeit zu haben. Der Banker sagte, daß auch alle Zahlen gecheckt und zeitgleich mit der Entscheidung genannt werden müßten. Und der Niederlassungsleiter war überzeugt, daß er, wenn es einen Auslieferungsstopp gibt, die A-Klasse „nicht mehr in den Markt bekäme". Im nachhinein war dies zusammen mit der Sonntagssitzung am 09. November 1997 die entscheidende Sitzung. Am Montag, dem 10. November 1997, nachmittags fand eine außerordentliche Vorstandssitzung ausschließlich zum Thema A-Klasse statt, auf der dann die Entscheidung über den Auslieferungsstopp und die neue Anzeigenwerbung getroffen wurde.

Wie aus Abbildung 7.2.-1 nachvollziehbar ist, nahm der Vorstand bereits bei der Kriseneindämmung eine „Scharnierfunktion" ein. Mit anderen Worten war es seine Aufgabe, den gesamten Prozeß zu steuern, und zwar insbesondere die Organisation des Krisenmanagement mit der Kommunikation nach innen und außen zu verbinden. Diese starke Einbindung unterstützt nicht nur den inhaltlichen Prozeß der Krisenbewältigung. Von ihr geht zusätzlich eine starke Wirkung auf die Psychologie der Krisenbewältigung aus. Die entsprechenden Aussagen im Abschnitt 7.2.1. „Die Task Force" bestätigen dies.

7.2.5. Die Frage personeller Konsequenzen

In dem Maße, wie sich der Vorstand in den Prozeß der Krisenbewältigung einklinkt, wird immer auch die Frage nach personellen Konsequenzen gestellt. Insbesondere aus Sicht der Presse stellt sich bei einem fehlerhaften Produkt sehr schnell die Frage nach den Schuldigen. Dies ließe durch eine Maßnahme der Personalfreisetzung eine eindimensionale Antwort auf eine Krise zu, die dann auch medienwirksam gut verbreitet werden kann.

Die Unternehmenskommunikation von Daimler-Benz hatte sehr schnell die Information an die Presse gegeben, daß – um dieses Thema in der Öffentlichkeit nicht „hochkommen" zu lassen – J. E. Schrempp von Anfang an klar gemacht hatte, daß es keine personellen Konsequenzen geben werde. Auf der Pressekonferenz am 29. Oktober 1997 wurde bereits bekannt gegeben, daß in Absprache mit dem Aufsichtsrat keine personellen Veränderungen anstehen.

Das vom Autor des vorliegenden Buches mit dem Task-Force-Leiter geführte Interview zeigte jedoch, daß es trotz dieser Information und trotz dieser Kommunikation an die Presse nicht allen Betroffenen und für die Krisenbewältigung wichtigen Akteuren von vornherein klar war, daß es keine personellen Konsequenzen geben würde. Das nach außen kommunizierte Selbstverständnis, nach vorne zu schauen und die Krise gemeinsam zu meistern, stellte sich damit – zumindest in diesem Zeitraum – nicht für alle ein. Intern schien es eher einen unsicheren Schwebezustand in dieser Hinsicht zu geben.

Die Frage personeller Konsequenzen nach dem Kriseneintritt läßt sich allgemein unter zwei Aspekten diskutieren:

Der erste Aspekt ist vorwiegend psychologischer Art. Wenn die Unternehmensleitung sich in einer frühen Phase statt auf die gemeinsame Bewältigung der Krise auf die Suche und „Bestrafung" von Schuldigen konzentriert und auf diese Weise statt einer zukunftsorientierten Aktion eine vergangenheitsorientierte Reaktion erfolgt, kann dies zu einem Lähmungszustand im Unternehmen führen. Denn der Lerneffekt für die Führungskräfte und Mitarbeiter geht dahin, daß dieses Verhaltensmuster der Unternehmensleitung für die nächste Zukunft als gültig erachtet wird. Eine Freisetzung von Führungskräften der zuständigen Geschäftsbereichsleitung würde dazu führen, daß – unabhängig von einem persönlichen Verschulden – in der Zukunft auftretende Krisen im Unternehmen generell eher vertuscht und nicht - mit offensichtlicher Unterstützung des Vorstandes und seines Vorsitzenden - offensiv und konstruktiv gelöst würden. Bei einer akuten Krise würde dies den Lähmungszustand vergrößern, da die klare Erkenntnis wäre: Wer nichts in Richtung Krisenbewältigung unternimmt, macht auch keine Fehler. Außerdem erkauft man sich mit einer derartigen Maßnahme allenfalls eine Atempause in der Öffentlichkeit. In den weit überwiegenden Fällen greift die These vom unschuldigen „Sündenbock", und die Frage nach dem wirklich Schuldigen wird gestellt, die dann erst beim Vorstandsvorsitzenden halt macht.

Hinzu kommt, daß J.E. Schrempp mit seiner Aussage, jeder gute Manager könne bei 80% erfolgreichen Maßnahmen auch 20% Fehler machen, so seine Philosophie und seinen Anspruch glaubwürdig umsetzt: „Mit Fehlern geht man eben nicht um, indem man als erstes irgend jemand rausschmeißt oder versetzt. Wir müssen unter den Mitarbeitern in viel stärkerem Maße eine ‚Fehlerkultur' pflegen."

Fehlerkultur bedeutet, daß jeder Fehler möglichst nur einmal gemacht wird, und dies allein deshalb, weil er offen angesprochen wird und daraus Konsequenzen und Lerneffekte gezogen werden. Wäre die Konsequenz sofort personeller Art, dann stellte sich immer auch die Frage nach der Führung und der Führungsqualität des Vorgesetzten. Hinzu kommt ein weiterer wichtiger psychologischer Aspekt. Personelle Konsequenzen werden als „Krieg nach innen" gedeutet. Gerade in einer Krise sind aber der Schulterschluß und das schnelle und gezielte Handeln nach außen gefragt.

Der zweite Aspekt hinsichtlich einer Freisetzung von Managern der Geschäftsbereichsleitung geht in diese Richtung, nämlich daß dadurch der Lähmungszustand aller betroffenen Führungskräfte des Unternehmens noch verstärkt worden wäre und daß die vorhandene Sachkompetenz des Geschäftsbereichsmanagement für die Krisenbewältigung nicht mehr unmittelbar hätte genutzt werden können. Hinzu kommt, daß Probleme und Versäumnisse, die sich nach der Entlassung einstellen, sehr leicht argumentativ den Versäumnissen von Vorgängern zugerechnet werden könnten. Insgesamt würde damit eine schnelle und nachhaltige Krisenbewältigung eher beeinträchtigt werden. Das Ergebnis ist demnach, daß ohne nachvollziehbare schwerwiegende Versäumnisse der Geschäftsbereichsleitung keine personellen Konsequenzen gezogen werden sollten.

Diese Aussagen und Beziehungen lassen sich in Abbildung 7.2.-1 bei den Auswirkungen auf die Organisation, den Prozeß, die Kommunikation und die psychologischen Faktoren bei der Krisenbewältigung nachvollziehen.

7.2.6. Der Auslieferungsstopp und die Produktverbesserungen

Wie auf der Pressekonferenz am 29. Oktober 1997 von J. Hubbert bereits angekündigt wurde, gehörten zu den Produktverbesserungen neue Reifen und der Einbau des ESP. Die Fahrwerksabstimmung wurde erst am 11. November 1997 bekannt gegeben. Auch wenn nicht alle Maßnahmen notwendig waren, so hatte sich beim Task-Force-Team mittlerweile der Ehrgeiz entwickelt, daß das Auto mit seinen Verbesserungen und Neuerungen das Beste seiner Klasse werden und einen neuen Standard definieren sollte. Nachdem das technische Ausmaß der Verbesserungsmaßnahmen klar war, mußte die Umsetzung geplant werden.

An der GFP-Sitzung am Freitag, dem 7. November 1997, nahm der Leiter der Unternehmenskommunikation, C. Walther, teil, um den Boden dafür zu bereiten, daß die Bereitschaft „das Undenkbare zu denken" entsteht. Im Geschäftsfeld PKW bestand immer ein natürlicher Widerstand dagegen, die Auslieferung zu unterbrechen. C. Walther: „Für Vertriebsmenschen ist das auf den ersten Blick der absolute Mega-Gau." Es wurde in der Sitzung diskutiert, und es entstand auf dieser Sitzung die Bereitschaft, alles noch einmal zu durchdenken. Zu dem Thema „Auslieferungsstopp" mußte im Unternehmen erst eine einheitliche Meinung geschaffen werden, bevor dies als relevante Alternative in die Diskussion einbezogen werden konnte.

Vor der außerordentlichen Vorstandssitzung am 10. November 1997 und vor der Information an die Presse am 11. November 1997 sind die drei unterschiedlichen Szenarien von der Task Force als mögliche Produktionsprozeß-Gestaltungen erarbeitet und bei dem Zusammentreffen einiger Vertrauter und Experten am Sonntag, dem 9. November 1997, im Privathaus von J.E. Schrempp zur Diskussion gestellt worden. Die drei, bereits im 1. Kapitel dargestellten Szenarien hatten folgende Inhalte:

1. Es wird ein genereller Produktions- und Auslieferungsstopp der A-Klasse verfügt und nach den erforderlichen Produktveränderungen wird die A-Klasse neu in den Markt eingeführt.

2. Die Auslieferung läuft unverändert weiter, das Fahrzeug wird aber sehr schnell und nachhaltig im laufenden Produktionsprozeß modifiziert. Außerdem besteht die Möglichkeit der Nachrüstung bereits ausgelieferter Fahrzeuge.

3. Es erfolgt keine Unterbrechung der Produktion, aber die Auslieferung wird gestoppt. Eine Rückruf-Aktion schließt alle bereits ausgelieferten Fahrzeuge und das Nachrüsten der bereits produzierten, aber noch nicht ausgelieferten Fahrzeuge ein.

Ein Produktions- und Auslieferungsstopp entsprechend dem ersten Szenario mit einem Neubeginn nach den durchgeführten Verbesserungen ist die in bezug auf einen erkennbaren „Neuanfang" weitestgehende Lösung. Sie ist damit – zumal durch die Unterbrechung der gesamten Produktion – auch am teuersten; zugleich ist sie am risikoreichsten, weil damit für eine längere Zeit, in der es keine positiven Nachrichten und Botschaften für die Zielgruppe gibt, die Kommunikation mit der vorhandenen Zielgruppe unterbrochen wird.

Das zweite Szenario, also das Weiterfahren der Produktion bei einer Krise mit dem Einbringen von Modifikationen in den fließenden Prozeß, ist zwar in der Automobilbranche allgemein üblich gewesen, hätte jedoch in der vorliegenden Situation die Zielgruppe und die Öffentlichkeit nicht überzeugt. Bei diesem gleitenden Übergang würde eine starke und für die Öffentlichkeit wahrnehmbare Entscheidung fehlen, welche die grundlegende Veränderung anzeigt.

Der Auslieferungsstopp mit einer Rückrufaktion ausgelieferter und einer Nachrüstung produzierter Fahrzeuge als Kompromiß der ersten beiden Alternativen stellte hohe Anforderungen an die logistische Kompetenz des Unternehmens. Denn erstens muß die Produktion aufrecht erhalten werden, zweitens müssen Personal und logistische Infrastruktur für die Umrüstung der produzierten und zurückgerufenen Fahrzeuge zur Verfügung gestellt werden, und drittens muß die Produktion im laufenden Prozeß umgerüstet werden. Unter Abwägung aller Sachverhalte erschien dieses Szenario bei der vorliegenden Situation jedoch am erfolgversprechendsten. Bisher war in der Automobilindustrie die Alternative 2 eindeutig Best Practice. Die bei der A-Klasse gewählte Alternative 3 war bis dato in der Branche unüblich, denn es ist ein starkes Zeichen nach außen an die Kunden und Öffentlichkeit. Damit war zugleich die Wirkung verbunden, daß der Fehler indirekt zugegeben wurde. Andererseits wurde damit aber auch dokumentiert, daß das Problem sehr ernst genommen wurde und das Unternehmen eine umfassende Lösung suchte. Von daher standen sich in dieser Situation also eine negative Ausgangssituation, nämlich der Auslieferungsstopp, und die positive Botschaft „Wir arbeiten kräftig daran" gegenüber.

Die neue Fahrwerksabstimmung und die neue Bereifung sowie der tiefergelegte Schwerpunkt des Fahrzeugs waren zweckmäßige Maßnahmen. Auch wenn sie technisch ausreichend waren, um das Problem zu beheben, reichten sie nach Ansicht des Unternehmens zur Überzeugung der Kunden und zur Erzeugung von Akzeptanz in der Öffentlichkeit nicht aus, abgesehen davon, daß die Entscheidung für ESP zu diesem Zeitpunkt bereits kommuniziert worden war. Von daher war die Krise nicht nur technisch zu lösen, sondern alle krisenbewältigenden Maßnahmen mußten auch im Hinblick auf die erforderlichen positiven psychologischen Wirkungen bewertet und ergriffen werden. J.E. Schrempp sagte hierzu: „In einer solchen Situation ist es wichtig zu erkennen, daß nicht nur technische Elemente eine Rolle spielen, sondern in hohem Maße auch psychologische Dinge. Wichtig ist, sich in die Situation des Beobachters zu bringen."[12]

Der serienmäßige Einbau des ESP hatte eindeutig eine zusätzliche, positiv verstärkende Wirkung. Allerdings ist zu berücksichtigen, daß die Zusage, dies kostenlos durchzuführen, die Ertragssituation der Modellinie mit den zusätzlichen Kosten von mindestens 300 Mio. DM für 1997/98 deutlich belastete. In einer erweiterten Kosten-Nutzen-Rechnung ist diesen Kosten allerdings gegenüberzustellen, wie groß der Imageschaden und damit auch eine Beeinträchtigung der anderen Modellinien des Unternehmens in Form von verlorenen Kunden bzw. entgangenen Aufträgen sonst gewesen wären. Bezogen auf die entstehenden Kosten war zu berücksichtigen, ob zusätzlich auch alle anderen Modelle des Unternehmens – soweit dies bereits technisch möglich war – mit ESP auszurüsten waren. Zumindest bestand die Gefahr dieser Forderung von Seiten des Marktes. Denn aus Sicht der Kunden war es vom Unternehmen nur schwer zu rechtfertigen, daß die A-Klasse als Fahrzeug der Kompaktklasse serienmäßig mit ESP ausgestattet wird, während für die in den oberen Preisklassen vertretenen Fahrzeuge von Mercedes-Benz das ESP eine Sonderausstattung und somit kostenpflichtig bleibt.

Im Hinblick auf die Kostenanalyse sind also quantitative Auswirkungen durch qualitative Indikatoren, die indirekt ebenfalls quantitative Auswirkungen haben, zu ergänzen. Auch wenn diese Berechnung schwierig anzustellen ist, gibt es gute Argumente dafür, die zusätzlichen Kosten des ESP im Unternehmen zu akzeptieren.

Zugleich wurde durch den kostenlosen Einbau des ESP die angestrebte strategische Positionierung der A-Klasse verbessert. Die serienmäßige Ausstattung der A-Klasse mit dieser neuen Technologie bewirkte, daß das Produkt eindeutig im oberen Bereich des Marktsegments der Kompaktklasse positioniert wurde. Zugleich führte dies dazu, daß alle Wettbewerber, die eine gleich gute Positionierung anstrebten, eine entsprechende technologische Ausstattung vornehmen mußten. Konkret hatte dies dazu geführt, daß Volkswagen ebenfalls angekündigt hatte, einige Varianten des Golf mit einem ESP-ähnlichen System auszurüsten, dies allerdings gegen Aufpreis.[13]

Damit eröffnet sich gleichzeitig die Möglichkeit, daß die Mehrkosten sich nicht über den gesamten Lebenszyklus der A-Klasse durchziehen, sondern im Rahmen einer Preiserhöhung weitergegeben werden können, da es zu einem auch vom Wettbewerb zu berücksichtigenden Preisbaustein geworden ist.

Mit Abstand betrachtet, bedeuten die Auswirkungen des „nicht bestandenen Elchtests" der A-Klasse für den Käufer eines Autos im Premiumbereich der Kompaktklasse einen deutlichen Vorteil bei der Technologie und Sicherheit, nämlich dadurch daß das Fahrzeug bei einem unveränderten Preis mit ESP serienmäßig ausgerüstet wurde.

Die ergriffenen Maßnahmen und die erreichten Ergebnisse sind aber trotzdem zu relativieren, denn nach der neuen Fahrwerksabstimmung und der neuen Bereifung bestand die A-Klasse auch ohne ESP den Elchtest. Entscheidend war jedoch nicht, ob das Unternehmen mit dieser prognostizierten Wirkung Recht hatte, sondern entscheidend war, ob es in der Öffentlichkeit glaubwürdig war respektive wieder wurde. Deshalb war in dieser Krisensituation der Einbau des ESP als zusätzliche „vertrauensbildende Maßnahme" technisch zwar nicht notwendig, aber – im nachhinein beurteilt – richtig.

Nun noch einmal zum beschlossenen Auslieferungsstopp: Die Frage ist, ob er sinnvoll und zielführend war. Zum einen ist zu fragen, ob der Auslieferungsstopp nicht bereits früher hätte erfolgen müssen. Über den Krisenverlauf der ersten Wochen ist aus Sicht der Presse und der Öffentlichkeit nachvollziehbar, daß Daimler-Benz in dieser Zeit mehr und mehr Versäumnisse und Probleme zugeben mußte. Damit wurde erkennbar, daß das Unternehmen die Krise im vorstehend angesprochenen und geforderten Sinne zu diesem Zeitpunkt nicht ausreichend gemeistert hatte. Allerdings ist der Auslieferungsstopp zum anderen auch unter dem Aspekt der Einbindung der

Unternehmensleitung und möglicher personeller Konsequenzen zu diskutieren. Im Ergebnis ist der erst zu diesem Zeitpunkt kommunizierte Beschluß für einen Auslieferungsstopp nicht nur negativ zu bewerten, da mit dieser Information zugleich auch die Botschaft über die Lösung verbunden werden mußte und im konkreten Fall auch verbunden werden konnte. Also insbesondere: Was wird verbessert? Wie lange dauert der Auslieferungsstopp? Und ab wann läuft die Auslieferung wieder an?

Hinzu kommt, daß ein Auslieferungsstopp das stärkste Mittel ist, um gegenüber Kunden und der Öffentlichkeit zu verdeutlichen, daß die Krisenbewältigung nicht mehr nur eine kontinuierliche Verbesserung ist, sondern daß jetzt ein klarer und gegebenenfalls radikaler Schnitt gemacht wird. Durch den Auslieferungsstopp für drei Monate war auch im Hinblick auf den zur Verfügung stehenden Zeitraum für eine grundlegende Verbesserung des Produktes eine höhere Akzeptanz zu erwarten.

Es galt dabei, zwei Problembereiche, die extrem wichtig waren, zu koordinieren: Kommunikation nach außen als Informationsverbreitung über den Auslieferungsstopp und andererseits die Umsetzung der Prozesse nach innen.

Der Auslieferungsstopp wurde dann am 11. November 1997 genau um 14.00 Uhr verkündet und direkt umgesetzt. Für die Kunden, die an diesem Tag nach Rastatt kamen, um ihr Auto abzuholen, war dieses kein positives Erlebnis, da ihnen mitgeteilt wurde, daß die Auslieferung der A-Klasse gestoppt sei und sie ihr neues Auto nicht mitnehmen könnten. Die Aufgabenstellung bestand also darin, diesen Kunden eine akzeptable Lösung für die Zeit des Auslieferungsstopps anzubieten. Es steht außer Frage, daß eine vorzeitige Information dieser Kunden nicht zweckmäßig, im konkreten Fall sogar nicht möglich war. Denn die Entscheidung für den Auslieferungsstopp fiel erst kurz davor, nachdem die technische Machbarkeit der Lösung innerhalb der vorgesehenen drei Monate ausreichend überprüft worden war. Zum anderen wäre mit dieser vorzeitigen Information die einheitliche pressewirksame Aussage unterlaufen worden, was unter dem Aspekt der Krisenkommunikation nicht vertretbar gewesen wäre. In einer Gesamtbeurteilung war also einer unter Informationsgesichtspunkten restriktiven Vorgehensweise beim Auslieferungsstopp eindeutig der Vorzug zu geben.

Am 11. November 1997 hatte die Task Force bis mittags 12.00 Uhr an der Realisationsmöglichkeit der Entscheidung gearbeitet, denn diese mußte sowohl technisch als auch zeitlich umsetzbar sein, damit um 14.00 Uhr der Auslieferungsstopp verkündet werden konnte. Diese Schnelligkeit, daß Entscheidungen gefällt und sofort umgesetzt werden, ist in der Krisensituation von Vorteil. Hiermit wird eine hohe Anforderung an die Organisation gestellt, die viel Flexibilität und Geschwindigkeit verlangt. Es liegt auf der Hand, daß die Qualität dieses Vorgehens, die grundsätzlich gegeben ist, um die Krise schnell zu bewältigen, dann um so höher ist, wenn zugleich auch alle betroffenen Gruppen frühzeitig genug über die Auswirkungen von Entscheidungen informiert werden.

Neben der Presseinformation kündigte J.E. Schrempp in einer direkten Ansprache den Auslieferungsstopp über diverse Medien an. Die Qualität und Wirkung der integrierten Kommunikationskampagne läßt sich daran festmachen, daß J.E. Schrempp am 11./12. November 1997 ca. 45 Mio. Kontakte über Radio, TV und elektronische Medien hatte.

In der Mitarbeiter-Zeitung „Headline" von 14. November 1997 wurde ein Interview mit J.E. Schrempp zum Auslieferungsstopp und dem weiteren Vorgehen abgedruckt.

Das Problem war nicht, die Auslieferung zu stoppen, auf Grundlast weiterzufahren und die Produktverbesserungen in den Produktionsprozeß einzupassen, sondern diese drei Aktivitäten aufeinander abzustimmen. Der Produktionsprozeß mußte so weiterlaufen, daß die Fabrik ausgelastet war, und über den Prozeß mußte es gleichzeitig ermöglicht werden, parallel überlagert die Fahrzeuge, die aus der Produktion kamen, zu verbessern und die Neuerungen, sobald sie geplant und umsetzbar waren, in die laufende Produktion einzuführen.

Umgerüstet wurde in vier Kompetenz-Centern und zwar in Kippenheim, Hambach, Rastatt und Turin. Zuerst war angedacht worden, in allen europäischen Ländern und in jeder Niederlassung ein Umrüst-Center zu installieren. Es stellte sich schnell die Erkenntnis ein, daß dieses Vorgehen nicht umsetzbar war: Der Fertigungsumfang war zu groß. Die Niederlassungsleiter in ganz Europa hätten das Know-how der Umrüstung übermittelt beaus: Headline – Newsletter im Daimler-Benz-Konzern, Nr. 20, 14.11.1997, S. 1-3

Höchsten Ansprüchen genügen

Jürgen E. Schrempp weist auf voll ausgelastete Kapazitäten und gut gefüllte Orderbücher hin. Auch das Ergebnis wird im zweiten Halbjahr weiter ansteigen. In nahezu allen Bereichen liegt Daimler-Benz über Plan. Für die A-Klasse wurde eine überzeugende Lösung gefunden: Die Kunden erhalten ein Auto, das höchsten Ansprüchen genügt.

....
In Rastatt brummt es aber derzeit nicht ...

Schrempp: Aber nur für eine Übergangszeit, bis ab Februar die modifizierte A-Klasse von den Bändern rollt. Zur Zeit laufen im Werk Rastatt, wie im übrigen auch bei unseren Partnern in der Zuliefererindustrie, die Vorbereitungen dafür auf vollen Touren. Im übrigen bewährt sich gerade in dieser Situation das partnerschaftliche Verhältnis – unsere Lieferanten tun alles, um uns hier zu unterstützen. Sicher: Die Auslieferung der A-Klasse zu unterbrechen, ist eine einschneidende Maßnahme. Aber wir wollen, daß der Kunde ein Fahrzeug erhält, das höchsten Ansprüchen genügt. Und damit setzen wir auch neue Standards. Ich bin mal gespannt auf die Reaktion des Wettbewerbs! Sicherlich hätten wir uns einen anderen Start der A-Klasse gewünscht. Aber wichtig ist, wie wir mit diesem Thema umgegangen sind. Wir haben gesagt, wir haben hier eine Schwäche, und die bedauern wir sehr. Wir haben aber auch eine Lösung, und die setzen wir konsequent um. Und ich denke, wir werden in der Lage sein, aus dieser temporären Schwäche eine Stärke zu machen. Im übrigen zeigt sich doch gerade in einer solchen Situation auch die Kultur eines Unternehmens. Und das heißt: Zusammenstehen und eine Lösung finden. Und wenn wir feststellen, daß da etwas nicht ganz richtig gelaufen ist, dann werden wir das abstellen.

Wie beurteilen Sie die Imageschäden?

Schrempp: Natürlich hat unser Image einen Kratzer bekommen. Aber bei allen Diskussionen sollte man einige Punkte nicht aus den Augen verlieren: Dazu gehört als erstes, daß das hervorragende innovative Konzept der A-Klasse und ihre hohe Crash-Sicherheit in dieser Fahrzeugklasse ohne Beispiel sind. Das unterstreichen auch die Auszeichnungen, die wir zwischenzeitlich bekommen haben. Zweitens muß man die Dinge in die richtige Relation bringen. Sehen Sie sich doch die Erfolge an, die unsere neuen Modelle – etwa SLK, CLK, M-Klasse – feiern. Ich bin fest davon überzeugt, daß das Pkw-Team, das so hervorragende Autos baut, auch die A-Klasse zu einer Erfolgsstory machen wird. Und drittens sollte man über all dem nicht vergessen, welche strategischen Fortschritte wir in diesem Jahr bereits verzeichnet haben.

...

Abbildung 7.2.-9:   Auszüge eines Interviews mit J.E. Schrempp in der „Headline" vom 14. November 1997

kommen müssen. Die Übertragung des Wissens auf vier Kompetenz-Center und der Transport der Fahrzeuge hin zu den Centern schien dabei einfacher in der Umsetzung. Insgesamt mußten – wie bereits angesprochen – 18.000 Fahrzeuge in dem Zeitraum von drei Monaten umgebaut werden. Der Automobilhersteller Porsche produzierte, um die Dimension zu verdeutlichen, genauso viele Autos in diesem Jahr.

Ohne die schnellen Umsetzungen der notwendigen Verbesserungsmaßnahmen wäre die Frist von drei Monaten nicht haltbar gewesen. An dieser Stelle soll exemplarisch gezeigt werden, was Krisenmanagement im Hinblick auf notwendige Produktverbesserungen bedeutete und in der Konsequenz mit sich brachte:

Nach der Entscheidung, daß ESP in die A-Klasse serienmäßig eingebaut werden soll, tauchte zum Beispiel folgendes Problem auf: Für das ESP-Steuerungsgerät mußte eine kleine Halterung in jedes Fahrzeug eingebaut werden. Bei der täglichen Diskussion der Task Force war an einem Abend dieses Problem um 19.00 Uhr auf den Tisch gekommen, daß eine derartige Halterung benötigt wurde. Daraufhin wurde noch am selben Abend der Konstrukteur angerufen und ihm die Aufgabe gestellt, dieses Teil zu entwerfen und eine technische Umsetzung vorzuschlagen. Am nächsten Morgen hatte er einen Entwurf gezeichnet, konstruiert, entschieden aus welchem Material dieser Halter sein müßte und mit welchen bzw. wieviel Schrauben dieser zu befestigen wäre. Am Nachmittag des gleichen Tages ist diese Zeichnung an einen kleinen Hersteller gegangen. Bei ihm wurden die Blechteile auf einer Laser-Presse ausgestanzt und abgekantet. Abends gegen 23.00 Uhr dieses Tages rief der Konstrukteur über Handy vom Hersteller aus in der Zentrale an. Die Task Force tagte noch, und so konnte er mitteilen, daß die ersten Halter augenblicklich gerade aus der Maschine fallen. Für eine derartige Entwicklung bedarf es – nach Aussage des Leiters der Task Force V. Stauch – bei Daimler-Benz im Normalfall drei Monate statt nur einen Tag.

Auch die Umrüstung gestaltete sich nicht so einfach und reibungslos. Es gab beispielsweise drei verschiedene Produktionszustände, in denen sich die Fahrzeuge befanden. Es gab Fahrzeuge,

- die sich in ihrem „ursprünglichen" Zustand befanden,
- die zum Teil von Kunden zur Umrüstung gebracht wurden oder
- die aus der Produktion in Rastatt kamen.

Im zeitlichen Verlauf gab es zusätzlich Fahrzeuge, die bereits eine sogenannte ESP-Vorrüstung hatten, es fehlte nur noch die Fahrwerksmodifikation und das Steuergerät. Für die Umrüstung sind alleine 800 Arbeitnehmer in Kippenheim beschäftigt gewesen, wo bisher keine Fabrik bzw. Produktionsstätte gestanden hatte. Bevor Daimler-Benz Kippenheim zu einem Umrüststandort machte, war dies ein großer Parkplatz einer PKW-Transport-Firma, der rund 20.000 bis 30.000 PKW faßte. Außerdem befand sich auf dem Gelände bereits eine Halle. Eine weitere Halle wurde von Daimler-Benz innerhalb von einem Monat zusätzlich für 2 Mio. DM gebaut. Da Kippenheim in der Nähe von Rastatt liegt, konnten die in Rastatt produzierten Autos zur Umrüstung nach Kippenheim gebracht werden, um so die Produktion in Rastatt aufrecht erhalten zu können. Insgesamt wurden 300 Ingenieure aus ihren Aufgabenfeldern herausgeholt, um die anstehenden Aufgaben zu lösen.

An einem weiteren Detail soll exemplarisch der zusätzliche Aufwand dieser gesamten Umrüstung verdeutlicht werden. Durch den Einbau von ESP mußten die Typ-Schilder an jedem Auto geändert werden. Man mußte also den Fahrzeugbrief austauschen und ein neues Typ-Schild an das Fahrzeug anbringen. Dabei war bei einer derartigen Umrüstaktion dafür Sorge zu tragen, daß ein neues Schild mit der richtigen Nummer an das richtige Fahrzeug schnell und zutreffend montiert wurde. Dieses zueinander zu steuern ist ebenfalls ein sehr komplexer logistischer Prozeß. Im Vergleich dazu war das Wechseln der Reifen relativ einfach. Deutlich schwieriger war die Veränderung der Achsen am Fahrgestell durchzuführen. Benötigt wurde eine Achs-Umlauffertigung, und zwar aus dem Werk Hamburg-Harburg, indem die „alten" Achsen nach Hamburg-Harburg verschickt wurden und neue Achsen wieder nach Kippenheim zur Montage praktisch Just-in-time zugesteuert wurden.

Dies war zweifelsohne insgesamt eine logistische Meisterleistung. Insbesondere deshalb, weil der eigentliche Produktionsprozeß der A-Klasse durch die Umrüstung der Fahrzeuge nicht beeinträchtigt wurde, dadurch daß keine Mitarbeiter aus der Produktion abgezogen wurden. Die für die Umrüstung von 18.000 Fahrzeugen innerhalb von drei Monaten benötigten Mitarbeiter wurden aus den Service-Werkstätten aus ganz Europa zusammengezogen. Alleine die Organisation einer entsprechenden Hotelkapazität für rund 1.000 Mitarbeiter, die im Durchschnitt drei Monate aushalfen, war mit Kosten in siebenstelliger Größenordnung verbunden.

Die Einordung der Produktverbesserungen und des Auslieferungsstopps in die Krisen-Verlaufs-Matrix der Abbildung 7.2.-1 macht deutlich, daß dieser gesamte Komplex über die Kriseneindämmung bereits hinausgeht und Recovery als Neustart mit umfaßt. Die Maßnahme ist auf der organisatorischen und kommunikativen Ebene angesetzt und wirkt in andere Bereiche, insbesondere auch auf die psychologische Ebene.

Der Relaunch begann am 26. Februar 1998 mit der Auslieferung aus dem Werk Rastatt. Die veränderte Produktion wurde, wie angekündigt nach drei Monaten bzw. zwölf Wochen nach dem Auslieferungsstopp, wieder auf Normalniveau hochgefahren. Für den neuen Marktstart mußte jetzt genügend Volumen produziert werden. Der vom Vorstand vorgegebene Termin konnte somit aufgrund der Schnelligkeit bei der Umsetzung der Verbesserungsmaßnahmen eingehalten werden. Allerdings wurde dies von der Öffentlichkeit nicht mehr mit der früheren Aufmerksamkeit wahrgenommen, da der mittlerweile offensive Umgang von Daimler-Benz mit der Krise von der Öffentlichkeit positiv honoriert wurde. Die Task Force wurde Ende Februar 1998 vom Vorstand entlastet.

7.2.7. Die Kommunikation mit den Mitarbeitern und den Kunden

Im folgenden wird auf die beiden in einer Krisensituation neben den Medien besonders wichtigen Anspruchsgruppen, nämlich die Mitarbeiter und die Kunden, eingegangen. In der Krisenverlaufs-Matrix der Abbildung 7.2.-1 sind sie aufgrund der Parallelität und Verzahnung der Kommunikation ebenfalls gemeinsam aufgeführt. Die wesentlichen Beziehungen, ausgehend von der Kommunikation, bestehen zur Inhalts-, Informations-, Organisations- und indirekt zur psychologischen Ebene. Damit werden alle wichtigen Felder in der Phase der Kriseneindämmung tangiert. Dies macht noch einmal die große Bedeutung dieser Anspruchsgruppen deutlich. Die zwei Gruppen werden durch Informationen über konkrete Verbesserungsmaßnahmen sowie deren Umsetzung direkt betroffen, was über den Bezug zu der Inhaltsebene und der Informationsebene abgebildet wird. Die Organisationsebene stellt die Begleit- und Hintergrundinformation dar. Wie das Unternehmen in der Krisenbewältigung vorgeht und in welchem Maße durch die anderen Ebenen vertrauensbildende Wirkungen geschaffen wurden, zeigt indirekt die psychologische Ebene.

Betrachtet man die Kommunikation, die mit den Mitarbeitern und Führungskräften geführt wurde, so zeigt die interne Kommunikation ein Defizit zeitlicher Art. Dies gilt auch, wenn man berücksichtigt, daß die Ergebnisse des TÜV-Tests vom 29. Oktober 1997 und die Testergebnisse von Idiada per Video in einer hohen Auflage auch an die Mitarbeiter und Führungskräfte verteilt wurden.

Daimler-Benz hatte mit einem Brief an die Mitarbeiter erst relativ spät in diese Richtung reagiert, wie das Datum 11. November 1997 des in Abbildung 7.2.-10 wiedergegebenen Mitarbeiter-Briefs zeigt. Dabei sind die Auswirkungen auf die Mitarbeiter und die Führungskräfte nicht zu unterschätzen. Dies kann über einen hohen Grad der Verunsicherung nach dem Krisenfall darauf hinauslaufen, daß die Beschäftigten des Unternehmens auch aufgrund fehlender Informationen in eine Art „Lähmungszustand" als mentale Blockade verfallen. Dieser ist erstens in der Ratlosigkeit begründet, was geeignete Maßnahmen sein könnten. Zweitens wird er dann noch verstärkt, wenn die Unternehmensleitung keine eindeutige und schnelle Position bezieht. Und drittens wird die Loyalität der Mitarbeiter reduziert, wenn die Unternehmensleitung – neben der sehr wichtigen Kommunikationspolitik nach außen – nicht auch eine zeitlich eher vorgeschaltete, intensive Kommunikation in das Unternehmen hinein startet. Unter psychologischen Gesichtspunkten ist es wichtig, daß ausreichende Informationen über die Stellung und den Stand des Unternehmens bezüglich der Krisensituation an die Mitarbeiter gegeben werden. Im Einzelfall ist dabei zu prüfen, ob ein Dialog über die Ursachen der Krise und zweckmäßige Maßnahmen frühzeitig mit den Mitarbeitern geführt werden soll, um so deren Loyalität zum Unternehmen und gegenüber den Kunden zu fördern. Gerade in einer Situation unvollständiger und teilweise verfälschter Informationen von anderer Seite ist dies für die Mitarbeiter und Kunden als klares Zeichen wichtig, daß die Krise wohl erfolgreich gemeistert wird.

Allerdings muß man bei dem in der A-Klasse-Krise gewählten Vorgehen fairerweise zwei Aspekte gegeneinander abwägen: Zum einen kann die Information der Mitarbeiter relativ früh erfolgen. Dann kann der Mitarbeiter-Brief aber noch keine konkreten Informationen zur Vorgehensweise und Lösung der Krise enthalten. Zum anderen ist bei einer späteren Information an die Mitarbeiter genau dieser Vorteil erreichbar. Daimler-Benz hatte offensichtlich den zweiten Weg, der späten, aber inhaltsreichen Information an die Mitarbeiter gewählt (siehe Abbildung 7.2.-10a und b). Die Frage, die sich dann stellt, ist die, ob zwei Informationen nicht besser sind als nur eine. Wenn ein ausgefeilter Krisenplan vorliegt, dann kann beispielsweise über den vorhandenen Verteiler bereits relativ schnell nach dem Kriseneintritt eine Information an die Führungskräfte und Mitarbeiter gegeben werden, in der der Vorstand die Situation wertet und den Willen zum Ausdruck bringt, daß die Krise schnell, sehr offen, fair und nachhaltig beseitigt werden soll. In diesem Sinne würde das Unternehmen – wie bereits bei der Kommunikation mit den Medien angesprochen wurde – neben einer ergebnisorientierten Kommunikation auch eine prozeßorientierte Kommunikation praktizieren. Insbesondere die Mitarbeiter und nicht nur die Kunden würden dann in stärkerem Maße zu Beteiligten und damit zu Mitwirkenden anstatt nur zu Betroffenen. Gerade wie im Falle Daimler-Benz mit einer hohen Solidarität aller Mitarbeiter mit dem Unternehmen und seiner Führung ist diese Vorgehensweise wichtig. Für die Mitarbeiter ist nichts frustrierender als die neuesten Informationen aus der Presse oder von Außenstehenden zu erfahren und nicht vom Unternehmen selbst.

Neben dem Brief an die Mitarbeiter als schriftliche Information durch den Vorstand sind vor allem auch die nach innen gerichteten und für die Mitarbeiter direkt nachvollziehbaren Maßnahmen zur Krisenbewältigung wichtig. Zum einen sind dies konkrete Verbesserungsmaßnahmen, die darauf abzielen, erkannte Probleme und Defizite für die Kunden möglichst schnell zu beseitigen, aber auch analysierte Schwachstellen für die Zukunft zu beheben. Zum anderen geht insbesondere auch von auf die Führungskräfte bezogenen Maßnahmen z.B. durch Freisetzung eine Signalwirkung auf die Mitarbeiter aus. Wenn sie aufgrund großer und in der Vergangenheit spürbarer Defizite für die Mitarbeiter nicht nachvollziehbar ist, würde hierdurch die Verunsicherung in der Krisensituation eher verstärkt.

Zu diskutieren und abzuwägen ist damit einhergehend der Ansatz, in einer frühen Phase die Mitarbeiter für die Krisenbewältigung zu aktivieren. Dies ist in dem Maße sinnvoll, in dem es um eine Aufklärung der Ursachen geht, um hieraus fundierte Schlußfolgerungen für ihre Beseitigung zu ziehen. Es ist nicht sinnvoll, wenn eine große Anzahl unkoordinierter Aktionen in Form eines „Aktionismus" durchgeführt wird. Unter psychologischen Aspekten ist folgendes Faktum zu berücksichtigen: Im Krisenfall ist Nichts-

<u>DAIMLERBENZ</u>
AKTIENGESELLSCHAFT

Stuttgart, 11. November 1997

Liebe Mitarbeiterinnen,
liebe Mitarbeiter,

sicherlich sind viele unter Ihnen durch die Berichterstattung über unsere A-Klasse verunsichert. Auch in der Öffentlichkeit wurden Sie bestimmt mit Fragen zur Fahrsicherheit des Autos konfrontiert. Als Mitarbeiter und Botschafter des Unternehmens haben Sie derzeit keinen leichten Stand. Deswegen wollen wir Sie mit diesem Brief über die Ergebnisse unserer Untersuchungen und die vorgesehenen weiteren Schritte informieren.

Dabei ist die Frage, ob die A-Klasse auch den sogenannten Elch-Ausweichtest besteht, längst schon beantwortet. ADAC und TÜV haben bestätigt, daß sie diesen Test ebenso gut meistert wie andere Fahrzeuge ihrer Klasse.

Trotzdem nehmen wir die Diskussion sehr ernst. Unsere Ingenieure haben Tag und Nacht mit aller Energie nach weiteren Optimierungsmöglichkeiten gesucht. Wir haben sie gefunden.

Unsere Untersuchungen und Testfahrten haben ergeben, daß die A-Klasse mit neuen Reifenspezifikationen und mit einer neuen Fahrwerksabstimmung auch ohne ESP extreme Fahrmanöver besteht.

Aber das reicht uns nicht. Denn die aktive und passive Fahrsicherheit gehört zu den Grundwerten der Marke Mercedes-Benz. Unsere Kunden vertrauen darauf. Dieses Vertrauen werden wir nicht enttäuschen. Deshalb wird ab Februar 1998 das Fahrsicherheitssystem Electronic Stability Program (ESP) serienmäßig in die A-Klasse eingebaut. Das System korrigiert Schleuderbewegungen, die durch extreme Fahrmanöver verursacht werden, Manöver, bei denen selbst routinierte Autofahrer keine Chance haben, einen Wagen durch Lenken und Bremsen in der Spur zu halten. Es gibt dem Auto im Alltagsbetrieb, bei Fahren auf Eis, Schnee und bei jeder Witterungslage einen deutlichen Vorteil vor dem Wettbewerb.

Mit diesem Sicherheitspaket - Reifen, Fahrwerksabstimmung und ESP - erreichen wir in dieser Fahrzeugklasse einen Sicherheitsstandard, der seinesgleichen sucht. Die A-Klasse wird damit auch Tests bestehen, die unsere Wettbewerber in dieser Klasse nicht bestehen, und auch bei der aktiven Sicherheit neue Standards setzen.

Das Werk Rastatt und die Zulieferer werden mit den Vorbereitungen für die Produktion der modifizierten A-Klasse sofort beginnen. Für die Einführung in die Serie brauchen wir etwa zwölf Wochen. Bis zu dem Zeitpunkt, zu dem alle Komponenten für die Modifikation lieferfähig sind, wird die Produktion im Werk Rastatt auf dem derzeit niedrigen Niveau weitergefahren. Danach wird sie schrittweise wieder auf die geplante Kapazität gebracht. Die Auslieferung der A-Klasse an unsere Kunden wird allerdings unterbrochen, um den erforderlichen Nachrüstungsaufwand zu begrenzen.

Postanschrift:
Daimler-Benz AG, 70546 Stuttgart
Telefon (07 11) 17-0, Telefax (07 11) 17-2 22 44
Telex 7 2 524-0 db d
http://www.daimler-benz.com

Daimler-Benz Aktiengesellschaft
Sitz: Stuttgart, Registergericht Stuttgart
HRB-Nr. 15 350
Vorsitzender des Aufsichtsrates:
Hilmar Kopper

Vorstand: Jürgen E. Schrempp, Vorsitzender;
Dr. rer. pol. Manfred Bischoff, Dr. rer. pol. Eckhard Cordes,
Dr. jur. Manfred Gentz, Jürgen Hubbert,
Dr. phil. Kurt J. Lauk, Dr. jur. Klaus Mangold, Heiner Tropitzsch,
Klaus-Dieter Vöhringer, Dr.-Ing. Dieter Zetsche

Abbildung 7.2.-10a: Brief an die Mitarbeiter nach dem Auslieferungsstopp (Teil 1)

Ab Februar 1998 werden unsere Kunden dann ein an den höchsten technischen Maßstäben orientiertes Fahrzeug zur Verfügung haben.

Den Mitarbeitern und Kunden, die bereits eine A-Klasse fahren, werden wir anbieten, ihr Auto - falls sie es wünschen - zurückzugeben, um es zum frühestmöglichen Zeitpunkt nachzurüsten. Für die Zeit, die wir dazu benötigen, wird ihnen ein Ersatzfahrzeug kostenlos zur Verfügung gestellt.

Wir möchten Sie mit diesem Schreiben über diese Entscheidung so schnell wie möglich persönlich informieren. Gleichzeitig möchten wir auch unserer Erwartung und Bitte an Sie Ausdruck geben, unsere Anstrengungen innerhalb und außerhalb unseres Unternehmens mitzutragen und zu unterstützen. Und nicht zuletzt möchten wir Ihnen, insbesondere den Werksangehörigen-Kunden, deren Bestellungen bis in das Jahr 2000 hinein reichen, für Ihre Solidarität und Ihr Vertrauen in unsere A-Klasse herzlich danken.

Und Ihr Vertrauen ist gerechtfertigt. Die A-Klasse wird an die Erfolge unserer erstklassigen Pkw-Produktpalette anschließen. Auch heute bestätigen uns Kunden und Experten „Die A-Klasse ist ein tolles Auto, sehr variabel, umweltfreundlich und innovativ. Und langfristig bestimmt ein großer Erfolg". Gestern abend wurde ihr der Große Österreichische Automobilpreis in Gold verliehen - wegen ihrer Crash-Sicherheit und ihrer innovativen Technik. Weitere prominente Preise stehen unmittelbar bevor.

Alle unsere neuen Modelle sind vom Markt hervorragend aufgenommen worden und zum Teil auf begeisterte Resonanz gestoßen. Die M-Klasse bricht im Moment alle Rekorde in den USA und erhält wichtige Auszeichnungen. CLK und SLK, das T-Modell der C-Klasse - alle laufen hervorragend. In diesen Tagen stellen wir den ersten Diesel mit der neuen Common-Rail-Technik der Öffentlichkeit vor. Wir sind hier an der Spitze der Entwicklung. Mit der Eröffnung des Werkes Hambach, in dem der smart vom Band laufen wird, haben wir nicht nur ein wichtiges Zeichen für die europäische Zusammenarbeit gesetzt, sondern auch bewiesen, daß wir innovative Konzepte für die Lösung der Verkehrsprobleme in den Ballungsräumen haben. Mit der Präsentation unseres Mercedes-Benz-Maybach auf der Tokyo-Motor-Show haben wir nachhaltig unterstrichen, daß wir auch im obersten Luxussegment neue Impulse setzen können.

Vor allem aufgrund des Erfolgs unserer neuen Produkte werden wir dieses Jahr mit einem voraussichtlichen Absatz von 700.000 Pkw einen Rekord in der Geschichte unseres Unternehmens erzielen. Ab dem nächsten Jahr wird die A-Klasse ihren Beitrag dazu leisten.

Ihr

Jürgen E. Schrempp   Jürgen Hubbert

PS: Wir haben ein Video mit den aktuellsten Testergebnissen gedreht, das auch der Vertriebsorganisation zur Verfügung gestellt wird. Sie können das Video kostenlos über die Telefonnummer 0130 / 186151 beziehen.

Abbildung 7.2.-10b: Brief an die Mitarbeiter nach dem Auslieferungsstopp (Teil 2)

tun die schlechteste Alternative. Handeln muß aber zielgerichtet und ergebnisorientiert auf die Krisenbewältigung ausgerichtet sein. Dies kann im Einzelfall aber auch bedeuten, daß die Analyse der konkreten Situation zu der Entscheidung führt, daß ein zeitverzögertes Handeln bessere Chancen der Krisenbewältigung eröffnet. Vorausgesetzt ist bei diesem „Aussitzen", daß die Umfeldsituation noch nicht eskaliert ist und die prognostizierbare Entwicklung dies erlaubt. Bei der A-Klasse-Krise war die Situation nicht in dieser Weise eindeutig gegeben.

Durch den Einsatz von neuen Kommunikationsmedien, insbesondere dem Intranet, lassen sich viele Probleme in der Kommunikation mit den Mitarbeitern in den Griff bekommen. So können nahezu in Echtzeit über einen großen Verteiler gleichzeitig Pressemitteilung und auch interne Kurzinformationen in einem großen Unternehmen verteilt werden. Dies läßt sich zusätzlich leicht ergänzen durch Stellungnahmen und damit wertende Kommentare. Hierdurch erhalten Mitarbeiter z.B. über ihre Mailbox nicht nur Wissen, sondern auch Richtung und Schubkraft.

Auch bei den Kunden bewirkt eine eingetretene Krise eine hochgradige Verunsicherung. Je schneller und je besser sie informiert werden, auch wenn es wiederum nur Prozeßinformationen sind, desto eher lassen sich Gerüchte, Spekulationen und negative Imagewirkungen vermeiden. Auch für die Kunden ist nach einem Kriseneintritt die zentrale Botschaft: „We care", also das Unternehmen unternimmt mit einem hohen Maß an Schnelligkeit und Einsatz alles, um die Krise aufzudecken und die für die Kunden eingetretenen negativen Wirkungen zu beseitigen. Anderenfalls führen gerade bei Produktkrisen Verunsicherungen dazu, daß bereits in einer frühen Phase Aufträge storniert oder vorgesehene – für das Unternehmen aber noch nicht nachvollziehbare – Aufträge nicht plaziert werden.

Daß ein erfolgreiches Krisenmanagement nach einer Phase negativer Botschaften und Auswirkungen auch positive Sympathiewerte haben und den Bekanntheitsgrad der Marke verstärken kann, zeigten die Ergebnisse für die A-Klasse. Die Wirkungen waren – wie im ersten Kapitel bereits angesprochen – mit einer Erhöhung der Sympathiewerte um sechs Prozentpunkte so positiv, daß von manchen Externen einige Monate nach der erfolgreichen Bewältigung der Krise vermutet wurde, daß Daimler-Benz den Elchtest nur inszeniert hatte, um diese Effekte für einen hohen Bekanntheitsgrad und ein positives Image zu erreichen. Es liegt auf der Hand, daß ein derartiges Vorgehen mit einem hohen Risiko verbunden ist. Von der Strategie, eine Krise bewußt zu inszenieren, um die Chance der erfolgreichen Krisenbewältigung zu nutzen, ist deshalb nachhaltig abzuraten, denn die Entwicklung wird durch so viele nur begrenzt beeinflußbare Faktoren bestimmt, daß sie schnell in die entgegengesetzte Richtung entarten kann.

Auch wenn Daimler-Benz im Rückblick die Krise mit gesteigerten Sympathiewerten gemeistert hatte, gab es auch in der Kommunikation mit den Kunden einige Schwierigkeiten.

Bis zum 19. November 1997 gab es von Daimler-Benz keine offizielle Mitteilung an die Kunden. Eine auch aus Kundensicht wünschenswerte schnelle Reaktion ist also nicht erfolgt.

Der Brief an die Kunden ist in Abbildung 7.2.-11 wiedergegeben.

Es gibt zwei mögliche Erklärungen für diese unzureichende Situation:

- Erstens: Das Krisenmanagement hat in dieser Hinsicht nicht funktioniert. Dies wäre insofern naheliegend, da Daimler-Benz keine Krisenprävention als Vorsorge im erforderlichen Sinne hatte. So gab es keine ausreichende Vorbereitung oder Vorstrukturierung durch einen Krisenplan. Der Vorteil läge für ein Unternehmen dann darin, daß derartige Fragestellungen über die Checklisten des Krisenplans abgerufen werden können, so daß sie in der „Hektik des Krisenmanagement" nicht vergessen werden.

- Und zweitens: Die Entscheidung zum Auslieferungsstopp ist auf der Grundlage der detaillierten Analyse so schnell getroffen und umgesetzt worden, daß es keinen zeitlichen Vorlauf für eine Zwischeninformation der Kunden gab.

Daß im Unternehmen dennoch nicht nur in Richtung der internen Krisenbewältigung, sondern auch in Richtung der kundenorientierten Fürsorge gedacht wurde, zeigt die Vertriebsleitlinie, die zur Auslieferungsunterbrechung am 14. November 1997 an alle europäischen Vertriebsgesellschaften per Fax verschickt wurde. Sie ist in Abbildung 7.2.-2 wiedergegeben.

DAIMLERBENZ

AKTIENGESELLSCHAFT

Der Vorstand

Stuttgart, 19. November 1997

Sehr geehrte Damen und Herren,

Sie fahren ein Fahrzeug der A-Klasse. Erlauben Sie, daß wir Ihnen persönlich, heute aus erster Hand, detaillierte Informationen zur Situation der A-Klasse geben.

Wie Sie wissen, ist die A-Klasse in die Schlagzeilen geraten, weil sie in Einzelfällen einen extremen Fahrtest, den sogenannten »Elchtest«, nicht bestanden hat.

Im Sinne einer schnellen und kundenorientierten Reaktion haben wir vor drei Wochen angekündigt, die A-Klasse serienmäßig mit dem elektronischen Stabilitätsprogramm ESP aus- bzw. nachzurüsten. Außerdem haben wir sofort bestimmte Reifen für die A-Klasse gesperrt und durch andere ersetzt.

Die Tatsache aber, daß die Sicherheit eines Mercedes trotzdem weiterhin angezweifelt wurde, hat uns nicht ruhen lassen, denn Sicherheit ist der Kern unserer Markenphilosophie.

Aus diesem Grunde haben wir uns am 12. November 1997 entschieden, alles zu tun, um die Diskussion um die A-Klasse zu beenden. Und zwar mit einer Lösung, wie es sich für Mercedes-Benz gehört: Wir haben eine völlig neue Fahrwerksabstimmung entwickelt, mit der die A-Klasse auch ohne ESP alle Fahrsituationen und Extremtests mindestens genauso gut meistert, wie die besten Fahrzeuge ihrer Klasse.

Wir werden die Karosserie geringfügig tieferlegen. Die Achsen werden eine straffere Stoßdämpferauslegung und eine andere Federabstimmung sowie steifere Stabilisatoren bekommen. Das alles wird keine Komforteinbußen zur Folge haben. Dazu kommt die Reifengröße 195/50 R 15 für alle Lines zum Einsatz.

Zusammen mit ESP wird die A-Klasse damit über ein Fahrdynamik-Paket verfügen, das in dieser Klasse seinesgleichen sucht. Das erwarten Sie von Mercedes-Benz mit Recht.

Postanschrift: Daimler-Benz AG, 70546 Stuttgart, Telefon (07 11) 17-0, Telefax (07 11) 17-2 22 44
Daimler-Benz Aktiengesellschaft, Sitz: Stuttgart, Registergericht Stuttgart, HRB-Nr. 15 350, Vorsitzender des Aufsichtsrates: Hilmar Kopper
Vorstand: Jürgen E. Schrempp, Vorsitzender; Dr. rer. pol. Manfred Bischoff, Dr. rer. pol. Eckhard Cordes,
Dr. jur. Manfred Gentz, Jürgen Hubbert, Dr. phil. Kurt J. Lauk, Dr. jur. Klaus Mangold, Heiner Tropitzsch, Klaus-Dieter Vöhringer, Dr.-Ing. Dieter Zetsche

Abbildung 7.2.-11a: Brief an die Kunden nach dem Auslieferungsstopp (Teil 1)

Daß wir mit der Sicherheit der A-Klasse eine Schwäche gezeigt haben und unsere Tests in die Diskussion geraten sind, bedauert sicher niemand mehr, als wir selbst. Wir bedauern auch, daß Sie dadurch Unannehmlichkeiten erfahren haben.

Heute bitten wir Sie um etwas Geduld. Denn um diese Lösung in Serie produzieren zu können, brauchen wir etwa 12 Wochen.

Obwohl die A-Klasse schon heute in allen Verkehrssituationen sicher ist, unterbrechen wir die Auslieferung für diese kurze Zeit. Ihnen als A-Klasse-Fahrer bieten wir an, Ihr Fahrzeug frühestmöglich nachzurüsten. Für die Zeit, die wir dazu benötigen, stellen wir Ihnen kostenlos ein Ersatzfahrzeug zur Verfügung.

Wir danken Ihnen für Ihr Vertrauen.

Ein imaginärer Elch hat dafür gesorgt, daß die A-Klasse in die Diskussion gekommen ist. Er hat aber gleichzeitig bewirkt, daß die A-Klasse neben neuen Maßstäben an Ideen-reichtum, Technik, Styling und passiver Sicherheit, auch und gerade in der aktiven Sicherheit Zeichen setzt. Dafür hat die A-Klasse in den letzten Tagen zwei hohe Auszeichnungen bekommen – das *Goldene Lenkrad* und den *Großen Österreichischen Automobilpreis in Gold*.

Dies beweist sicher auch Ihnen, daß wir mit der A-Klasse ein starkes Stück Zukunft geschaffen und Sie eine richtige Entscheidung getroffen haben.

Wir werden uns wegen weiterer Einzelheiten in Kürze wieder mit Ihnen in Verbindung setzen.

Mit freundlichen Grüßen

Jürgen Hubbert   Dr. Dieter Zetsche

Abbildung 7.2.-11b: Brief an die Kunden nach dem Auslieferungsstopp
(Teil 2)

DaimlerBenz

AKTIENGESELLSCHAFT

Telefax/Fax

An/To	Datum/Date
siehe Verteiler	14. Nov. 1997
	Seitenzahl/No. of pages
	1+3
Von/From	Bereich/Dept.
	VP/M
	Telefax/Fax-No.
Daimler-Benz AG	17-9 80 97
	Telefon/Phone-No.
Stuttgart, Germany	17-9 73 28

An die
Präsidenten der europäischen Vertriebsgesellschaften
und Generalvertretungen
VMO, VMW

A-Klasse
Vertriebs-Leitlinie zur Auslieferungsunterbrechung

Gemäß Vorstandsbeschluß vom 11.November 1997 ist die Auslieferung der A-Klasse an Kunden seit dem 12.November 1997 unterbrochen. Ab Februar 1998 erfolgt die Wiederaufnahme der Auslieferung in der neu festgelegten Produktspezifikation. Die bis dahin produzierten Fahrzeuge verbleiben im Werk bzw. bei unseren Vertriebspartnern der Wholesale- und Retailstufe und werden – wie auch die Fahrzeuge in Kundenhand - kostenlos nachgerüstet.
  Alle bisherigen Verkaufs- und Marketingaktivitäten sind ohne Einschränkung weiterzuführen. Informationen hinsichtlich der anstehenden Maßnahmen zur Umrüstung der Fahrzeuge erhalten Sie in den nächsten Tagen über eine Service-Information.

In der aktuellen Situation kommt es darauf an, daß die Verkaufsorganisation schnell und sicher auf die wesentlichen und drängenden Fragen unserer Kunden reagieren kann.
Die nachfolgenden Regelungen übersenden wir Ihnen deshalb als Basis für Ihre nationalen Maßnahmenpläne und bitten Sie, schnellstmöglich Ihre Kunden zu informieren.
Ein Musterbrief ist diesem Schreiben beigefügt.

Dr.Zetsche   Dr.Schmidt   Anlagen

Abbildung 7.2.-12a: Vertriebsleitlinie zur Auslieferungsunterbrechung am
14. November 1997 (Teil 1)

Leitlinie zur Umsetzung vertrieblicher Maßnahmen im Rahmen der
Lieferunterbrechung

1 Besitzer der A-Klasse

- können ihr Fahrzeug selbstverständlich weiterfahren; in diesem Fall bitten wir Sie sicherzustellen, daß diese Kundenfahrzeuge schnellstmöglich mit den freigegebenen Reifen ausgerüstet werden. Nähere Informationen erhalten Sie parallel zu diesem Schreiben per Service-Technische-Information PKW (STIP). Über die weiteren Maßnahmen hinsichtlich Anpassung des Fahrwerks sowie der Nachrüstung ESP informieren wir Sie kurzfristig in einer ergänzenden STIP, sodaß wir Sie bitten, diese Kunden erneut anzusprechen.

- können Ihr Fahrzeug beim Händler abgeben und erhalten bis zum Abschluß aller Nachrüst-Maßnahmen auf Wunsch und ohne Berechnung der üblichen Überlassungs-kosten ein Ersatzfahrzeug (Mercedes-Benz C-Klasse). Nach Abschluß der Nachrüstmaßnahmen erhält der Kunde seine A-Klasse zurück.

- können Ihr Fahrzeug nicht in ein neues Fahrzeug aus der Neu-Produktion ab 2/98 umtauschen. Hier bitten wir Sie den Kunden zuzusichern, daß das Fahrzeug mit der Nachrüstung dem aktuellen Serienstand 2/98 entspricht.

- können ihr Fahrzeug zurückgeben und erhalten eine Erstattung des Kaufpreises, sofern die Laufleistung des Fahrzeugs nicht mehr als 2.000 km beträgt. Bei höherer Laufleistung bitten wir Sie, die in Ihrem Markt üblichen Abschläge pro 1.000 km zusätzlicher Laufleistung vom ursprünglichen Kaufpreis abzuziehen.

- können ihr Fahrzeug zurückgeben und erhalten bei gleichzeitig erteiltem Neuauftrag für ein anderes Mercedes-Benz Fahrzeug den vollen Kaufpreis erstattet, sofern die Laufleistung der A-Klasse zum Zeitpunkt der Rückgabe 5.000 km nicht übersteigt.

2 Besteller der A-Klasse, deren Fahrzeug zur Auslieferung bereit steht

können ihr Fahrzeug leider nicht mehr übernehmen. Hier kann dem Kunden zur Überbrückung der Lieferzeit ein kostenloses Ersatzfahrzeug angeboten werden. Nach Abklärung der Zuliefersituation ist ein neuer Liefertermin mit dem Kunden abzustimmen und zu bestätigen.

Abbildung 7.2.-12b: Vertriebsleitlinie zur Auslieferungsunterbrechung am 14. November 1997 (Teil 2)

3   Besteller der A-Klasse, die einen geplanten Liefertermin haben und von einer Lieferterminverschiebung betroffen sind

Bei Lieferterminzusage bis Ende Dezember 1997 können Ersatzfahrzeuge angeboten werden, soweit andernfalls dem Kunden eine unzumutbare Situation entsteht.
Ab Januar 1998 sollte die Überlassung von Ersatzfahrzeugen nur noch in begründeten Ausnahmefällen erfolgen.
In allen Fällen ist nach Klärung der Zuliefersituation ein neuer Liefertermin mit dem Kunden abzustimmen und zu bestätigen.

4   Festpreisgarantien für Fahrzeug-Inzahlungnahmen

sind auf 6 Monate und eine Überschreitung der vereinbarten Laufleistung von max. 5.000 km bei unfallfreiem Betrieb des Fahrzeugs zu begrenzen. Händlersubventionen sind in diesem Rahmen möglich.

5   Ein Zahlungsziel für Vorführ- und Geschäftsfahrzeuge

der Händler kann bis zu 6 Monaten gewährt werden.

6   Prospekte und Preislisten haben bis auf weiteres ihre Gültigkeit.

Auf die aktuellen Veränderungen (insbes. neue Serienausstattung, kein Angebot ASR) ab 2/98 ist in geeigneter Form hinzuweisen.
Aktualisierte Preislisten/Kataloge werden wir Ihnen kurzfristig zur Verfügung stellen.

7   Zur Schulung Ihrer Verkaufsorganisation

wird zur Zeit ein Trainingskonzept erarbeitet, das Ihnen, bzw. Ihrem Trainings-Bereich, in den nächsten Tagen durch die Marketing-Akademie zur Verfügung gestellt wird.

Abbildung 7.2.-12c: Vertriebsleitlinie zur Auslieferungsunterbrechung am 14. November 1997 (Teil 3)

7.3. Die Bewertung des Krisenmanagement der A-Klasse

Aussagefähiger und besser nachvollziehbar werden die verbalen und grafischen Ausführungen in Unterkapitel 7.2. dadurch, daß die Analysen in eine qualifizierte Bewertung überführt werden. Durch die Bewertung wird zusätzlich die Möglichkeit des Vergleichs mit dem erreichten Niveau bei anderen Krisenfällen geschaffen.[14] Dabei wird so vorgegangen, daß in jeder der fünf Phasen des Krisenablaufs eine individuelle Analyse und Bewertung der jeweils realisierten Maßnahmen im Vergleich zu einem optimalen Inhaltsniveau als 100%-Ausprägung durchgeführt wird. Hieraus resultiert bei einer rating-skalierten Differenzierung der Ausprägungen mit einer auf fünf Stufen (0/25/50/75/100) festgelegten Skala, inwieweit der jeweilige Erfüllungsgrad die Optimalanforderungen in jeder Phase einer plötzlichen Unternehmenskrise erreicht. Das jeweilige Ausprägungsniveau wird grafisch dargestellt und verbal erläutert, so daß es optisch leicht erfaßbar und inhaltlich gut nachvollziehbar ist. Hieraus resultiert ein sogenanntes „Wasserstandsmodell" der Krisenbewältigung. In gleicher Weise wird das Wasserstandsmodell auf die A-Klasse-Krise angewandt. Dabei wird das Krisenmanagement jeweils – wie ausgeführt – an dem optimalen Inhaltsniveau pro Phase gemessen. Hierdurch wird neben der qualitativen Beschreibung des Krisenprofils eine quantitative Ausprägung des Entwicklungsniveaus in den einzelnen Phasen des Krisenverlaufs bestimmt.

Der von zwei Personen, zunächst unabhängig voneinander, durchgeführte Bewertungsvorgang wurde anschließend in einer intensiven inhaltlichen Diskussion über die Grundlagen und Ursachen für das Bewertungsergebnis abgeglichen. Nach dem Grundsatz „bewerten heißt vergleichbar machen" wurden für die jeweilige Bewertungshöhe Argumente angeführt, die in der Diskussion zu einem von allen akzeptierten Ergebnis und Niveau verdichtet wurden. Dies sichert – zumindest für die Projekt- und Prozeßbeteiligten – eine intersubjektive Vergleichbarkeit der Bewertungsergebnisse.

In Abbildung 7.3.-1 ist das Bewertungsergebnis für die A-Klasse-Krise wiedergegeben. Die aufgeführten Argumente waren maßgeblich für das jeweilige graduelle Ausprägungsniveau.

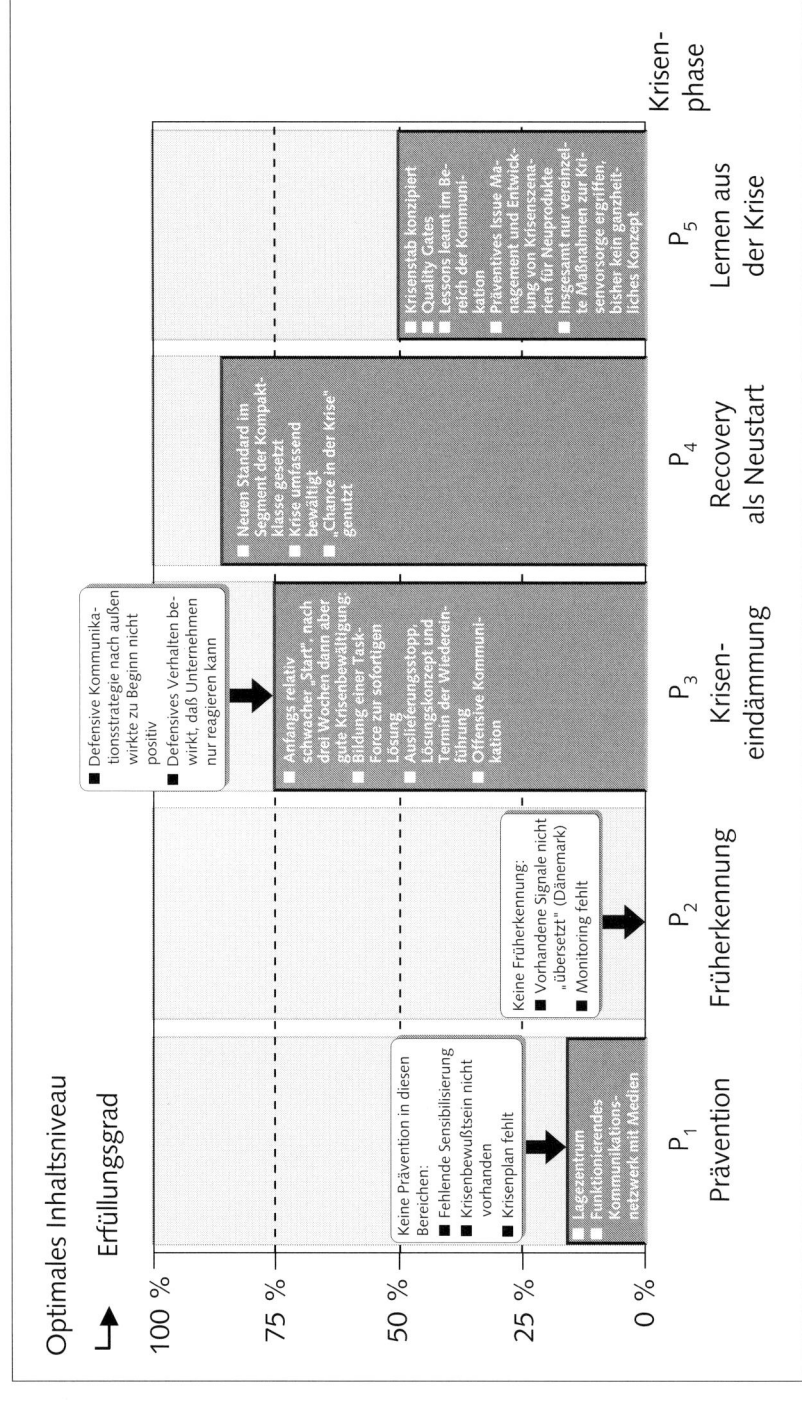

Abbildung 7.3.-1: Das Wasserstandsmodell: Krisenfall A-Klasse

Die Bewertung der Ausprägungen für die einzelnen Phasen war überwiegend einheitlich. Nur die Beurteilungen der Phase „Recovery" wichen voneinander ab. Zum Teil wurden die von Daimler-Benz durchgeführten Maßnahmen besser als die 85%-Angabe in Abbildung 7.3.-1 bewertet, zum Teil fiel die Bewertung aber auch schlechter aus. In der Diskussion kristallisierte sich ein Rating von 85% mit der Begründung heraus, daß Daimler-Benz die Krisenbewältigung und das Wiederherstellen des „Normalzustandes" sehr gut gemeistert hatte, indem das Unternehmen als Premiumanbieter einen neuen Standard in der Kompakt-Klasse gesetzt hatte. Den Erfolg dokumentieren die Verkaufszahlen, die in Abbildung 1.-4 wiedergegeben sind.

Bei der Bewertung der Phasen der A-Klasse-Krise, insbesondere der Phasen „Prävention" und „Früherkennung", wurden die Vorsorgemaßnahmen für diese Krise zugrunde gelegt. Deshalb gab es nur eine geringe positive Bewertung bei der ersten Phase. Durchgeführte Verbesserungsmaßnahmen der Prävention und Früherkennung, wie sie im nächsten Kapitel beschrieben werden, waren nicht Gegenstand der Beurteilung. Sie gingen allerdings bereits in die Bewertung der Phase „Lernen aus der Krise" ein.

Um eine noch stärker reduzierte Bewertung und Übersichtlichkeit zu erreichen, wird diese Bewertung des Scoring-Modells in ein „Radar des Krisenmanagement" überführt. Diese einfache Form ist in Abbildung 7.3.-2 gesondert wiedergeben.

Interessant ist nun, diese detaillierte Inhaltsbewertung mit einer pauschalen Einschätzung der deutschen Bevölkerung zu vergleichen. Grundlage ist wiederum der VDA-Trendmonitor 1998. Von den 85% der deutschen Bevölkerung, die den Elchtest kennen (siehe Unterkapitel 5.2. und Abbildung 5.2.-3), sind 70% davon überzeugt, daß die deutsche Automobilindustrie das Problem „Elchtest" gut oder sehr gut gelöst hat (siehe Abbildung 7.3.-3). Lediglich 13% der Befragten sind der Meinung, daß es weniger gut oder gar nicht gelöst worden ist. Nur 17% können oder wollen auf diese Frage keine Antwort geben.

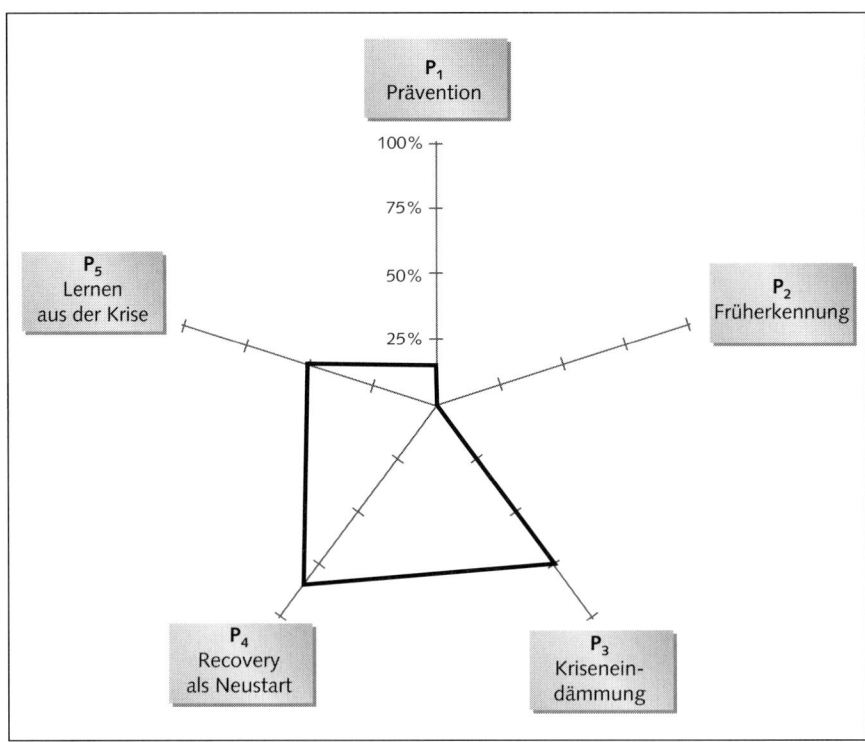

Abbildung 7.3.-2: Radar des Krisenmanagement der A-Klasse

Diese Werte belegen, daß

- nicht nur das Problem Elchtest 85% der deutschen Bevölkerung bekannt ist, sondern

- 83% davon das Problem in der Presse verfolgt und eine dezidierte Meinung dazu haben und

- immerhin mehr als zwei Drittel davon die realisierten Lösungen positiv bewerten.

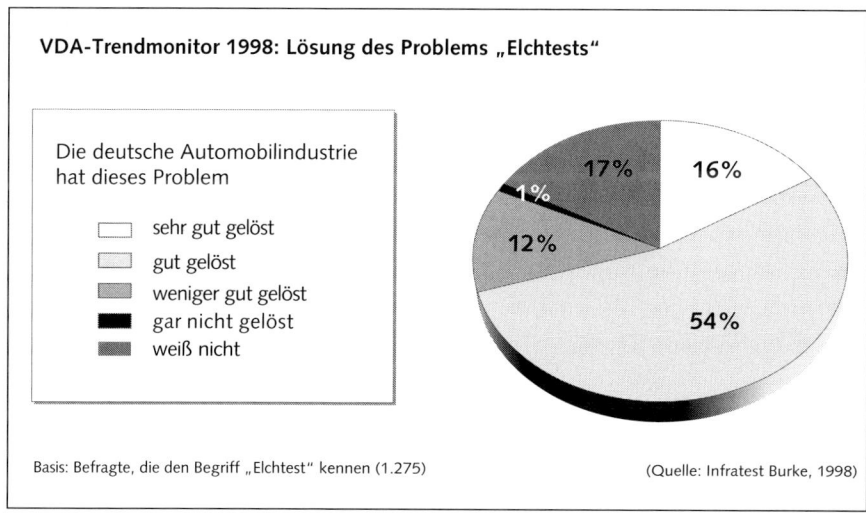

VDA-Trendmonitor 1998: Lösung des Problems „Elchtests"

Die deutsche Automobilindustrie
hat dieses Problem

☐ sehr gut gelöst
☐ gut gelöst
▨ weniger gut gelöst
■ gar nicht gelöst
▨ weiß nicht

17%   16%

1%

12%

54%

Basis: Befragte, die den Begriff „Elchtest" kennen (1.275)   (Quelle: Infratest Burke, 1998)

Abbildung 7.3.-3: Lösung des Problems Elchtest aus Sicht der deutschen
Bevölkerung

7.4. Verbesserungen der Krisenvorsorge

Abschließend soll in der Detailanalyse der A-Klasse-Krise noch angesprochen werden, welche Verbesserungen in der Krisenvorsorge vom Unternehmen bisher umgesetzt oder angegangen worden sind bzw. für die Zukunft
geplant sind. Eine Veränderung hinsichtlich der Einführung von Verbesserungen in der Krisenvorsorge ergab sich durch den Mergerprozeß mit
Chrysler. Das neue Unternehmen DaimlerChrysler existiert seit dem 17.
November 1998. Zum einen waren die Prioritäten in diesem Zusammen-
schluß der beiden Unternehmen naturgemäß in den letzten Monaten anders
gesetzt, als eine umfassende Krisenprävention und Früherkennung einzuführen. Zum anderen werden in diesem neuen Unternehmen in einer viel
größeren Dimension auch die veränderten Prozesse in der Wertschöpfungskette bei Maßnahmen zur Krisenvorsorge zu berücksichtigen sein.

Zugleich ist jedoch klar, daß die Maßnahmen, die erfolgreich zur Krisenbewältigung ergriffen wurden, keinen Ersatz für eine detaillierte Krisenprävention und Früherkennung darstellen. Dies ist im Unternehmen auch
nicht vorgesehen. Es ist jedoch danach zu differenzieren, welche Maßnahmen aus der Krisenbewältigung direkt in umfassende Empfehlungen und

Verbesserungen umgesetzt werden können. Zusätzlich sind weitere informationsbezogene, organisatorische und vor allem auch auf die Kommunikation bezogene Verbesserungsmaßnahmen umzusetzen.

Bereits zu der Zeit, als Maßnahmen des Krisenmanagement und der Krisenbewältigung für die A-Klasse noch im vollen Gange waren, ist von J.E. Schrempp als Vorstandsvorsitzendem von Daimler-Benz schon im Januar 1998 eine Projektgruppe im Rahmen des 9. Konzernseminars eingesetzt worden. Diese hatte die Aufgabe, innerhalb von vier Monaten in einer weltweit ausgerichteten Analyse Vorschläge für ein professionelles Krisenmanagement zu erarbeiten. In diesen Konzernseminaren werden erfolgreiche Leitende Angestellte in Projektarbeiten auf die Übernahme höherer Führungspositionen vorbereitet. Die Bedeutung, welche die Unternehmensleitung dem Thema Krisenmanagement einräumte, wird daran deutlich, daß das Vorstandsmitglied für die Konzernentwicklung und direkt geführte industrielle Beteiligungen, Eckhard Cordes, der Pate dieses Teams war. Das Team selbst stellte die Ergebnisse seiner Recherchen sowie die Maßnahmenvorschläge im Sommer 1998 J.E. Schrempp und dem Vorstand vor.

Die Aufgabenstellung bestand darin, neben einer weltweiten Analyse von vergleichbaren Krisenfällen in anderen Unternehmen den Bedarf und die Anforderungen für ein verbessertes Krisenmanagement im Konzern zu ermitteln. Ziel war die Entwicklung eines entscheidungsreifen Gesamtkonzeptes für ein erfolgreiches Krisenmanagement. Die Konzepte, Szenarien, Pläne und Maßnahmenpakete anderer Unternehmen, die hierbei analysiert wurden, sollten im Rahmen eines Benchmarking unterstützende Hinweise geben.

Parallel zu den Aktivitäten der Projektgruppe wurden als Folgeaktivität auf die A-Klasse-Krise in verschiedenen Bereichen des Unternehmens Pläne für eine in Zukunft bessere Krisenvorsorge und ein Krisenmanagement entwickelt. Da derartige präventive Maßnahmen nicht nur von strategischer Bedeutung, sondern zugleich wettbewerbssensibel sind, wird hierauf nur zum Teil und nicht vertieft eingegangen.

Im Bereich der Produktkommunikation PKW wird seitdem – wie zu Beginn des Kapitels 7 kurz angesprochen – zu jeder Neuproduktvorstellung gemeinsam mit externen Experten ein potentielles Krisenszenario entwickelt.

Es beinhaltet alle denkbaren Fälle sowohl technischer als auch prozessualer Natur, die mit geeigneten Maßnahmen hinterlegt und abgesichert werden. Ein aktuelles internationales Medienmonitoring sorgt für eine größtmögliche Früherkennung. Dieses System wurde erstmals bei der Einführung der neuen S-Klasse 1998 eingesetzt.

Eine wesentliche Verbesserungsmaßnahme als Erkenntnis aus der durchstandenen Krise war die konsequentere und forciertere Anwendung der Quality Gates und ihrer Meßgrößen. Hierbei handelt es sich um – schon vor dem Elchtest eingeleitete – bereichsübergreifende Verbesserungen über mehrere Teile der Wertschöpfungskette, deren Bedeutung und Notwendigkeit sich nach der A-Klasse-Krise deutlich erhöht hat. Analysen der Stärken und Schwächen, die nach der A-Klasse-Krise in der Produktion, Entwicklung und im Vertrieb durchgeführt wurden, belegten Handlungsbedarf in Richtung einer koordinierten Abstimmung. Die interne Evaluierung der Abläufe und Wertschöpfungsprozesse analysierte den entsprechenden Bedarf und führte zur Definition von Quality Gates im Entwicklungs- und Produktionsbereich. Bisher sind schon „Meilensteine" als zu prüfende Leistungsergebnisse in der Wertschöpfung für entsprechende „Go-ahead"-Entscheidungen angewandt worden. Die Erweiterung und damit die Besonderheit der Quality Gates liegt darin, daß jetzt für bestimmte Strecken der Wertschöpfung diese „Qualitätstore" als definierte Bündel von mehreren Meilensteinen festgelegt werden. Nur wenn die formulierten Anforderungen und Standards bei den einzelnen Meilensteinen umfassend erreicht werden und von dem zuständigen Vorstandsmitglied „grünes Licht" gegeben wird, kann ein Quality Gate durchschritten werden. Bei Neuentwicklungen werden die Quality Gates insofern ergänzt, als daß das Projektmanagement auf der Grundlage der formulierten Sollgrößen den jeweiligen Zielerreichungsgrad mißt. Dieser wird – sehr einfach und plastisch – in einer „Ampelschaltung" abgebildet. Als Bewertung bei diesen internen Audits kann das Ergebnis im grünen, gelben oder roten Bereich liegen. Mit Hilfe dieses Verfahrens kann beispielsweise der Vorstand sehr schnell nachvollziehen, wie weit der Qualitätsstand der unterschiedlichen Entwicklungsprojekte fortgeschritten ist, ohne dabei jeweils in einzelne Details einsteigen zu müssen. Führung wird so zentral möglich, ohne die dezentrale Selbständigkeit und Verantwortung zu reduzieren.

Diese Quality Gates werden nicht nur hinsichtlich der Entwicklungsbelange und der materialwirtschaftlichen Anforderungen formuliert. Zugleich werden hier auch Vertriebsbelange und Marketingvoraussetzungen einbezogen. Um es an einem einfachen Beispiel, das strategisch nicht wettbewerbskritisch ist, zu demonstrieren: Konkrete Inhalte, die beispielsweise vor der Markteinführung eines neuen Produktes abgefragt werden, können sich darauf beziehen, ob entsprechende Schulungen im Vertrieb und Service durchgeführt wurden oder die erforderlichen Diagnosegeräte überall in den Servicestationen vorhanden sind.

Neben diesen auf die Wertschöpfungsprozesse gerichteten Verbesserungen wurden unter der Überschrift „Lessons learnt" auch Verbesserungen in der PR-Arbeit und der Unternehmenskommunikation umgesetzt. Hierbei werden insbesondere im Rahmen eines Issue Management durch breit gefächerte Monitoringsysteme frühzeitig Themen identifiziert, die sich unter Umständen bis zu einer Krise verdichten können.

Gegenwärtig in der Überlegung ist ferner die Einrichtung von Review-Teams, ähnlich wie sie vorstehend angesprochen wurden. Die Entscheidung hierüber ist nicht einfach, da der Erfolg dieser Teams von mehreren Faktoren abhängt. Zum einen von ihrer Zusammensetzung, zum zweiten vom Zeitpunkt der Aufnahme ihrer Tätigkeit und zum dritten davon mit welcher Zielsetzung und mit welchem Selbstverständnis von ihnen eine Hilfestellung als Sparringspartner für andere Bereiche gegeben wird.

Nachdem der Merger von DaimlerChrysler durchgeführt worden ist und jetzt die Phase der Post Merger Integration sehr intensiv begonnen hat, besteht eher die Möglichkeit, das Thema Krisenvorsorge wiederum mit einem höherem Stellenwert zu versehen. Die notwendigen Sofortmaßnahmen und „Sicherungen" sind insbesondere durch die beschriebenen Quality Gates umgesetzt worden. Wichtig ist jetzt, darüber hinausgehende weitreichende Veränderungen zu institutionalisieren. Für diese Zielsetzung ist zu Beginn des Jahres 1999 ein Krisenstab eingesetzt worden, der sich aus höheren Führungskräften der Bereiche Konzernstrategie, Rechtsabteilung und Qualitätsmanagement zusammensetzt und der von dem Leiter der Unternehmenskommunikation geleitet wird. Das Lagezentrum hat dabei die

Aufgabe des Back Office. Mentor und Pate dieses Krisenstabs ist das Vorstandsmitglied für Konzernentwicklung und direkt geführte industrielle Beteiligungen.

Die Organisation dieses permanenten Krisenstabes folgt damit einer Empfehlung des 9. Konzernseminars. Dadurch, daß der Leiter der Unternehmenskommunikation den Krisenstab führt, ist der Bereich des Unternehmens mit dieser Steuerungsaufgabe betraut, der bei jeder Krise – unabhängig davon, in welchem Unternehmensteil sie auftritt – immer eine wichtige Rolle spielt und die zentrale Aufgabe der Krisenkommunikation zu übernehmen hat. Der Leiter der Unternehmenskommunikation ressortiert direkt beim Vorstandsvorsitzenden, so daß im Krisenfall ein direkter Zugang zur Unternehmensspitze gewährleistet ist. Aus den an früherer Stelle dargelegten Gründen (siehe Kapitel 7.2.4.) war eine direkte und ständige Anbindung des Krisenstabes an den Vorstandsvorsitzenden nicht zweckmäßig. Für einen Krisenfall ist festgelegt worden, daß der Krisenstab bei dem für das jeweilige Geschäft organisatorisch Letztverantwortlichen, der durch die Krise betroffen wurde, angesiedelt wird. Hierdurch wird eine direkte und starke Umsetzungsorientierung aller Maßnahmen sichergestellt. Die Führung des Krisenstabs durch den Leiter der Unternehmenskommunikation ermöglicht im Krisenfall dann in der direkten Zusammenarbeit eine unmittelbare Vernetzung von Krisenmanagement und Krisenkommunikation. Unter dem Blickwinkel des herrschenden Zeit-, Handlungs- und Ergebnisdrucks weist diese Organisationsform deutliche Vorteile auf. Zugleich wird im Falle einer Krise durch den Krisenstab an das zuständige Vorstandsmitglied berichtet. Hierdurch ist also auch ein hohes Maß an Flexibilität dieser krisenbezogenen Organisation sichergestellt.

Anmerkungen

[1] Die Welt, 30.10.1997, S. 3.
[2] Vgl. Wirtschaftswoche, 1998a, S. 160.
[3] Vgl. Wirtschaftswoche, 1998b, S. 90.
[4] Der Spiegel, 1997a, S. 121.
[5] Die Welt, 30.10.1997, S. 3.
[6] Stern, 1997a, S. 246.
[7] Vgl. auto motor und sport, 1997e, S. 47.
[8] auto motor und sport, 1997a, S. 12.
[9] Laut Interview bei Daimler-Benz am 26.09.1998.
[10] Vgl. Kroeber-Riel/Weinberg, 1996, S. 241.
[11] Vgl. Süddeutsche Zeitung, 13.11.1997, S. 2.
[12] SonntagsBlick, 1998, S. A30.
[13] Laut telefonischer Auskunft des VW-Autohauses Dresden-Süd am 05.08.1998.
[14] Vgl. hierzu die Benchmarking-Analyse von 11 Krisenfällen in Töpfer, 1999.

8. Schlußfolgerung: Krisenvorsorge vor oder nach einer Krise

Wie die Analyse der A-Klasse-Krise zeigte, ist eine erfolgreiche Krisenbewältigung und sogar ein Erreichen der früheren Markt- und Imageposition möglich, ohne daß eine umfassende Krisenvorsorge vor dem Kriseneintritt durchgeführt wurde. Die Frage ist also, ob – als erste Alternative – eine Krisenvorsorge in Form von präventiven Maßnahmen, einschließlich einem Krisenplan für die Situation vor und nach einem Kriseneintritt, und in Form von Früherkennungsmaßnahmen zweckmäßiger ist als – die zweite Alternative – eine Konzentration aller Kräfte auf die Bewältigung einer Krise erst zu dem Zeitpunkt, wenn diese eingetreten ist.

Wenn ein Unternehmen statt aufwendiger Vorsorgemaßnahmen die zweite Alternative präferiert, dann führt dies dazu, daß in der kurzen, verfügbaren Zeit des Krisenfalls nur die Maßnahmen zur Krisenbewältigung ergriffen werden, die speziell und unmittelbar auf die Krise ausgerichtet sind und umgehend wirken. Damit verbunden kann auch die Strategie sein, daß das Unternehmen den „ersten Sturm" nach dem Kriseneintritt über sich ergehen läßt und möglichst unbeschadet überstehen will. Dadurch werden in dieser Zeit finanzielle Ressourcen und Kräfte gespart, weil das Unternehmen nicht gegen diesen Sturm antritt. Eine gezielte Reaktion wird dann erst in der zweiten Phase mit konzentrierten Kräften eingeleitet.

Lerneffekte in größerem Ausmaß durch die Erfahrung mit einer Krisenbewältigung treten bei der zweiten Alternative erst für zukünftige Situationen ein. Die nach der A-Klasse-Krise eingeleiteten umfangreichen Verbesserungsmaßnahmen sollen durch die Früherkennung und Beseitigung von Krisenpotentialen ein erneutes Auftreten einer Krise verhindern.

Für eine Bewertung dieser beiden Alternativen sind die möglichen Kosten und das mögliche Risiko zu vergleichen:

- Unter Kostengesichtspunkten kann die Vorgehensweise der zweiten Alternative im Einzelfall günstiger sein, nämlich dann, wenn es gelingt, die Krise gezielt und schnell in den Griff zu bekommen. Wird dies nicht erreicht, dann können jedoch bedeutend höhere Kosten entstehen als bei der ersten Alternative. Denn der inhaltliche und zeitliche Spielraum von schnell zu ergreifenden, wirkungsvollen Maßnahmen ist deutlich geringer. Häufig sind sehr viel mehr, vor allem auch kostenintensive, kurzfristige Anstrengungen erforderlich, um die Krise zu bewältigen. Dies gilt insbesondere im Hinblick auf den in diesem Zeitraum hohen Managementaufwand. Hinzu kommt, daß Einsparungen an Kosten für die Krisenprävention und Früherkennung häufig durch hohe Folgekosten einer Krise überkompensiert werden, insbesondere dann, wenn auch Imageschäden für das Unternehmen entstehen.

■ Unter Risikogesichtspunkten ist eine Krisenvorsorge erst nach einer Krise mit einer sehr viel größeren Gefahr des Scheiterns verbunden als die erste Alternative. Denn das Hauptrisiko liegt darin, daß die unter Zeitdruck durchgeführte Improvisation nicht in jedem Falle richtig oder bereits zu spät ansetzt, so daß kurzfristige Aktionen nicht immer die vorausgeplante Wirkung erzielen. Es steht außer Frage, daß auch eine Krisenvorsorge vor dem Kriseneintritt zu Fehlplanungen und Fehlprognosen führen kann, der Zeit- und Handlungsdruck sowie der Streß sind jedoch eindeutig geringer.

Auf der Basis dieser Überlegungen sind demnach die Frage und die Entscheidung einer Krisenvorsorge vor oder nach einer Krise nur noch rhetorisch:

■ Zum einen weil der Zeitpunkt und die Stärke einer Krise nicht vorherbestimmbar sind. Eine fehlende Krisenvorsorge ist unter sachlichen Gesichtspunkten - bildlich gesprochen - mit einem „Russischen Roulette" vergleichbar.

■ Zum anderen erfüllt eine Krisenprävention in Form einer Analyse und Bewertung von Risiken, denen sich das Unternehmen gegenübersieht, die seit dem 1. Mai 1998 gültigen Forderungen des Gesetzes zur Kontrolle und Transparenz im Unternehmensbereich (KonTraG), wie sie bereits an früherer Stelle angesprochen wurden (vgl. Kapitel 3). Unter rechtlichen Gesichtspunkten fordert dieses Gesetz für viele Unternehmen ein dokumentiertes Risikomanagementsystem. Der Spielraum für ein auf Krisenpotentiale bezogenes, beliebiges Verhalten des Unternehmens wird demnach immer geringer.

Generell ist also der ersten Alternative der Vorzug zu geben: Kein Unternehmen kann es sich bei dem heutigen Marktdruck leisten, eine abwendbare Krise „zu durchleben" oder auf eine eingetretene Krise nur mit Improvisation und kurzfristiger Reaktion zu antworten. Damit ist klar: Vorsorgen ist besser als „reparieren". Das Ziel muß deshalb sein, gravierende Krisenpotentiale aufzuspüren, Krisen gedanklich vorwegzunehmen und durch geeignete Vorsorgemaßnahmen in der Realität gar nicht erst auftreten zu lassen. Dies ist die beste Form des Krisenmanagement.

Literaturverzeichnis

Aaker, D.A. [1998]: Mit der Marke in einen neuen Markt, in: Harvard Business manager, 20. Jg., H. 3/1998, S. 43-52.

auto motor und sport [1996]: Mercedes wirbt schon für die A-Klasse, H. 12/1996, S. 15.

auto motor und sport [1997a]: A-Klasse meistert Elchtest, H. 26/1997, S. 12

auto motor und sport [1997b]: Das Denkmodell, von Ostmann, B., H. 4/1997, S. 3.

auto motor und sport [1997c]: „Man kann nicht in jedem Segment den S-Klasse-Maßstab anlegen", Interview mit J. Hubbert, von Ostmann, B., H. 19/1997, S. 266-268.

auto motor und sport [1997d]: Vorhang auf, H. 11/1997, S. 13.

auto motor und sport [1997e]: Volkstribunal, H. 22/1997, S. 42-49.

auto motor und sport [1998a]: Fall-Studie, von Ostmann, B., H. 4/1998, S. 3.

auto motor und sport [1998b]: Marktbericht, H. 21/1998, S. 14f.

Auto Zeitung [1997]: A-Klasse auf Antrittsbesuch, von Pisecker, P., H. 23/1997, S. 48.

Auto Zeitung [1998]: Sternsparer, von Rehmann, K., o.H./1998, o.S.

AutoForum [1997a]: Raus aus dem Teufelskreis, H. 10/1997, S. 122-131.

AutoForum [1997b]: Einfach anders, H. 11/1997, S. 66-67.

AutoForum [1997c]: Die Türen stehen offen, H. 10/1997, S. 129.

AutoForum [1998a]: Faszination der Marke, Interview mit D. Zetsche, von Brachat, H., o.H./1998, o.S.

AutoForum [1998b]: Get in A-Motion, von Handlos, A., o.H./1998, o.S.

AutoMagazin [1997]: Mach' mir den Elch, o.H./1997, S. 34-39.

Automobil-Produktion [1997]: „Klassenloses Produkt", Sonderausgabe Mercedes-Benz A-Klasse 1997, S. 44-46.

Automobil-Produktion [1998]: Keine Kompromisse, Sonderausgabe Mercedes-Benz A-Klasse 1997, S. 36-40.

Becker, J. [1994]: Typen von Marketingstrategien, in: Bruhn, M.: Handbuch Markenartikel, Stuttgart 1994, Bd. 1, S. 463-498.

Berliner Zeitung [21.01.1998]: Berliner Professor: Der Elchtest hat keine Bedeutung für ein Auto, von Anker, S., 21.01.1998, S. 53.

Bild [16.06.1998]: Lohnt sich der Spar-Motor?, von Paulun, C., 16.06.1998, o.S.

Blick durch die Wirtschaft [15.12.1997]: Neue Dimension des Wettbewerbs, von Töpfer, A., 15.12.1997, S. 3.

Blick durch die Wirtschaft [27.10.1997]: Der Transformationsprozeß bei Volkswagen, von Piëch, F., 27.10.1997, S. 5.

Börsen-Zeitung [12.11.1997]: Lösung für A-Klasse präsentiert, 12.11.1997, S. 5.

Börsen-Zeitung [31.12.1997]: Autokonzerne stecken in heftigem Wettbewerb, von Olsen, P., 31.12.1997, S. 18.

Daimler-Benz [09.12.1997]: A-Klasse in jeder Fahrsituation sicher, Presse-Information, 09.12.1997.

Daimler-Benz [11.11.1997]: A-Klasse: Daimler-Benz präsentiert die Lösung, Konzerninformation, 11.11.1997, gefunden in: http://www.mercedes-benz.com/d/home/news/script/news.htm am 27.10.1998.

Daimler-Benz [12.11.1997]: A-Klasse gewinnt „Goldenes Lenkrad", Konzerninformation, 12.11.1997, gefunden in: http://www.mercedes-benz.com/d/home/news/script/news.htm am 04.11.1998.

Daimler-Benz [19.01.1998]: Real Life Safety: Das realitätsorientierte Sicherheitskonzept der Mercedes-Benz A-Klasse, Presseinformation, 19.01.1998.

Daimler-Benz [1997]: Integrierte Kommunikation für die Mercedes-Benz A-Klasse, Kurzfassung einer Vortragsreihe, Mercedes-Benz Marketingkommunikation, VP/KS, Interne Unterlage, 1997.

Daimler-Benz [23.10.1997]: Unfallhergang wird untersucht, Konzerninformation, 23.10.1997, gefunden in: http://www.mercedes-benz.com/d/home/news/script/news.htm am 06.11.1998.

Daimler-Benz [26.11.1997]: Mehrheit glaubt an A-Klasse, Konzerninformation, 26.11.1997, gefunden in: http://www.mercedes-benz.com/d/home/news/script/news.htm am 06.11.1998.

Der Fächer – Beilage zu Badische Neueste Nachrichten [30.05.1998]: Der Elch ist jetzt gebändigt – der Komfort leider auch, 30.05.1998, S. 4.

Der Spiegel [1997a]: „Angst vorm Kentern", H. 44/1997, S. 120-121.

Der Spiegel [1997b]: Tanz um die Gummihütchen, H. 45/1997, S. 248-257.

Der Spiegel [1997c]: Daimler macht Druck, H. 41/97, S. 93.

Die Abendzeitung [30.10.1997]: A-Klasse von Mercedes – der Umfaller des Jahres, von Janda, F., 30.10.1997, o.S.

Die Welt [30.10.1997]: „Es hat uns kalt erwischt", von Hein, C./Horrmann, H., 30.10.1997, S. 3.

Die Zeit [26.12.1997]: In die Falle der Japaner getappt, von Blüthmann, H., 26.12.1997, S. 21.

dpa [11.11.1997]: Daimler-Benz stoppt Auslieferung der A-Klasse für zwölf Wochen, 11.11.1997.

FAZ [18.01.1999]: Nach all der Aufregung ein wirklich gutes Auto, von Schmidt, B., 18.01.1999, S. T3.

FAZ [27.02.1999]: Die Autos des Monats Januar, 27.02.1999, S. 62.

FAZ [30.01.1999]: Die A-Klasse ist der Shooting-Star, 30.01.1999, S. 60.

Focus [1997a]: „Die Stimmung ist sehr positiv", Interview mit J. Fahr, H. 51/1997, S. 14.

Focus [1997b]: Flug durch den Cyberspace, H. 48/1997, S. 314-317.

Hamburger Abendblatt [01./02.11.1997]: Der „Elchtest" wird nun zur Pflichtübung, 01.11.1997, S. 25.

Hamburger Abendblatt [29.10.1997]: Kippt die A-Klasse?, 29.10.1997, S. 32.

Handelsblatt [11.11.1997]: „Eine Marketing-Story auf schmalem Grat zwischen Wahnsinn und Genie", von Drost, F.M./Knüwer, T., 11.11.1997, S. 19.

Headline – Newsletter im Daimler-Benz-Konzern [1997]: Höchsten Ansprüchen genügen, Interview mit J.E. Schrempp, H. 20/1997, S. 1-3.

Kroeber-Riel, W. [1993]: Strategie und Technik der Werbung: verhaltens-wissenschaftliche Ansätze, 4. Aufl., Stuttgart/Berlin/Köln 1993.

Kroeber-Riel, W./Weinberg, P. [1996]: Konsumentenverhalten, 6. Aufl., München 1996.

manager magazin [1998]: This way, please, von Linden, F.A., H. 9/1998, S. 68-79.

Mitroff, I. [1988]: Crisis Management: Cutting through the Confusion, in: Sloan Management Review, 29. Jg., H. 2/1988, S. 15-20.

mot [1997]: A-Klasse auf der Kippe, von Kruse, J., H. 24/1997, S. 6-7.

Moxter, A. [1997]: Die Vorschriften zur Rechnungslegung und Abschluß-prüfung im Referentenentwurf eines Gesetzes zur Kontrolle und Transpa-renz im Unternehmensbereich, in: Der Betriebsberater, 52. Jg., H. 14/1997, S. 722-730.

o.V. [1997]: Die Zukunft der Kommunikation, in: Markenartikel, o.Jg., H. 2/1997, S. 48.

Pläcking, J. [1998]: „Die integrierte Kommunikation zur Einführung der A-Klasse", in: Signale, 12. Jg., H. 1/1998, S. 17-20.

Quelch, J.A./Kenny, D. [1995]: Lieber den Gewinn steigern als die Zahl der Varianten, in: Harvard Business manager, 17. Jg., H. 1/1995, S. 94-101.

Schrempp, J.E. [1998]: Rede auf der außerordentlichen Hauptversammlung der Daimler-Benz AG am 18.09.1998.

SonntagsBlick [1998]: „Ich möchte Hayek an Bord behalten", Interview mit J.E. Schrempp, von Bärtschi, U./Snozzi, K., H. 10/1998, S. A30.

Stern [1997a]: „Wir können uns keine Fehler mehr erlauben", von Schmitt, J., H. 46/1997, S. 244-249.

Stern [1997b]: Ende einer Dienstfahrt, von Kaiser, H., H. 47/1997, S. 216.

Stippel, P. [1997]: „Laßt uns zu den Menschen gehen", in: absatzwirtschaft, 40. Jg., H. 6/1997, S. 18-19.

Stuttgarter Nachrichten [08.11.1997]: Balsam auf Daimlers Wunden, von Köster, K., 08.11.1997, S. 13.

Stuttgarter Zeitung [13.11.1997]: Daimler-Mitarbeiter stärken Vorstand den Rücken, 13.11.1997, S. 10.

Süddeutsche Zeitung [06.02.1998]: Bosch profitiert vom Debakel der A-Klasse, 06.02.1998, S. 32.

Süddeutsche Zeitung [13.11.1997]: „Das Problem ist von Anfang an total unterschätzt worden", von Bläske, G., 13.11.1997, S. 2.

Töpfer, A. [1998]: Die Restrukturierung des Daimler-Benz Konzerns 1995-1997: Portfolio-Bereinigung, Prozeßoptimierung, Profitables Wachstum, Neuwied/Kriftel 1998.

Töpfer, A. [1999]: Plötzliche Unternehmenskrisen – Gefahr oder Chance? Grundlagen des Krisenmanagement, Praxisfälle, Grundsätze zur Krisenvorsorge, Neuwied/Kriftel 1999.

Töpfer, A./Mann, A. [1995]: Kommunikation als Erfolgsfaktor im Marketing für Städte und Regionen, Hamburg 1995.

Töpfer, A./Mann, A. [1999]: Kundenzufriedenheit als Meßlatte für den Erfolg, in Töpfer, A. (Hrsg.): Kundenzufriedenheit messen und steigern, 2. Auflage, Neuwied/Kriftel, 1999, S. 59-110.

VDA-Pressedienst [02.04.1998]: Deutsche Automobilindustrie vereinheitlicht Kriterien für die Prüfung der aktiven und passiven Fahrzeugsicherheit, 02.04.1998.

Vieweg, C. [1997]: Alles über die Mercedes-Benz A-Klasse, Stuttgart 1997.

Welt am Sonntag [19.10.1997]: Wie aus dem „Vesperwägerle" die A-Klasse wurde, 19.10.1997, S. 81.

Welt am Sonntag [26.10.1997]: „Deutschlands Automobilindustrie ist der Trendsetter", Interview mit J. Hubbert, von Reinking, G./Schulz, G.J., 26.10.1997, S. 57.

Wirtschaftswoche [1998a]: Krisenmanagement: In Sekunden zerstört, von Brandt, U., H. 45/1998, S. 156-160.

Wirtschaftswoche [1998b]: Krankes Baby, von Rother, F.W., H. 46/1998, S. 90.

Kurzbiographie des Autors

Prof. Dr. Armin Töpfer

Jahrgang 1944, leitet den Lehrstuhl für Marktorientierte Unternehmens-
führung an der Technischen Universität Dresden sowie die Forschungsgrup-
pe Management + Marketing in Kassel. Frühere Stationen waren an der
Universität Freiburg, der E.A.P. Europäische Wirtschaftshochschule in Düs-
seldorf, später Berlin, mit dem Hauptsitz in Paris und weiteren Standorten
in Oxford und Madrid, und die Leitung des Schwerpunktes Management an
der Universität Kassel. Er lehrt und forscht auf den Gebieten Management
und Marketing mit den Schwerpunkten Wertorientierte Unternehmensfüh-
rung, Total Quality Management/Business Excellence, Strategisches Marketing, Marktforschung, Technologiemarketing, Internationales Management, Projektmanagement, Dienstleistungsmarketing, Human Resource Management, Krisenmanagement, Geschäftsprozeß-Optimierung und Benchmarking.

Seit 1970 führt er Kooperationsprojekte mit Großunternehmen und mittel-
ständischen Betrieben durch. Der Schwerpunkt liegt dabei neben der Entwicklung von Konzeptionen und Strategien vor allem auf der Implementie-
rung und Umsetzung von Verbesserungsmaßnahmen. Einen weiteren
Schwerpunkt bildet das Coaching von Führungskräften. Von 1994 bis 1996
war er Mitglied der International Policy Group beim Aufsichtsratsvorsitzen-
den der Airbus Industrie zur Restrukturierung des Unternehmens. Seit 1995
führt er die wissenschaftliche Begleitung der Restrukturierung der Daimler-
Benz AG durch und ist Autor des Buches „Die Restrukturierung des Daimler-Benz-Konzerns 1995-1997".

Er ist Herausgeber der Schriftenreihen „Management und Marketing" und
„Forum Marketing" sowie Jury-Mitglied von Awards für Marketing, Hu-
man Resource Management und Qualitätsmanagement. Weiterhin ist er
Mitglied des President's Club der European Foundation for Quality Mana-
gement (EFQM) in Brüssel und Mitglied des Executive Board des Center
for Quality of Management - Europe des CQM in Boston. Neben seinen
Vortrags-, Trainings- und Beratungtätigkeiten in der Wirtschaft und in der
Öffentlichen Verwaltung ist er Mitglied in Beiräten von Industrie- und
Dienstleistungsunternehmen.

Stichwortverzeichnis

Der Kunde im Zentrum unternehmerischer Strategien

Töpfer (Hrsg.)
Kundenzufriedenheit messen und steigern
2. erweiterte und
überarb. Auflage 1999,
633 Seiten, gebunden,
98,– DM/715,– ÖS/98,– SFR
ISBN 3-472-03313-4

Kundenorientierung ist der Schlüssel zum Unternehmenserfolg und Kundenzufriedenheit das große Ziel!
Entsprechend hoch ist das Interesse an dieser Fachliteratur aus der Unternehmenspraxis, das schon nach kurzer Zeit zu einer zweiten, überarbeiteten und erweiterten Auflage führte.

Das sind die Kernthemen:

- Mitarbeiter einbinden in Veränderungsprozesse für stärkere Kundenorientierung
- Meßkonzepte der Kundenzufriedenheit
- Praktikable Methoden und Instrumente für Kundenbefragung und Kundenbindungsprogramme
- Der Kunde im Zentrum: Aufgaben der Geschäftsleitung in einem Customer-Focus-Prozeß

„Kaum ein Entscheider aus Marketing, Controlling, Vertrieb, Marktforschung oder Unternehmensplanung kommt langfristig an diesem Werk vorbei."
DirektMarketing 10/97